U0856736

· 交易大师系列 ·

Trade Like A Stock Market Wizard

How To Achieve Super Performance In Stocks In Any Market

股票魔法师

纵横天下股市的奥秘

[美] Mark Minervini 著
张洞 译

電子工業出版社
Publishing House of Electronics Industry
北京·BEIJING

内 容 简 介

这是一本相当出色的投资指南！作者是美国最成功的股票交易商，他从 30 年的职业生涯中总结出来的方法 CANSLIM 写出来就是这本书！书中阐述了著名的、可以大大提高股票市场收益率的传奇 SEPA 系统！本书包含股票交易的经验、真谛和具体策略，是一本完美结合股票的基本面分析和技术面分析的实战型书籍：用技术分析找到趋势，用基本面分析验证自己的判断，这种客观的方法能最大限度减少个人情感对投资决策的干扰。本书最后还重点讲述了风险管理的有关问题，从投资者心理和人性层面阐述在交易中如何克服人性的弱点。

本书对于股市新手，是一本非常好的教材；对于有很多投资经验的人，也是一本极好的参考书：如果将作者的理念应用于实际，一定会让投资者如虎添翼，在股市中左右逢源。

Mark Minervini
Trade Like a Stock Market Wizard: How to Achieve Super Performance in Stocks in Any Market
ISBN：978-0-07-180722-7

版权贸易合同登记号　图字：01-2014-1985

图书在版编目（CIP）数据

股票魔法师：纵横天下股市的奥秘 /（美）米勒维尼（Minervini,M.）著；张涧译. —北京：电子工业出版社，2015.1
（交易大师系列）
书名原文：Trade Like a Stock Market Wizard: How to Achieve Super Performance in Stocks in Any Market
ISBN 978-7-121-24561-9

Ⅰ. ①股…　Ⅱ. ①米…　②张…　Ⅲ. ①股票投资－基本知识　Ⅳ. ①F830.91

中国版本图书馆 CIP 数据核字（2014）第 243580 号

责任编辑：高洪霞
印　　刷：三河市双峰印刷装订有限公司
装　　订：三河市双峰印刷装订有限公司
出版发行：电子工业出版社
　　　　　北京市海淀区万寿路 173 信箱　　邮编　100036
开　　本：720×1 000　1/16　印张：17　字数：260 千字
版　　次：2015 年 1 月第 1 版
印　　次：2022 年 9 月第 30 次印刷
定　　价：79.00 元

凡所购买电子工业出版社图书有缺损问题，请向购买书店调换。若书店售缺，请与本社发行部联系，联系及邮购电话：（010）88254888，88258888。

质量投诉请发邮件至 zlts@phei.com.cn，盗版侵权举报请发邮件至 dbqq@phei.com.cn。

本书咨询联系方式：（010）51260888-819，faq@phei.com.cn。

这本书献给我的妈妈玛丽。因为她的无私奉献，我和妹妹能有这样好的人生。献给我爸爸奈特，正是他的鼓励帮助我能够抓住机会，向着我的梦想前进。最后，本书献给我的妻子艾拉和我的女儿安吉利亚，她们是我未来的希望。

对于大多敢于挑战市场的人，市场是无情的。但是，即使是珠穆朗玛峰那样的高山，也不应该、不可能阻止人们登顶的步伐。市场与高山一样，它对参与者没有偏颇，它视所有的挑战者平等。除赚钱外，交易也是对智力的刺激。要想玩得好，交易员必须拥有那些苦练之后才能掌握的、最高级的交易技巧。一笔构思合理、执行巧妙的交易是一件值得我们经历、享受并且铭记的美好事情，一件有着超越了金钱奖励的本质美好的事情。你所做的每一笔交易，都应该是伴随你一生的回忆。这些话对于那些不成功的投资同样适用。即使刚刚从一笔失败的交易中迅速砍仓割肉，你也应该感到满足，而不是气恼。

—William R. Gallacher

推荐序

本书特点

张洞翻译的本书是丛书“交易大师系列”的重要构成部分，作者从很多有名的投资书籍和无名的研究报告中提炼了精华，并把它们与自己在多个市场周期中所积攒下来的经验相结合，最终写出本书，其中包含了很多可以让投资者从中获益的关键建议。

这本书重点阐述了作者提出的 SEPA 方法，该方法的目标是利用所有现有的信息，在考虑风险与回报后找到最佳进场交易的时机。SEPA 包含了公司基本面分析和股票的技术分析。它的评价标准包含了严谨的研究、数十年的应用和可见的事实。个人的主观观点和学校中那些迂腐的理论则没有被包含其中。

那些明星股的基本特点可以被分为 5 类，而这 5 类则构成了 SEPA 方法的根基：（1）趋势。在几乎每一个例子中，趋势都可以在股价飙升前被看出来。（2）基本面。大多超常业绩的推动原因都是收入、利润的增加。（3）催化剂。催化剂可能不会每次都很明显，但只要做一些简单的分析工作，分析公司的历史等，可能就会告诉你哪只股票有潜力成为下一只明星股。（4）买入时机。大多明星股票至少会给你一次机会，有时候会有几次，在低风险的时候进入，并抓住价格飞涨的机会。（5）卖出时机。很多人即使在正确的时机下达了购买命令，也有可能颗粒无收。所以，你必须建立止损点，让它来强迫你退出，从而保护你的账户。

书中作者阐述了股票从无名走向成熟的四阶段理论：第一阶段，忽略时期；第二阶段，突围时期；第三阶段，到顶时期；第四阶段，衰败时期。并且认为应该避免购买在第一阶段的公司股票，它看起来再诱人，也要等待，直到第二阶段再购买。

在本书的最后，作者重点讨论了风险管理的有关问题，并且着重提出：不论你投资的方法或观点如何，唯一保护你的投资组合，让其远离巨额亏损的方法就是在损失的雪球滚大之前就卖掉它。并且研究得出一些有趣的结论，例如：投资者更可能让手中的股票巨额贬值，反而不会允许股票升值太多；他们更愿意长期持有失败股，并过早卖出成功股；额外再买入价格下跌股票的概率高于额外再买入价格已经升高的股票；投资者可能遭受二次损失；投资者通常会将小的浮盈变现，而继续持有小幅浮亏的股票。这些也都是金融行为学的经典结论，也进一步证明了人性对于投资的反作用。想要获得持续盈利，克服人性的弱点极为重要。

张洞翻译的本书，是一本基本面和技术面完美结合的实战型书籍，对于投资者来说，借鉴国外的成熟经验，无疑有着非常重要的价值。对于量化投资来说，很多策略也是来自于基本面分析和技术面的结合。本书是一个不错的参考。

丁鹏博士

中国量化投资学会理事长

《量化投资——策略与技术》作者

《量化投资与对冲基金丛书》、《交易大师系列》主编

CCTV/第一财经特邀嘉宾

2014/11　上海

译者序

2013 年，创业板指数大涨 82.73%，中小板指数涨幅也达到了 17.54%。在当年 A 股大盘下跌 7.65%的背景下，创业板及中小板的结构性牛市将成长股投资带到了人们的视野中。

但是，由于创业板上市门槛相对较低等因素影响，从市盈率及个股涨跌幅、交易量上看，成长股的市场风险要高于主板。在这种情况下，选股方法及购买时点的选择就变得更加重要。

2013 年 10 月，我有幸受国内量化投资专家丁鹏博士的委托，翻译本书。经过数百个日日夜夜的工作，我自己对本书的态度逐渐由质疑变成了肯定。诚然，书市中选股类图书成千上万，但真正有深度、有独到见解的书籍少之又少。很庆幸，丁博士选的这本书正是精品之一。

本书作者 Mark Minervini 曾获得全美投资大赛冠军，并成立了自己的投资顾问公司，其在股票，尤其是成长股投资方面确有其独到之处，如果能将他的投资理念应用到国内，一定会让各位读者如虎添翼，在股市中左右逢源。

作者总结了自己多年的投资经验与研究结果，精炼出了一套完整的选股及投资策略。他结合了基本面分析与技术分析两种股票分析方法，用技术分析找到趋势，用基本面分析验证自己的判断，这种客观的方法能最大限度地减少个人情感对投资决策的干扰。其 SEPA 方法，可以很好地帮助我们找到购买个股的时点，最大化资金的使用效率。相信这些方法都能在未来帮助投资者们在股市中攫取更高的投资回报。同时，书中所举的大量案例也让我们可以更直观地了解如何应用他的投资策略。

但需要提醒读者的是，我们并不能对书中所提的所有方法直接生搬硬套到国内中。美股与国内的股市仍有一些不同，在不同交易规则下，股价的表现可能会截然不同，从而导致书中的投资策略无法直接应用到国内股市中。最好的例子就是国内股价具有涨跌停限制，且有“T+1”的交易规则。希望读者在阅读过程中，能去其糟粕，留其精华，找到作者制定投资策略的纲领，并据此自行分析，找到适合自己的投资方法。

总之，本书对于新进入股市的朋友们来说，是一本很好的科普类教材；对于已经有了多年投资经验的人来说，阅读后一定也能让你收获颇丰。

由于认识及水平的限制，翻译定有不足之处，恳请批评指正。

张洞

2014 年 10 月

序

在 40 年的投资生涯中，我读过不计其数的投资类书籍。你也许认为我会建一座图书馆保存它们。但事实上，我只收藏了很少的几本书，因为只有为数不多的几本书值得我留下。在这些用手指就能数得过来的书中，我认为这本书应该躺在每一位投资者的书架上。这是我读过的关于投资成长股票的最全面的作品。它包含了很多其他书没有的关键细节：有些投资类书籍仅包括了投资的基本面，而其他的则仅仅关注技术面。马克的这本书综合了那些最重要的、可以帮助你找到在未来会有超常业绩股票的因素。所有人都希望自己持有未来会像 Apple、Costco 或者 Home Depot 一样业绩超群的股票，而马克则告诉你怎样才能找到这样的股票。

马克用了很多年潜心研究能使他成功的方法。他从很多有名的投资书籍和无名的研究报告中提炼了精华（比如理查德・勒夫所著的《超级股票》），并把它们与自己在多个市场周期中所积攒下来的经验相结合，最终写出了这样一本包含了很多可以让所有投资者从中获益的关键建议的书。在每个章节中，马克都清晰地罗列出几个成功投资的关键要素。这本书值得你反复阅读，直到你真的掌握了所有的内容。

这本书最精彩的部分之一，是马克对于成长股生命周期的描述。你可以看到一只股票在不同阶段的基本面表现和技术面表现：从一开始的第一阶段，到收入和价格双双加速增长的第二阶段，之后收入与价格增速达顶峰的第三阶段，最后是收入增加减缓、价格逐渐下降的第四阶段。除了用简单的股票价格阐述各个时期，马克还一一列出，在不同时期公司的销售与收入表现，这样可以让我们看到随着时间的推移，公司基本面的变化情况。

在本书的最后两个章节中（可能你应该先读这两部分），马克探讨了风险管理方面的内容。这部分非常重要，因为很多投资者即使看上去选对了股票，但他们并不知道如何从中获利，或者他们不知道在什么时候因为行情有变而应该卖掉这些股票。这两章中探讨了一些使投资者不能及时砍仓止损的心理因素。你能想象因为使用了合理的风险管理，一位和马克一样伟大的投资者，在仅有 50%正确率的情况下，仍然能获利吗？

我曾一直认为，要想成为一个成功的投资者，你必须在“华尔街大学”以投资损失的形式支付昂贵的学费后，才能从这所大学中毕业并开始赚钱。马克提供了投资成长股的最好的教材，这样，你就能省去这高昂的学费了。在他的帮助下，你只需要付出决心与自律，就能仅以一本书的价格，获得常青藤联盟一样的教育。如果你是一个老练的投资者，本书就像是研究生课程一样，一定会拓宽你的投资知识——我就是这样。马克也帮我省下了很多时间：其实我一直也想写这样一本书，现在他替我做了，而且比我做得更好。

好好读吧，祝你们投资成功！

大卫·莱恩

三届全美投资冠军

目　录

第 6 章
行业、类别和催化剂 / 80

第 7 章
基本面关注点 / 97

第 8 章
评估净利润质量 / 115

第 9 章
追随领头羊 / 131

第 10 章

价值百万的图表 / 151

第1章

阅读提示

冠军不是在体育馆里练成的。冠军因他们心中的一些东西而成，一种欲望，一个梦想，一种眼光。

——穆罕默德·阿里

三届世界重量级拳王

在激烈的比赛中，冠军充分发挥他们的优势，从而战胜其他的竞争者。马拉松比赛中，冠军通过超强的耐力与对步伐节奏的精确掌控获胜；第一次世界大战中的王牌飞行员们，用更快更精确的对三维空间的把握，在激战中战胜他的敌人；在棋盘边，胜利者是那些能够在由不同战术组成的迷宫中正确选择出最好的战术组合的人。事实上，所有竞技都被那些为数不多的，拥有该竞技项目需要的特长的人统治着。股市也不例外。

成功的投资者可能有着不同的投资风格，但是无一例外的是，他们都拥有那些可以使他们逢凶化吉、左右逢源的关键技能。没有这些技能，你肯定距离赚钱越来越远。好在这些技能并不是天生的。学习有效的投资策略，你可以获得那些可以让你在股票市场中赚大钱的思维模式与心理准则。这里，你只需要两样东西：一颗渴望成功的心和一个可以让你成功的投资策略。在本书中，我会向你展示我的投资策略是怎样助我成功的，同时我也会让你知道，这样的投资策略对你同样适用。

我花了大半辈子的时间交易、投资股票。股票交易是我赖以生存，并且给我带来巨大财富的东西。从一开始的几千美元，不断地连本带利地投资，我在34岁的时候成为百万富翁。即使股票交易没有使我如此富裕，我也一定会坚持从事这个职业。对于我，交易不仅仅是一项运动或者一个赚钱的方法——交易是我的生命。

起初，我并没有很成功。那时候，我犯了新投资者都会犯的错误。好在，经过多年的学习与实践，我慢慢探索出了一些诀窍，并让这些诀窍帮助我获得了众所周知的投资成果——超常的投资回报。事实上，一个不错的回报与超级回报相差甚远，远到你的生活会因此而不同。不论你是一个会计、老师、医生、律师、管道工甚至是无业游民（我一开始时就是这样），相信我，你都可以获得超常回报。

成功需要机会，而股票市场每天都在创造着巨大的机会。新公司，从高科技医药设备到你身边的小商店小餐馆，不断成为各领域的领头羊。要想发现他们，并且从他们的成功中获益，你必须知道一些诀窍和规则并且要运用合适的投资技巧。在接下来的几页中，我会告诉你怎样成为一个能够发现超级回报股票的投资专家。

追随梦想，相信自己

> “不可能”只是安于现状、习惯生活在所处的世界中而不想去探索改变世界的力量的那些小人物的借口。
>
> ——Laila Ali

付出和对成功的渴望无疑是获得超常回报的必要条件。而传统意义上的聪明或者一个大学学历则不是那么必要。开始在现实社会中接受教育的时候，我还仅仅是个青少年。我在 15 岁，还在上中学的时候辍学——也就是说，我基本全是自学成才的。是的，我 15 岁辍学，连高中都没上过，更不用提大学了。但是，我有一颗渴望知识的心和对成功、对成为最好交易员的向往。因此，我成为股票市场狂热的信徒，学习它的历史和人类相关的行为。起初，我会看各类金融新闻，并在图书馆中阅读很多股票报告。之后那些年，我读了非常多的投资学书籍，我自己的图书馆里就保留着 1000 多本书。

因为我的低起点（没有入门教材、没受过正规教育），我的成功惊到了不少人，他们认为这很难实现甚至根本不可能实现。随着时间的推移，不断有人劝我放弃。总会听到这样的话“这不是个正当工作”、“你这是在赌博”和“股票风险太大了”。不要让任何人动摇你成功的决心。那些认为你没法找到超级股票的人之所以这样说，只是因为他们自己没有成功过，所以对于他们来说，你未来能成功根本不可想象。无视那些你碰到的让你动摇的话，把你的注意力都集中在我马上要跟你分享的金科玉律上吧。如果你花时间学习并且实践它们，你也可以实现那种即使是最乐观的人也会被震惊的结果。那些之前曾质疑你的人，会问你一个我经常被问到的问题“你是怎么做到的？”

交易会让你自由

从一开始，我就视股票市场为获得金钱的最好形式。交易的另一个吸引我的地方是我喜欢那种可以在自己家里工作、成功与否都掌握在自己手中的感觉。在我还年轻的时候，我试过几次创业，即使我很热情，但都达不到那种燃烧的激情。最终，我发现我最向往的是自由——那种随心所欲选择何时何地做何事的自由。

有一天我突然明白：即使你不富裕，生命也可以多姿多彩。我意识到每天发生的事情，好坏的区分仅仅是你决定站在哪一方看待它。有人在股票市场中变得富裕，我为什么不能成为他们的一员？我发现只要我学会如何投资并且能做成功的交易，我就能够实现我的自由梦——金钱的自由和更重要的人生的自由。当然，还有个原因，谁会愿意雇佣一个初中辍学生啊？我认为，股票市场是一个拥有无限潜能，并且对参与其中的人不带任何偏向的地方。商人哈维•麦凯也这样说过，“乐观是对的，悲观也没有错，你可以自由选择你想在哪边”。

保守的过度乐观主义

在 20 世纪 80 年代初，我做交易的时候，兜里只有几千美元。我必须用自己账户上很少的钱做出超高的回报，才能在解决温饱问题后还能留下继续投资的资本。为此我不得不合理安排自己的时间并且学习那些必要的、可以让我每天从股票市场中获得持续回报的投资技巧。就像一个职业扑克手吃饱穿暖后银行里还有不断增长的资金一样，我成为股市中的“全才”。

我的投资观点和投资哲学是要做一个保守的过度乐观主义者。尽管从字面上，这两个形容词是矛盾的，实际上并非如此。它们组合在一起的意思很简单：我的风格是在最大限度攫取潜在回报的同时，保持极高的风险意识。尽管我可能在很激进地做着交易，但我的首要想法总是“我可能损失多少”而不是“我能赚多少”。

在我做股票交易员的 30 年中，我发现“风险第一”的理念在我身上最为实用。这个理念使我能成功实现超级回报——1994 年到 2000 年年均回报率 220%（总回报 33500%），并在 1997 年获得全美投资冠军头衔。这个理念也在我最需要它的时候证明了自己的无价：我在 8 次大熊市（包括两次美国股票最大的下跌）前，就已经将现金提前攥在手里。遵守这样的投资信条，我得以实现自己的最大目标：保护我的交易账户以及之前在牛市中获得的利润。

先投资自己

在 20 世纪 80 年代开始交易的时候，我忍受了长达 6 年的在股市中颗粒无收的窘境。事实上，岂止是颗粒无收，简直是净损失。直到 1989 年，我才开始达到真正意义上的成功。是什么支撑我走下去的？无条件的坚持。当你坚定不移地把自己全身心投入到一种赖以生存的技能上的时候，你已经在成功的路上把大多数选手甩在了身后。因为大多人天生就有这样的偏好：高估自己短期的目标，并低估自己可以实现的长期目标。他们认为自己已经全力以赴了，但每当遇到困难的时候，就会泄气然后选择退出。

大多数人都对交易感兴趣，但是只有很少的人实际致力于其中。感兴趣和致力于其中的区别，就在于是否愿意放弃。当你全身心投入一件事的时候，除了坚持到成功，别无选择。感兴趣只是起点，全身心奉献才是最终的目的。人们能做的第一项，也是最重要的一项投资，就是投资自己——一个开始的承诺和坚持的信念。坚持比知识还要重要，只有坚持到底，才能获得最终胜利。知识和技能可以在后天的学习和实践中积累，但对于那些退出的人，知识技能没什么了不起的。

机会永远垂青于有准备的人

人们听到我的成功故事的时候，最常问的问题是“你是怎么做到的？”或者是“你是运气好么？”言下之意就是，我肯定冒了很大的风险或者非常幸运才有这样的成绩。

那么，我究竟是如何做到的呢？

多年来，我一直在完善我的交易技术，每周钻研 70～80 个小时，经常凝视着股票图表和公司财报直到第二天太阳升起。尽管不一定会有结果，但我仍然坚持着。我花费数年时间去粗取精，不断从成功和宝贵的失败中汲取经验，改进我的分析程序。我花费了不计其数的时间，学习那些伟大投资者对市场的观点，以及他们如何构建自己的投资策略并约束自己的情感严格执行他们的模型。

之后，水到渠成，当机会到来的时候，我已经做好了全部准备。我一直在磨炼自己的技术，并且在 1990 年之前，我已经整装待发，随时准备好下一轮牛市。在 20 世纪 80 年代间，我在不断的失败/再尝试的循环中，学习了很多宝贵的经验。万事俱备，只欠东风。我已经 100%准备好，就像一个奥运会运动员一样，通过不断的训练，已经准备好把自己最完美的表现呈献给观众。

股票市场中的机会有时候不经意间就会向你扑来。为了充分利用这样的机会，你必须准备好随时应对。比如就是现在，在世界上的某个角落的某个人正在不知疲倦地为将来的成功做准备。如果不准备好，那么某个人可能就在你还在梦想将来可以赚大钱的时候，已经获得了大笔财富。所以，准备、准备、再准备，这样才能在机会敲门的时候（它一定会来的），你能及时开门迎接。

获得永久的知识

在下面的几页，我会跟你分享很多可以帮助你在股票交易中成功的信息和一些特定的技巧，但是它们都不能代替实战中产生的经验。这就像你只看书是没法学会骑车一样，唯一能够积累经验的方法就是实际操作然后从那些或好或坏的结果中学习总结。不幸的是，经验是没法直接喂给你的，你只能自己操作才能获得。不过，在你沿着自己的学习曲线经受磨难的时候，一定要记得，这些高超的交易技巧，一旦被你获得，就没法被别人抢走。所有你所学、所经历的，都会在接下来的很多年为你开花结果。真的，你获得的知识和第一手经验最终会变成带你走向成功的最强大的武器。

让激情燃烧起来

最好的交易员每天起床后，都对交易与投机感到兴奋。他们每天都迫不及待地开始工作，寻找下一个有超级业绩的股票。他们挑战着市场，感受着如同运动员们走向伟大时的兴奋与激动。迈克尔·乔丹成为历史上最伟大的篮球运动员，不是因为那些商业赞助，而是因为他有着对比赛的热爱。伟人的交易员们也是一样，他们不光是被金钱鼓舞，他们的激情来自于做最好的自己。

激情不是可以学得来的东西，它源自内心。激情超越了物质的奖励。没关系，如果你在做那些自己真正喜欢并且擅长的事情——不管你是想成为最好的作家、律师、建筑学家或者篮球运动员——钱会自己来找你的。对我来说，最大的成功就是当我最终决定忘掉金钱并且专心去做最伟大的交易员的时候。之后，钱自己就来了。

那些享受交易和投机艺术的人可以学到能让他们在股市中成功的技术和法则。专心成为最好的自己吧，金钱并不遥远。最主要的是，要让兴趣主导你。

现在就开始吧

你一开始不一定很伟大，但你一定要开始变得伟大。

——Les Brown

每天，我们都有机会选择未来的道路；每天都是我们余生的开始。过去的日子已经过去了。你可以选择从中学习或者为你的失误懊悔、为你的成功回味。但是，越早开始追逐梦想，梦想会越快实现。如果你真的想在股市中成功，现在就行动吧。没有人能阻止你决定不再浪费宝贵的、不可再生的时间。现在就开始吧！你可以做梦，可以积极地思考，可以制定目标和计划，但如果你不采取行动，那些都是没用的。在罗伯特・舒勒的书《可能性思考》中，他说“做成一件不完美的事，远好于一个完美的计划”。一克行动比上吨的理论更重要。在股市中，你可以选择找借口，也可以选择赚钱，但不能兼得。

仅仅有知识、梦想和激情还不够，要结合行动才管用。即使激情没有给你带来财富，至少你在过程中体会到了快乐。生命中最大的成功就是可以去做自己喜欢的事情，并为之付出所有。只要现在采取行动，这种日子可以从今天就开始！

分享的时刻

> 如果你不能向每个人长期证明你都做了些什么，那么你所做的就是毫无价值的事情。
>
> ——Erwin Schrödinger

现在，你可能想知道我为什么要写这本书。10 多年前，一些主流的出版商主动接触过我，但我那时决定不给他们回复。是的，编写一本书可以增加一个人的可信度、威望，甚至可以开启属于某一个人的时代。尽管很有诱惑，但我还是犹豫了。我对自己说，为什么要为这么一点稿费，把自己多年来努力工作的成果公之于众？特别是大多数人很可能根本不会正确应用这些成果。不得不说，那时我有一点愤世嫉俗。后来，我意识到即使是一个多年努力付出的人，就像我早些年那样，我的书也可能帮助他更早实现梦想。或许我的书可以让一个人的人生从此大有不同，或许你就是那个人。

在我 20 多岁的时候，我一直被韦恩・戴尔，一位世界闻名的演讲家和作家的话鼓舞着。不久以前，我重读了他的书《10 个让你成功和内心平静的秘密》。里面“别让音乐在你体内死亡”那一章引起了我深深的共鸣。我父亲 50 岁时就去世了。之后，我母亲也卧病在床，并在不久之前与世长辞。这些事情都触动了我。多年来我积累了很多知识和专长，如果我什么都不做，那么这些知识就会随着我的离开而消失。那些伟大的交易员们编写的书把我带到了一个新的领域。我希望后面的人同样能够从我的作品中获益。

投资股市是世界上最好的致富手段。同时，交易与投资也通过输赢教给人们它自己的道理。毋庸置疑，当你赢的时候，你会喜出望外；当你输的时候，你会变得深深的谦卑。这是世界上最伟大的游戏，对我来说，这也是世界上最伟大的商业机会。

为了从投资的股票中获利，你必须做出三个正确的决定：买什么，什么时候买和什么时候卖。你的决定不一定都是对的，我的目标就是挖掘你最大的潜力，培养你做出正确决定的能力，这样你以后就能做出有质量的选择了。我花了大半辈子时间用来完善自己的股票交易技巧。在接下来的部分，我会详细介绍这些原则。装备了这些宝贵的知识，我相信你也能在股市中享受成功，并在未来继续为股市添砖加瓦。

书中大多数例子都包含我在 1984—2012 年间交易过的股票。这些实地研究对我十分宝贵，希望你能从这些来之不易的经验中学到知识，也希望我的成功故事能激励你，让你在股市和生活中都能超常发挥。如果你情愿下工夫并且相信自己，一切皆有可能。

第 2 章

你需要事先知道的

世界上每一个人都能超越自己的预期。

——亨利·福特

很多人希望在股市中获得巨大的成功，但只有少数人真的达成了这个目标。随着时间推移，大多数投资者只能获得平庸或者无法持续的结果。造成这种局面的原因，仅仅是他们没有花费足够的时间学习并理解股市中真正的原理和带来超常业绩的原因。绝大多数投资者都在根据个人理解或者理论行动，而不是基于事实做判断。只有一部分股票交易员认真学习过超级股票的特征和它们表现出来的规律。而在那些已经获得足够知识的人中，又有很多没有建立一个为了能有效执行获利计划而特别设计的，针对自己情绪的自律法则。

很多人无法实现自己在股市中的目标，没有实现成功的深层原因是什么？基本上，它可以归结为一个事实，即很少有人真的相信他们可以获得超级回报的股票。他们坚信，高额的回报一定伴随着高风险，或者如果股票好到听起来不像是真的，那它可能确实不是真的。

我保证，只要你有足够强的意愿，你可以在股票市场有超级业绩，并且这个意愿并不需要伴随高风险。它不会在一两天内发生，并且你很可能要学习某些违背你的本性或重铸你一些根深蒂固的投资信念的事情。但是，有了正确的工具和正确的态度，只要愿意，任何人都能够成功。

运气？不需要

实践得越多，我就越幸运。

——Gary Player

找到业绩超群的股票与运气和场合无关。和很多人所认为的不同，它也和赌博无关。就像其他伟大的成就一样，超群业绩与知识、坚持、技巧息息相关，而这些都需要经过长时间的专心研究和努力工作后才能获得。最重要的是，股市中长期的成功来自于自律，始终如一的执行能力和对那些可能打败自己行为的克制。如果你拥有这些特质，你成功的机会会大大增加。

相反，赌博成功机会很渺茫。如果参与太多，你最终一定会输光。如果你认为股票交易就是赌博，我会假设你认为脑部手术也同样是一种赌博（如果你来执行手术，那一定就是了）。对于训练有素的手术医生，手术风险会被丰富的知识、充足的训练和技术所弥补。股票交易也是这样。

股市中的成功与运气几乎无关。相反，你在一个有效的计划上做的准备越多，就会变得越幸运。

少量资金就可以开始

新点子是非常脆弱的，它可以被一个嘲笑或哈欠杀死；它可以被一句玩笑推向死亡；它可以被一个人的皱眉撕碎。

——Charles Brower

在你每一次新尝试中，都会遇到这样那样的反对者。他们会站在那告诉你，你不可能成功。如果你没有太多的钱，他们会说你没有足够的交易资本，所以根本就别尝试。这是胡扯！我来告诉你，即使你一开始只有一点钱，股市也能让你变得富裕起来。除非你已经在职业生涯中获得了成功，否则你可能没有太多的钱投入到交易中。如果你是一个刚刚开始的年轻人，那么你不太可能有用于交易操作的资金。不要气馁，很少的钱同样可以开始，我那时就是这样。

我的一个想学习交易技巧的朋友，前段时间就患上了“气馁综合征”。因为他是我的好朋友，我让他每天来我的办公室，坐在我边上，在我这里学习第一手的投资经验。这样，在他开始交易他的小账户的时候，他开始明白怎么做出一致的交易并且如何控制风险。明白这些后，他决定回自己家，为自己交易。后来有一天，我听说他退出了投资界。我很惊讶，因为他其实有一个不错的开始。当我问他为什么放弃的时候，他告诉我，他的另一个朋友认为他的资本太少，不可能成功，他现在就是在浪费时间。气馁后，我的朋友选择了放弃。

迈克尔・戴尔从他的大学宿舍开始销售电脑。然后在 1984 年，他用 1000 美元成立了戴尔电脑公司。之后，戴尔慢慢成为世界上最大的个人电脑供应商。我开始的时候也只有几千美元，不过几年之后，它就涨到了 160 000 美元。再往后一年，变成了 500 000 美元。最终，我把这些钱注入到我的个人账户中，从此我有了一个体面的银行账户。

我肯定不是唯一一个达成超常业绩的投资者。戴维・莱恩连续三年获得全美投资冠军，每年都获得了令人咂舌的回报。戴维的故事促使我开始追求超常业绩，并去赢得属于自己的美国投资冠军。

我身边有很多从很少资金开始并最终变得富有的人。我们都有一个共同点，就是会拒绝那些想要说服我们放弃的人。记住，那些说你做不到的人，他们自己一定永远做不到。要让自己周围充满支持自己的人，并把那些想要否定自己的人踢开。

不！这次没什么不同

在过去的三十年中，我经历了每一次牛市和熊市。每次我听到最多的话就是“这次和以前不一样”。在20世纪20年代，股票传奇交易员杰西·利弗莫尔肯定也听到过同样的话。在《如何交易股票》一书中，利弗莫尔说，“每一次，人们都因为贪婪、恐惧、忽视和希望，用同样的方式对市场行为做出反应。华尔街不会改变，改变的只是裤兜和股票。华尔街不会改变，因为人性不会改变”。

当然，科技在发展，人们的工作方式也在改变。但是，股票价格涨与跌的原因从没有改变：是人们推动股票价格涨跌，并且人们都同样情绪化。交易非常依赖情绪，而情绪很容易引导投资者得出错误的结论。通过30年的个人投资经验和对从20世纪开始的每一次市场周期的研究，我可以负责任地告诉你，一切都没怎么变化。事实上，历史在一遍又一遍地重复。

让专家们四处宣称这次不同吧。与此同时，股市中新的领袖正在崭露头角，达到新的高度，让那些所谓的专家们大跌眼镜。因为那些永恒不变的原因，财富一次又一次地被创造出来，一次又一次地被一些人失去。唯一确定的，就是历史会不断重现。唯一的问题是：你是一个好学生吗？

最大的敌人不是市场

> 世界上装满了那些寻求成功秘方的人。他们不想自己思考，只想遵循已有的配方。他们认为任何情况都有既成的应付策略。
>
> ——Robert Greene

即使是装备着世界上最快处理器的电脑，也无法在提高精神和心理准备方面给你任何帮助。通往股市的道路上没有既有的方法或策略，它在你的身体里，只有在你直面很多挑战，学会控制和引导自己的情绪时才会出现。否则，你就只是在追逐错误的希望。

如果你想要一个体面的回报率，可以直接把自己的钱交给一个优秀的基金经理、一个对冲基金或者一个指数基金。如果你想要一个超常的回报，就必须额外付出很多。但首先要明白，最大的挑战不是市场，而是你自己。

没人会为你着想

我第一次投资股市的时候，选择了一个全方位服务的经纪商，那次经历并不美好。没有几个月，我的整个账户就空空如也。尽管这是一次痛苦的经历与挫折，但它教会了我投资最重要的一课。

那时候我的经纪商说服我买入一支生物科技公司的股票，这个公司被认为研制出可以治疗艾滋病的药。经纪商说他有一些很重要的线索，都指向美国食品药品监督管理局马上就要批准这个药，然后公司的股票就会像火箭一样冲高。作为一个新手，我采纳了他的建议。我盲目地追求潜在的回报，却完全忽视了风险。

买入后不久，它就从 18 美元跌到了 12 美元附近。我非常焦虑，但是当我打电话给经纪商的时候，他向我保证这是一生都难能一见的机会，现在这个股票只是在“讨价还价”。他建议我将仓位翻番，因为这样可以摊低成本，并在股票价格腾飞的时候获取更多的利益（这话是不是很耳熟？）。后面的故事就短了：股票价格持续下跌，到最后我眼睁睁看着股价跌到了 1 美元以下，我输掉了所有的钱。当然，这没有影响经纪商从我这里赚取他的佣金。

往好的方面看，这个经纪商帮了我一个大忙。从此以后，我决定自己搞研究，并根据研究结果做交易。我发誓再也不会让我的投资决策受别人影响。*如果你没有为投资花费足够的研究时间，那么你只是在乱扔飞镖。早晚，你会输个精光。*

要对自己的能力有信心。学着做自己的研究并且独自思考吧。你自己的资源远比外面的那些建议或者所谓的专家观点要好，因为这些都是属于你自己的，你可以一直保有、修改。没人会像你自己一样关心你的钱和未来。自己做工作，留下失败的经历，然后就会拥有成功。除了自己以外，没人会帮你变得富有。

目的是要证明自己还是要赚钱

在经历那个全方位服务商带来的生物科技大灾难之后，我决定自己动手了。我在一个可以给交易费用打折的经纪公司那里开了交易账户，并且遇到了一个叫郎的经纪商。在后面的几年里，我和郎成为很好的朋友。我们有很多共同点，但交易风格大相径庭。他属于价值投资者，那种人不关心股票供求和价格趋势。我的风格，正相反，是买那些不太知名、但已经有上升趋势公司的股票。我需要股价有上升的趋势，如果它比我购买的价格低很多，我会卖掉它。至少，我的投资计划书是这样写的。

当郎和我观察彼此的交易时，我们最喜欢做的事就是当对方的股票砸在手里的时候，给他难堪。有时我会连续失误，这时郎就会讥讽我："嗨，天才，这是怎么回事？那个股票都要跌到马桶里了！"讥讽真的刺激到了我。有时候我会选择持有一些不太好的股票，因为我实在不想面对郎那讥讽的声音。

股票跌了 5%，然后跌了 10%，我知道我该卖掉它们。这时候，我就会想到郎，然后看着我的股票继续下跌 15%、20%。损失越大，给郎打电话下达"卖出"命令的压力越大。即使他一句话都不说，我都会觉得丢脸。同时，那只破股票依旧在从我的兜里面把钱吸走，就像一艘在海里摇荡的破船。

机会和危机来得很快。快速的、坚定的行动才能最大限度攫取机会并且规避危机。没有比一次巨大的损失更会让交易员失去信心的了。直到我经历了巨大的损失之后，才下定决心，这个决心让我从普通人走向巨星：我决定从现在开始，专心赚钱，忘掉自负的一面。我开始快速卖掉亏损的股票，这样会有小的损失，但可以阻止它继续吞噬我的资本。几乎在一夜之间，我重新找到了掌控的感觉。

新的观念也让我能更客观地看待自己的业绩。过去，我尝试着忘掉那些让我亏损的股票。现在，我能分析亏损并从中总结经验。我用新的视角审视自己的投资组合，并最终明白交易不是找到高点、低点或者证明你有多聪明；交易是为了赚钱。如果你希望得到巨大的回报，现在就下决心吧，把你的自负从交易中剥离开。赚钱比证明自己正确更重要。

熟不一定能生巧

那些在华尔街数十年如一日地管理资金的人们，回报率很平庸。你可能认为些许年的实践之后，他们应该有明星般的表现，或者至少投资成绩应该逐渐变好。但实际上，真不一定。熟不一定能生巧。事实上，如果使用错误的方法，实践很有可能让你表现更糟。当你一遍又一遍重复一件事情的时候，你的大脑会强化这种反应的神经。问题就是，被强化的神经有可能是正确的，也有可能是错误的。任何有规律的重复，最终都会演变成习惯。因此，练习不一定能成就完美，只能成为习惯。换句话说，重复做一件事情，并不能保证能成功。有可能你只是在养成坏的习惯。在此我引用传奇足球教练文斯隆巴迪的话，他说："练习不一定能成就完美；只有完美的练习才能。"

在股市中，错误的实践有可能偶尔带给你成功，即使你用的其实是有缺陷的方法。毕竟，就算是对着一个股票列表扔飞镖，偶尔你也能钉在一个不错的股票上。不过，不能靠这种方式一直获得稳定的回报。最终还是会失败。大多数投资者重复错误练习的原因是，他们拒绝客观分析自己的投资结果，并从中找出错误。他们试图忘掉失败，并持续做那些之前一直做的事情。

廉价经纪商的泛滥、互联网交易和网络上各类股票市场数据让每个人都拥有了同样的科技基础，但这并不能保证每一位投资者都获得均等的资源。就像拿着最好的高尔夫球杆也成不了泰格·伍兹，开设一个股票账户、坐在交易电脑前也成不了彼得·林奇和沃伦·巴菲特一样。你必须为此付出，并且花费时间练习。最重要的是，你需要知道如何才是正确的练习。

为什么我不喜欢模拟交易

> 做该做的事，你就能够拥有力量。
>
> ——Ralph Waldo Emerson

当新投资者学会投资时，他们往往先会做一些模拟交易。尽管听起来合理，但我自己并不喜欢模拟交易，同时我也建议你不要做，除非是不做模拟交易，你就没有投资资本。对于我，模拟交易是一种错误的实践。这就像是准备一场职业拳击比赛时使用虚拟对手一样，在走入比赛场地之前，你根本不知道被打一拳是什么滋味。模拟交易几乎没有帮助，它没法带来损失时的真正感受。因为没有适应情绪和经济上的压力，在未来实际操作中，你很可能会做出和练习时不同的决定。模拟交易或许会帮助你熟悉市场情况，它也可能会给你一个有关证券的错误印象，从而影响你的发挥和学习进程。

心理学家亨利 L. 洛迪格三世（华盛顿大学心理研究院院长）做了一项实验：他把学生分成两组，分别学习历史课程。A 组四次学习同一篇文章，而 B 组同学只学习一次，但会有三次考试。一周之后，两组学生参加了同一场考试。B 组的学生平均成绩比 A 组高出 50%。这充分阐释了实地操作和虚拟操作的区别。

即使只是刚开始学习，也应该尽快用实际的金钱进行交易。如果你是一个新手，一个不错的积累经验的方式就是，拿出这样一笔钱：输光它也不会影响你的生活，但如果输光了，你会感到心痛，然后用这笔钱做投资。不要再用错误的现实蒙蔽自己了。快去习惯实际交易操作吧，那才是为赚到实实在在的钱而必须要做的。

交易是一种创业

很多人有这样一个错误观点：股票交易是一个神秘的操作，被一些法则掌控着，从而让它和一般的工作有所不同。但股票交易和运作一个公司本质是相同的。事实上，为了成功，你必须像经营公司一样经营自己的股票。作为一个投资者，你的商品就是股票。你的目标是买到那些有很高需求的股票，并且在更高的价格上卖出。你的利润率多少取决于业务的多寡（投资组合中股票的数量）。你可能像沃尔玛一样，保持很低的利润率，但是用很高的存货周转保持高交易量。或者，你可以像精品店一样，只卖独特且时尚的商品，用它们赚取更高的利润率，不过交易量会低很多。如果有很大的交易量，即单笔获利很少，也会因为交易量的增大，在年末有很不错的回报。或者，你可以是一个长期投资者，虽然股票很少，但收益颇丰。

总之，最终你的目的都是平均收益高于平均损失，找到利润点，然后重复之前的过程。这就是所有工作的本质。大多数投资者视股票交易为兴趣，因为他们有其他的职业。但是，如果你把交易当成一个职业，就会像其他职业一样领到工资。如果你只把它当做兴趣，那它就会像兴趣一样给你钱。兴趣是不会给我们钱的，兴趣只会从我们这里拿走钱。

不要像基金经理一样投资

业余投资者有很多天生的优势，这使得他们有可能比专家表现还好。法则一：不要听从专家的意见。

——彼得·林奇

作为一个向往超常业绩的股票交易员，你不光不能听从专家的意见，也不能模仿他们的风格投资。如果你像基金经理一样投资，为什么不直接把钱交给一位基金经理呢？这样你什么都不用做了。或者，为什么不直接把钱投资在指数基金上呢？众所周知，大多数基金经理都无法战胜指数。事实上，为了从同类人中脱颖而出，很多大型基金的基金经理都在学习怎样才能摆脱基金经理的投资方式，并学习那些有超常业绩的交易员的投资风格。大多数大型基金从设计之初就注定了其平庸的结果。个人相比机构，却有很多优势。

与普遍观念不同，一个职业的基金经理对一个个人投资者没有优势。很多大型机构使用了有瑕疵的投资准则，这些准则基于个人观点、传统和自负，还有忽视。每个基金经理都会遇到的瓶颈就是过大的资金规模。首先，机构投资者需要很大的流动性才能买到足以对其投资组合产生影响的股票。这样就迫使他们只能从那些股票发行量很大的公司中选股。而这恰好使我们远离超常回报。获得超常回报的一个关键因素就是：找到那些数量较少但价格浮动较大的股票。

大型机构对那些发行量较少的公司无计可施。即使他们现在可以买到，当他们想在一个下跌的市场卖出时也会遇到问题。当被迫清算一笔大的头寸时，机构在冒着因清算而引发的更大更强下跌的风险。但是，个人投资者就可以更快地进出某一只股票，尽享高速增长股票的优势，然后在需要的时候及时退出。

大型基金经理的另一个问题就是，他们只能在投资委员会批准的股票清单上选股投资。基金经理需要对委员们证明自己买卖决定的正确性。他们遇到的最可怕的情况就是不得不去解释一个刚从灾难中复苏，未来表现出极大的增长前景的小公司的股票购买价值。所以，对于那些基金经理而言，一个更好、更安全的工作方式就是买那些很大、明显安全的股票，例如 IBM 或者苹果（Apple）公司的。一旦出问题，那么整个市场就会为之下跌，然后经理们就可以把自己的差表现归咎于大环境不好。至少，经理们的名誉不会为之受损。就像华尔街的一句老话那样："因为 IBM 而导致的客户金钱的损失，永远不会让你丢掉工作"。

机构往往需要持续在不同股票和行业中分散自己的投资组合。这种行为主要是为了保持足够的流动性和分散风险。即使是在最差的环境中，大多数基金也必须对某只基金保持一个最低的仓位，全部变现对于他们来说是不可能的。大多数的公募基金只保持 5%到 10%的现金在手上。基金经理们总是被拿来与投资基准（例如标普 500 指数）做比较。如果在任何时候经理们的平均表现落后于指数，投资者就会赎回，然后该基金经理就会失业。

个人恰恰相反，可以立即对市场的新趋势新惊喜有所反应。没有委员会的批准流程，也没有分散投资的要求。在现在的科技环境下，大多数投资者，无论是专业的还是非专业的，使用着几乎同样的工具。但是，个人投资者有巨大的优势，因为他们面对的市场有足够的流动性和速度，这样可以使他们专注在一小部分精心选择的公司。与此同时，因为他们可以更快地止损，风险有可能更低。个人投资者最大的优势是由快速反应能力带来的耐心和对最佳时机的把握。

比起追求最大的资本增值，大多数大型机构宁愿选择那些安全的投资方式。他们口中夸耀的都是“市场下跌 40%，我们的投资组合只损失 32%”。这就是他们声称打败市场的例子！如果你认为大机构的观点更加安全或者风险较小，我建议还是看一眼公募基金，并研究一下他们在过去的几个熊市中的表现吧。

对于一个大型基金的基金经理，规模降低了投资精确性：在买入和卖出股票的同时不影响其价格变成了很难的事情。这类技术上的劣势强迫经理们转向对更优等信息的依赖。尽管策略与技巧对每一个投资者都很重要，但个人投资者可以使用比机构们更有效的投资方式。

我想说的是，如果你想要公募基金的结果，那就像基金经理一样投资吧。如果你想要超群的业绩，那你就必须像业绩超群的投资者一样投资。

传统的智慧只能带来传统的结果

一个“好”的银行家，不是那个可以预测危险并规避它的人，而是那个当他完蛋的时候，是以一个传统的、一般的方式完蛋，这样就没人可以责备他了的人。

——约翰·梅纳德·凯恩斯

在整本书中，你会读到很多有悖于股市常理的理论和事实。其中很多理论在大学课程或者厚厚的教科书里面都会提到。有一些甚至已经是投资的圣经。这没什么可奇怪的。社会中没有什么比传统的智慧更值得尊敬了。

但在我的经验里，股市中实现超常表现需要与传统不同的视角。大家经常把这误以为是高风险的。应用传统的智慧只能让你获得传统的回报。如果成功只需要和其他人行动一致，那么我们周围的每一个人都成富翁了。

当你观察并分析市场的时候，需要思想开明，并且愿意去做那些大部分人都不会去做的事。成长来源于对舒适的放弃。学会让风险超出你的舒适区，并且不断质疑传统的经验吧，如果你想从他人中脱颖而出，就必须做到与他人不同。

成功路上不可避免的成本

> 要想出人头地，必须做常人所不愿做的事情。
>
> ——迈克尔·菲尔普斯
>
> 17 枚奥运会奖牌得主

问问你自己，目标是什么？即使你还没有一个明确的计划，可能你的心中已经有一些强烈的愿望和激情了。现在，问问你自己，要想达到这个目标，要放弃什么？这就是另一种感觉了，对吧？选择牺牲是很难的，但这是你在追求成功的路上做的最重要的选择。牺牲意味着做事的先后顺序，而这有可能会让你为了学习交易而放弃某些活动。不得不承认，这是很难的一步，但为了金牌，每一个世界冠军都无法拥有一个完全平衡的生活。冠军就是运动员们唯一追求的目标。他们知道集中目标的重要性，也知道要为此而付出。这，就是牺牲。

为目标全力以赴

> 我不怕学习 10 000 种腿法的人，我怕的是把一种腿法练习 10 000 次的人。
>
> ——李小龙

因为你在读这本书，因此我假设你的目标之一是成为最好的股票交易员，或者至少是想要改进自己的交易吧。为了获得成功的机会，你需要选择怎么样才能实现目标。问题是你无法同时成为最好的价值型投资者、最好的成长型投资者、最好的短线交易员和最好的长线交易员。如果你尝试着同时做到上述目标，很可能最后你仅仅就是一个平庸的交易员。当你提到交易员时，应该就像提到医生一样。你能指望一个外科医生同时精通急救、配药、心理和骨骼吗？当然不能。

接下来，你会在有利的市场环境中惊喜地发现自己的投资风格带来比其他人更好的回报，但与此同时，你也要学着接受那些不利于你的投资风格的时期。或许你会使用另外一种投资策略来度过这段困难期。在股票交易中，我知道没有人能今天还是一个成功的价值投资者，明天就马上转换为成功的成长型投资者。为了成为伟大的交易员，你必须专注，必须有所专长。

交易员还是投资者

大多交易员花费大部分时间在两种情绪中摆来摆去：犹豫和后悔。这根源于没有清晰的投资风格。战胜这种不利情绪的最好方法就是制定一系列的规则，这些规则可以指引你的行动，引导你走向成功。你只需要做一个决定：你是一个交易员还是投资者？有些人的性格很适合做短线交易，而有的人则更偏向于长期投资的观点。你需要决定哪个更适合你自己。记住，如果你没有给自己做出明确的选择，那么当你在做关键决定的时候，一定会感受到内心的冲突。

犹豫

- 我该买吗？
- 我该卖吗？
- 我该继续持有吗？

后悔

- 我该买的。
- 我该卖的。
- 我该持有的。

如果你是一个短期交易员，就要认识到在获利之后卖掉股票就算成功，之后股票如何表现就不是你该关心的了。即使第二天价格翻番，也不需要感到难受。你在股票价格处在一个特定区间时操作，而其他人可能在另一个完全不同的区间内交易。但是，如果你是一个长期投资者，可能会有若干次为了未来更高的回报而放弃短期内的收入。关键就是要专注于某一种风格。而这也就意味着你要放弃其他的风格。一旦你确定了自己的风格和目标，那么你会发现遵守自己的计划并走向成功变得更容易了。早晚，你的牺牲会得到回报。

准备好面对极坏的日子

很多人的失败是当他们放弃的时候，没有意识到自己距离成功有多近。

——托马斯·爱迪生

通往成功的关键是要成为一个成功的思考者，并将思想付诸行动。但这并不意味着你所有的想法和行动都会带来预期的结果。有时候你会觉得成功是无法企及的，心生退意。我知道会这样的，因为我也曾经这样过。我曾经连续 6 年交易颗粒无收的窘境。我也曾有过因对投资业绩不满而士气低落，萌生退意。但是，我知道坚持的力量。之后，在 10 多年的不断尝试中，我成功地在一周内赚到了比我过去梦想一年还要多的钱。我经历了英国诗人和戏曲作家罗伯特·布朗尼所写的“一分钟的成功让多年的失败变得值得”。

记住，如果你选择不去冒险，那你永远不会体验到梦想成真的快乐。大胆地为你所想的去做吧，并准备好面对失败、绝望，正是它们让你成功的过程变得宝贵。学会对它们说“谢谢，老师”吧。当你成功的时候，对它们心存感激。不要为过去的失败而后悔，过去的已经没法改变了。最重要的是，不要因为那些最坏的日子而选择放弃。

纪录天生就是用来打破的

很多年前，大家公认人类无法在 4 分钟内跑完 1 英里（1609 米）。但在 1954 年 5 月 6 日的一场英国 AAA 和牛津大学的比赛中，英国运动员罗杰班尼斯塔只用了 3 分 59 秒 04 就完成了 1 英里的赛程。56 天之后，澳大利亚长跑冠军约翰兰迪在芬兰只用了 3 分 57 秒 09。之后的三年中，16 位选手跑进了 4 分钟大关。之前认为的，在这种速度下人类身体会有巨大伤害的理论呢？人类突然又进化了吗？不，是思想的变化导致了后面的人连续打破纪录。

我们通常认为的障碍都只存在于我们心里。观念影响着我们去选择尝试什么和不能尝试什么。本书中，你会学到很多有用的知识和技巧，它们会让你重新认识股票交易的力量。记录天生就是要被打破的，我的也一样。相信自己，你可以做到的。

第 3 章

入门分析法：SEPA 策略

一个知道自己策略优缺点的交易员
可以比那些不知道的人业绩高出很多。
——本书作者

我在 20 世纪 80 年代时开始交易股票。那时我对策略的理解仅仅是买那些价格被低估的股票。当股票价格达到历史低点的时候，我认为可以下手了。这种观点并没有给我带来成功。事实上，结果是很可怕的。不久之后我就意识到这些股票价格低自有原因，而且大部分情况下，其价格还会进一步降低。但是，我也看到很多股票达到最近一年新高，然后价格继续飙升。问题出现了：那些飞涨的股票和差劲的股票，有什么不同点呢？有什么方法能让我们在股票价格飞涨之前就能识别出那些绩优股呢？

之后的 5 年，1983—1988 年间，我开始了深入的研究。我阅读了每一本能找到的书，并且关注金融方面的新闻。只要有钱，我就会买书。如果没钱，我就站在书店里，拿着笔记本和铅笔一边读一边记。我甚至到当地大学的图书馆，把书一页页复印下来然后把它们钉在一起。回望过去，我的那些只有几个书钉将将把各页钉在一起的复印书和那个在我妈妈家餐厅角落里放的那个破折叠书桌真是滑稽。我家里没有任何一个人明白我拿那些破书做什么。那是一个平凡的开始，但很长一段时间后，我终于完成了这个不平凡的工作。

转折的开始

我脑中积累的知识，不光来自于 30 年的投资经历，还包含了前人的研究。尽管我吸收、精炼了它们，并把它们重新梳理为“入场点分析”（SEPA），使之与我的交易风格相适应，我仍然必须承认，SEPA 理论受惠于很多前辈们。我的启蒙书籍是理查德・勒夫撰写的“Superperformance Stocks”。尽管书中大篇幅内容都是在讲述政治周期，其第 7 章，对高业绩股票的共同点分析，深深地启发了我。勒夫研究了 1962—1976 年间两年内增长不低于 300%的股票的特性，他把这些股票称为具有超常业绩的股票。

勒夫的观点抓住了我的眼球，但开始的时候我并不确定如何将其应用在自己的交易上，所以这些信息一直待在我知识仓库深处没有被使用，而我则在继续学习别的东西。1988 年，我读了一篇刊登在 3 月金融分析师月刊里面的名为“一个股市赢家的解剖”的文章。文章讨论了对优秀股票、那些每年增长超过 100%的股票的分析。作者马克・菱格纳姆深入研究了 222 只这样的股票，希望发现是什么赋予了它们超常业绩的属性。

在我阅读该文章的时候，文中那些语句唤醒了我对勒夫所写书的回忆，文章与书中有很多内容是相通的。而且，两者的目的也都是一样的：专注于那些带来最大资本增值的股票，并研究这些股票的特征。现在我要干的就是重新阅读勒夫的书了。幸运的是，虽然这本书已经绝版，我的一个朋友在加拿大的一个书市中找到了它，并花了一美元帮我买到了一本。手上有了勒夫的书和菱格纳姆的研究结果，我比较了两者的结论并且着重看了两个结论的相似点。在我比较的过程中，我对他们的观点（大家熟知的反向因子模型）更有信心了，并且认为我可能可以用它有条不紊地找到最好的股票。它帮我确定了研究股票的方向：研究最好的，从而发现最好的。

勒夫的研究让我学到了是什么让股票价格疯长。研究结果让我对三个很重要的结论坚信不疑：

1. 世界上是存在正确和错误的买股票的时间点的。
2. 具有超常表现潜力的股票是可以在它们价格飙升前被识别出来的。
3. 只要正确地进行投资，在短时间内用少量资本致富是可能的。

融会贯通

在我的交易生涯中，除了勒夫的书之外，还有很多其他人的作品鼓励着我。其中之一就是 *The Relative Strength Concept of Common Stock Price Forecasting*，作者是罗伯特·艾维。它帮助我摈弃了“买弱”的思想，并指导我使用新的理念：专注于力量上。在爱德华杰森的 *Stock Market Blueprints* 一书中，作者根据如收入、成长性、周期性成长性和显著成长等标准为每一类股票绘制了自己的蓝图。我喜欢杰森的原因是，他使用了一种客观地研究股票并且创造因子模型的方法。这种严谨的观点鼓励我创造自己的“领导者档案”。

理查德·道前是另一个给我巨大影响的人。他出生在康涅狄格州哈特福德，耶鲁大学经济学专业毕业，并在 20 世纪 30 年代时就职于华尔街。道前被认为是期货的创始人。他发现并完善了根据确定规则而交易的方式，这种方式就是趋势跟踪法。其法则之一就是当 5 日均线从下穿过 20 日均线时，就应该买入，反之则应卖出。道前的工作让我想到了需要在我的模型中加入特定的趋势因素。

之后，我遇到了威廉·吉勒，他是图表分析方面的专家。在书中，吉勒继承了道前的工作（那时道前已经是一家证券公司期货研究的主管了）。这些人成为我的教授，指导我精心研究了市场。从勒夫那里，我学到了历史分析和超常业绩股票的共同点；从杰森处，我知道了绘制蓝图和保存档案的重要性；道前教给了我趋势追踪；吉勒则教给我图表分析，包括他那后来被威廉·奥尼尔发扬光大的“碟形理论”。

当然，集大成者还是杰西·利弗莫尔，世界上最伟大的交易员。1907 年，他用一天时间就赚取了 300 万美元。在大多数投资者损失惨重的 1929 年，利弗莫尔卖空市场，总共赚取了 1 亿美元。对我来说，这真是无与伦比的激励。尽管大多数人读过利弗莫尔的书《大作手回忆录》，我更喜欢他那更加务实的作品《如何炒股票》。利弗莫尔的书精炼了我的思想。很多对我来说很有用、很重要的法则看起来和利弗莫尔几十年前总结出的没什么区别。

市场中的老师一位接一位，他们教给我的课程主旨却没有变化。成就超级表现的原因从过去到现在，没有太大的变化。不管经济如何发展，无论哪个行业在兴起，超级业绩的标准始终如一。很多人在我之前都得出了相同的结论。尽管他们的名字不同，他们攫取收益的方法不同，那些基础的原理一直存在，静静地等待着新的探索者。

最后，是科技

20 世纪 80 年代后期，我第一次给自己买了一台“强大的”计算机，它不单单是一台让我可以对着一个绿屏幕玩弹球的机器，也使我可以创建自己的数据库，并让我能接触到更多的信息。现在，我能使用数量分析的方法：跟踪、研究更多优秀股票，并且能用现在的数据检验历史数据中的发现。电脑还使我有能力监控上千有潜力成为超级股票的实时情况。之前，我只能手动分析和追踪股票，极大限制了我能覆盖的范围。更早的时候，我甚至需要徒手绘制图表，每天用手把股票表现画在上面。那太累了！

在实地研究和交易中，我收集的数据和结果与勒夫、菱格纳姆的结论吻合。直到那时，我都还没有自己的交易公式，但我已经在总结超牛股的共同特点了。同时，我已经用自己的账户进行一些成功的交易了。

发现与工作结合

科技爆发式地增长，零售市场和医疗保健市场在 20 世纪 90 年代让那些无名的公司走进了千家万户。在 20 世纪 80 年代学到的经验，已经能帮我抓住一些在 1990 年的熊市转向牛市过程中的机会，买到增长强势的股票了。US Surgical, Amgen, American Power Conversion, Ballard Medical Products, US Healthcare, Surgical Care Affiliates, Medco Containment, Microsoft, Home Depot, Dell Computer, International Game Technology 和 Cisco Systems 在那时还是不为人知的公司，但他们的股票已经有了强劲的基本面和技术面表现。很多投资者错过了那些伟大的公司，因为它们相对较低的市盈率而错过了其增长时期。1991 年，排名前 40 的最佳表现股票（价格在 12 美元以上）从年初的 29 倍市盈率增长至年末的 83 倍。

领导者档案

通过近三年的实际交易和对最早到 19 世纪后期的历史数据的精心积累，我已经成功建立了一个蓝图，记录了超级股票们共有的特点。我把这个蓝图叫做“领导者档案”，它是在不断分析过去表现最成功的股票的特性后，得出的使股票未来价格增长大大超出其他对手们的原因。它的分析重点不光是价格变化的幅度——价格增长量的大小，还包含了时间因素：增长的有多快和这种涨势持续的时间。在股市中，时间是关键，因为时间就是金钱。在监测数据时，我把每一只候选股票都根据领导者档案相互做了比较，并把它们排序。结果，发现下一只明星股票的概率大大增加了。

SEPA：一个精确的策略

找到进场和退出的时间是我最关注的事情。这些年来，我的 SEPA 方法逐渐完善成一个被称为“像手术一样精确的交易策略”。SEPA 方法让我可以找到那些精品候选股。SEPA 的目标是利用所有现有的信息，以及在考虑风险与回报后找到最佳进场交易的时机。SEPA 包含了公司基本面分析和股票的技术分析。它的评价标准包含了严谨研究、数十年的应用和可见的事实。个人的主观观点和学校中那些迂腐的理论则没有被包含其中。

SEPA 的 5 个要素

那些明星股的基本特点可以被分为 5 类，而这 5 类则构成了 SEPA 方法的根基：

1. 趋势。

   事实上每个超级业绩都是在股价在一个确定的上升通道时期发生的。在几乎每一个例子中，趋势都可以在股价飙升前被看出来。

2. 基本面。

   大多超常业绩的推动原因都是收入、利润的增加。这些内容在股票价格上涨之前就已经实现，并在大多案例中事先会被披露出来。在股价的飞速增长时期，一个关键要素的改良几乎总是发生在公司大的基本面中，包括收入、利润和最终的净利润。

3. 催化剂。

   每只股票带来的巨大收益后面，都有催化剂的存在。催化剂可能不会每次都很明显，但只要做一些简单的分析工作，分析公司的历史等，可能就会告诉你哪只股票有潜力成为下一只明星股。一个新的热销产品可能会为其公司带来股价的飞跃。经 FDA（美国食品及药物管理局） 批准，一个新的合同甚至是新 CEO 可以让股票价格飞涨。那些小的、不为人知的公司，经常需要一些事件的发生才能吸引公众的注意力。我喜欢看到那些让投资者兴奋的产品或事件，例如：Apple 公司依靠 MAC 电脑和“i”系列产品（iPod、iPad、iPhone）到达事业的巅峰，RIM 公司的黑莓手机，还有 Google，那个让自己的搜索引擎成为同义词的公司。同样的事件对于不同类型的股票有不一样的影响。不论原因是什么，所有明星股票后面总是有催化剂一样的事件，吸引着机构们的注意力。

4. 买入时机（入场点）。

   大多数明星股票至少会给你一次机会，有时候会有几次，在低风险的时候进入，并抓住价格飞涨的机会。入场的时间非常重要。进入的时机不对，你可能会被迫退出，或者随着价格转头向下而遭受损失。如果正确地在牛市中入场，会马上获得利润，并会随着时间增长获得更大的回报。

5．卖出时机（出场点）。

不是所有的超常业绩股票都能带来收益。很多人即使在正确的时机下达了购买命令，也有可能颗粒无收。所以，必须建立止损点，让它来强迫你退出，从而保护自己的账户。有时你的股票必须要卖掉，让收益落袋为安。

SEPA 的分析过程总结如下：

1．股票必须首先满足“趋势形态”（请见第 5 章），才能成为 SEPA 候选者。

2．满足了趋势形态的股票会根据其收入、销量、利润增长、相对优势和股价波动被不断地筛选。大约 95%的候选者会被此轮监控筛选掉。

3．剩下的股票会被仔细地与“领导者档案”作对比，详细研究它们是否符合以往超级业绩股票们的基本面和技术面因素。此步骤又会删除大部分上轮留下的股票，只留下很短的名单，用于更进一步的分析和评估。

4．最后一步就是人为分析。名单会被逐个检查，然后会根据以下特征顺序对它们做出排序：

- 报告的收入和销量
- 收入和销量激增历史
- EPS（每股净利润）变化
- 收入增长和速度变化
- 公司指导手册
- 分析师净利润预测修正
- 利润率
- 行业和市场地位
- 潜在催化剂（新产品、新服务或公司新发展）
- 同行业公司比较（对标分析）
- 价格和交易量分析
- 流动性风险

SEPA 排序过程专注于识别如下内容：

1．未来净利润和收入激增和积极的估值修正

2．机构对交易量的影响

3．供求失衡引起的价格增长

收敛的概率

为了更加精确地找到买入股票的最佳时机，用最低的风险博取最高的收益，我不断改进 SEPA 方法。我的目标是买入股票后立即获益。为了完成这个目标，我考虑了所有相关的基本面、技术面、市场因素等并依此精确找到价格在目前仓位下的收敛点。我在执行每一笔交易前都要考虑并校准公司基本面、股价波动、交易量和整个市场环境的相互作用。我想要看这些因子收敛在一起，就像四辆车同时从十字路口的不同方向汇集在一起。SEPA 使用概率方法作为支持，得出上述结果。

事实上，每次股价升高前都有着很多确定的、可测量的标准。在价格飞涨的日子里，这些股票呈现出可以被区分开的特性——新产品的引入、新的服务创新或者一些基本面的变化，这些特性让公司可以以更高更快的速度赚钱，并且这种情况会持续很长一段时间。结果，因为吸引了更多机构，这些公司的股票会经历明显的价格增长。你不必知道公司或者市场的所有事情，但需要知道那些重要的事件。把这些因素——基本面、技术面、数量分析和市场主调结合在一起，并考虑到可让股票度过若干困难期的强烈需求后，你会更有可能找到那些杰出的东西。这些因素结合起来会释放出令人不可思议的能量。

超常业绩的特征

多年来，我一直坚信大多数明星股票有共同的、可见的特点。在大多数情况下，还不错的净利润会在报表中体现。事实上，大多数明星股票在表现出强大收益性前，已经经历了若干在基本面和技术面表现突出的时期。超过 90%的明星股票是以市场的自我纠正或者走出熊市为起点，开始惊人的股价增长。有意思的是，只有很少的股票可以在熊市中做出超常的业绩。

明星股票很年轻

超常业绩时期一般发生在股票相对年轻的时候，例如，在首次公开上市（IPO）的 10 年之内。很多业绩超常的公司在走向公开前很多年都属于私人。在他们上市之后，会有净利润和增长率的记录。有些业绩超常的公司在上市前已经建立了成功的产品线和品牌。

在 20 世纪 90 年代的熊市纠正中，我专注于那些表现良好、在市场走出低迷后能率先增长的股票。大多数我持有的公司在那时都不出名。这些股票大多有相同的共性，比如高净利润增长率和市场中强烈的产品需求。其中一个例子就是 US Surgical。这个公司率先推出了腹腔镜手术和外科缝合手术相关产品。软件、电脑周边和科技股因个人电脑需求的增长在那个时期表现得同样优秀。很多投资者不喜欢那些自己没听说过的公司。如果你的目标是成为股市中的大赢家，这恰恰是不应该的。

规模很重要

很多公司在还很小的时候，经历了强劲的增长期。随着自己增长、变大、成熟，它们的成长速度开始变慢，股价增速也随之下降。尽管大公司偶尔会在市场转向时或者因在熊市中被过度打压，股价有所回调，但明星股票通常都属于那些小规模的公司。大多数情况下，中小公司的股票会经历加速成长时期，从而创造出其股票价格的超常增长。对明星股票感兴趣的投资者应该持续关注处在成长期（净利润和收入加速增长）的中小企业。总的来说，净利润增长和收入增长，还有更重要的股价增长，一般在中小企业那里表现得更为突出。大公司一般需要良好的执行记录。对于小公司，在大多数情况下，确认他们已经盈利，并证明其商业模式可以放大和复制更为重要。

关注那些资产和股票数量相对较小的候选公司。其他方面一样的情况下，因为股票数量稀少，小公司比大公司有更强的资本增值潜力。在公司较小且股票较少的情况下，只需要很少的需求推动，股票价格就会上浮很多。

这个发现同样可以帮助你完善对等式利润端的预期。大公司不会像小公司那样，股价出现大幅上涨。有时候大公司股票会因为熊市而被打压，这时如果你买类似可口可乐、美国运通或者沃尔玛的股票，会看到其股价慢慢回升并带来还不错的收入。一般来讲，即使大公司短期内股价迅速升高，我仍然偏向于买那些小公司股票，期待着更快更大的资本增值，在数月内看到它们的价格翻一倍甚至两倍。

股票监测

自 20 世纪 80 年代起，我就开始用计算机帮助我压缩大量的信息，最多每天可处理多达 10 000 只股票的信息，从而得出一个可以管理的，满足一些基本要求并需要后期详细研究的候选股名单。今天，投资者可以选择很多检测工具。我这里有一些对于股票监测的建议。

当你使用数量分析（股票监测）时，使用更简单的模型可能会有更好的效果。定不要在屏幕上放过多的内容。否则，可能反而筛选掉了很多只仅不满足其中一条标准，但其实很好的股票。例如，假设你想选出那些呈现出一定盈利水平、资本量和其他 10 条标准的股票。如果一个公司满足了其中 11 条标准，但在第 12 条上只差了一点点，那你永远都不会看到该公司的股票。记住，如果你有 100 项标准，那么满足了其中 99 条的股票一样会被筛选出去。

更好的方法是把它们分别在不同的屏幕上显示，并在每个屏幕上使用更少的筛选标准。例如，在一个屏幕上显示相对价格优势和趋势，并在另外一个屏幕上用净利润和收入等基本面信息筛选监控。通常，在你分开检测时，会看到一些名字重复出现，还有一些只会在一到两个列表中显示。记住，电脑很擅长过滤掉噪音并把你的研究带向正确的方向，但如果你想有明星般的业绩，必须卷起衣袖，并做那些过时的人工分析。这就是交易有意思的地方，它让投资变得有趣并且回报丰厚。

专注于一种方式

你不需要是数学或物理学的博士，就可以在股市中成功。你需要的只是正确的知识、良好的职业道德和纪律。经过了几十年对 SEPA 方法的研究、测试和无数次的修改，它已经经受了足够长时间的考验，并已经被证明在现实世界中的有效性。你，也一样，会有自己反复的测试期：不断尝试股市中各类概念和方法，不论是价值投资、成长型投资、基本面分析、技术分析还是它们各类组合。最后，你需要专注于一种方法，并不断对其改良、精炼。选择一种交易方式就像是选新娘一样，如果你不够心诚，可能不会有好的结果。这要花费时间和精力，但你的目标应该是成为你那种方法的专家。

策略很重要，但它不像知识和规律一样可以直接应用并对你的投资业绩有直接贡献。然而，一个知道自己策略优缺点的交易员可以比那些不知道的人业绩高出很多。当然，最完美的情况是知晓很多伟大的策略。这应该是你最终的目标。

第 4 章

价值和价格一致

用一般的价钱买一个好公司远比用好价钱买一个一般的公司强。

——沃伦·巴菲特

当你用传统概念看价值机会时，会马上想到讨价还价：之前贵的东西，现在便宜了。这看起来很有逻辑。但是，对于成长股投资，这个定义就不准确了。在股市中，看起来便宜的东西可能实际上很贵，而看起来贵的东西很可能就是下一只明星股票。现实就是，价值和价格往往具有一致性。

市盈率（P/E 值）：滥用且错用

每天，分析师们和华尔街的人们会提出成千上万个对股票价值的不同观点。这只股票估值过高；那个还可以讨价还价一下。这些估值的基础是什么？通常，基础是市盈率（P/E 值）。它是股票价格和每股净利润的比值。很多错误的信息都是从 P/E 值中得出的。不少投资者因为误解和无知过于依赖这个比值。尽管可能有悖常识，但根据华尔街的统计，P/E 值在帮助找到明星股票方面是最没用的信息。

标准的 P/E 值反映了历史结果，但其并没有考虑股价升值的最关键因素：未来。当然，用估计的净利润计算出前瞻性市盈率（Forward-looking P/E ratio）是可能的，但如果你这样做，就已经依赖于自己对未来预测的观点了，而你的观点往往是错的。如果一个公司在某期报告中显示了一个令人失望的、没达到之前预期的净利润，分析师们会下调其对未来净利润的预测。结果是，分母（E）会缩小，假设价格（P）不变，整个比值会变大。这就是大家专注于有很好净利润公司上的原因，这样就能不断向上调整对未来收入的预期。强大的净利润增长会让股票有更高的价值。

抄底人的狂喜

有些分析师建议你买那些价格已经狂跌的股票。他们宣称的原因或许是 P/E 值已经接近或到达历史低点。但是，在很多情况下，这类下跌预示着更糟的公司利润。

当季报被披露出来，而公司依旧没有达到分析师预期或者经历亏损时，P/E 值会回升（有时甚至是飙升），而这可能只会让股票价格在未来继续下跌。这就是 2007 年后期摩根斯坦利的例子。股价和 P/E 均到达 10 年来的低点。之后，摩根斯坦利公布了依旧令人失望的净利润。马上，其股票的 P/E 值上升到 120，股票看起来被严重高估。但随后，其股价进一步下跌到 7 美元。摩根士丹利因整个行业都在经历的金融危机而表现糟糕。在 2008 年，美国银行、花旗集团和 AIG 都和行业内的其他公司一样，P/E 值都触及了 10 年来的低点。12 个月之内，所有的股票价格都跌去了 90%。

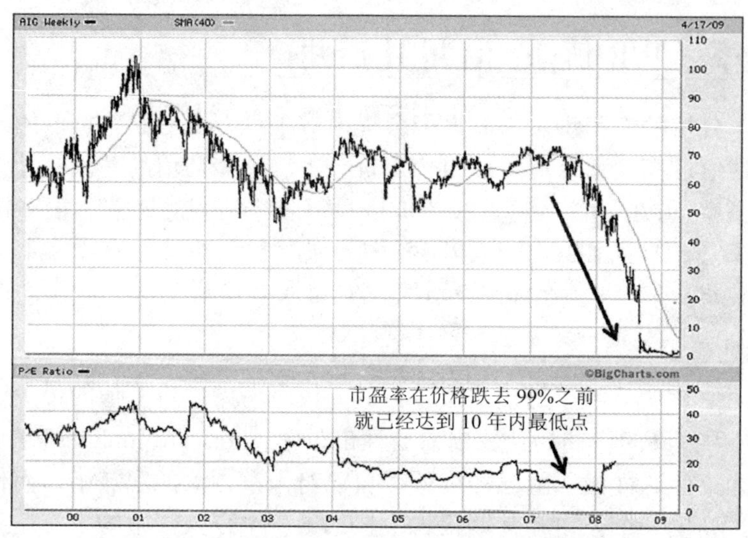

图 4-1　美国国际集团（AIG），1999—2000 年

便宜货的陷阱

买一只便宜股票就像被发了一手烂牌，这很难避免。当你买一只股票的原因仅仅是其便宜的时候，你会发现如果其走势与你预期相悖，卖掉它更是一个问题，因为它变得更便宜了。价格越便宜，股票会越吸引人。这类事情会让投资者陷入巨大的麻烦。比起行业领先者的股票，大多数投资者倾向于寻找便宜货，而这类股票很难让他们收回投资本金。

不要错过高 P/E 股

成长股在市场中溢价出售是很正常的。如果公司的净利润增长很快，这种情况就更常见了。飞速成长公司的股票可以比市场上的平均 P/E 值高出 3～4 倍。事实上，在成长股比价值股更受欢迎的时期，高速成长的领袖们可能要求更高的溢价。即使在成长股不吸引人的时期，它们也能以明显的溢价在市场上交易。

很多情况下，有潜力成为明星的股票会在一个高得离谱的 P/E 值下被出售。这种情况吓走了很多投资者。当公司成长速度极高时，传统的基于 P/E 值的估值方法就没什么用了。但是，有高 P/E 值的公司应该被当做潜在的被购买者而研究，特别是当你发现公司有了一些新的，有意思的东西，同时催化剂也已经准备就绪，随时可以让公司的净利润出现爆炸式增长时。如果此时公司被之前的分析师误解或者忽略，你的收益会更高。

互联网就是一个很好的例子。当雅虎作为电话时代最为伟大的科技发明时，我在一个电视访谈节目中被问到自己认为互联网能否幸存下来。你能想象有一天它会失败吗？至少今天不会。但在 20 世纪 90 年代中期，你可能和其他人一样，会有不同的答案。那时正是网络概念股达到最近一年最高点，并在一个荒唐的价格下被交易的时期。

大多数好的成长股不会有低 P/E 值。事实上，历史上很多明星公司在经历最大跨越前，都有 30～40 倍的 P/E 值。这种现象只能用快速增长的公司股票交易价格高于那些增长缓慢的公司来解释。如果你仅仅因为 P/E 或者股价太高而放弃，那么你可能放弃了市场上最成功的股票。真正让人激动的、有潜力的公司是不会在打折区里出现的。你不会在 1 元店中买到 Prada。事实上，伟大的公司看起来永远很贵，而这正是很多投资者无法伟大的原因。

高增长吓跑了分析师

> 你可能会回想起 10 月中旬，马克在这个节目中建议的那个已经涨了 100%的叫做雅虎的股票……
>
> ——Ron Insana, CNBC 访谈，1998 年 11 月

华尔街并不知道应该给那些成长速度惊人的公司一个什么样的 P/E。在一个行业领导者不断更换或者新兴的产业中，要想预测成长能够持续多长时间并且之后会以一个什么样的速度减速是几乎不可能的事情。很多明星股票价格会攀升到极高点，然后在分析师们惊奇的声音中，继续上涨。误解了华尔街的工作，进而把注意力放在错误的驱动价格上涨的原因上，才是你错过这些伟大的股票的原因。

1997 年 6 月，我在其 P/E 值为 938 的时候买了雅虎的股票。对于这样高的市盈率，每一位机构投资者在听到后都会感叹：“什么？！雅——什么东西？”那时候雅虎还并不为人知，但已经领导着新的技术革命：互联网。那时候，大家普遍对这个新兴产业有误解。雅虎股价在后面的 29 个月中涨了 7800%，其市盈率也升至 1700 倍。哪怕只是沾了一点边，它也会让你变得富有。

图 4.2　雅虎（YHOO），1997—1999 年

什么是高，什么是低

> 1 月 9 日，米勒维尼买了 Taser 的股票。这是一个制造泰瑟枪（警局使用的一种非致命性武器）的公司。他用自己的 SEPA 方法抓住了这个机会。6 周之后，这只股票价格上涨了 121%。
>
> ——商业周刊在线，2004 年 5 月 10 日

每个人都知道那句老话“低买高卖”。这句话很有道理——就像走进一个商店，看看什么东西便宜。但是，低买和高卖对于现在的股价毫无作用。现在价格比原来或高或低，对于预测其明天的走势毫无帮助。一只股票价格从 60 美元涨到了 260 美元，但另一个从 2 美元跌到 1 美元甚至一文不值，两个股票看起来没什么不一样。雅虎在市盈率 938 的时候是不是价格太高了？Taser 在 2004 年 1 月，刚涨了 300%，市盈率已经到 200 倍的时候呢？相反的 AIG 市盈率在 2008 年达到最低点的时候呢？

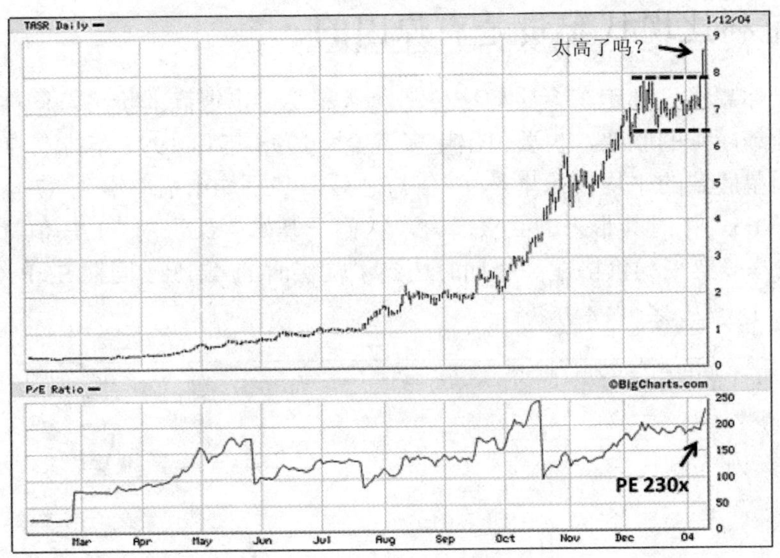

图 4.3 Taser（TASR），2004 年

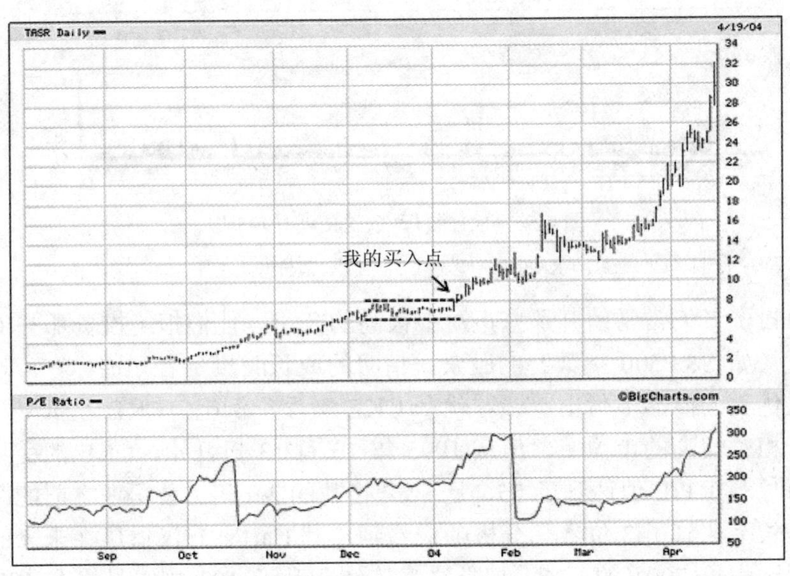

图 4.4 Taser（TASR），2004 年，在经过了 4 周的稳固期后开始上涨

法拉利比现代车贵是有原因的

如果你想买一部跑车，比如法拉利，就需要付出很高的价格。同样，如果你想买到业绩超常的股票，也要付出更多资金。1996 年和 1997 年排名前 100 的中小企业明星股票的平均市盈率是 40 倍。之后，其平均市盈率涨到 87 倍，中位数也达到了 65。相对其带来的回报而言，它们一开始“昂贵的”P/E 值就显得很便宜了。这些股票平均价格在高峰期时达到了购买时的 421%。同期 S&P500 指数的市盈率在 18～20 之间浮动。

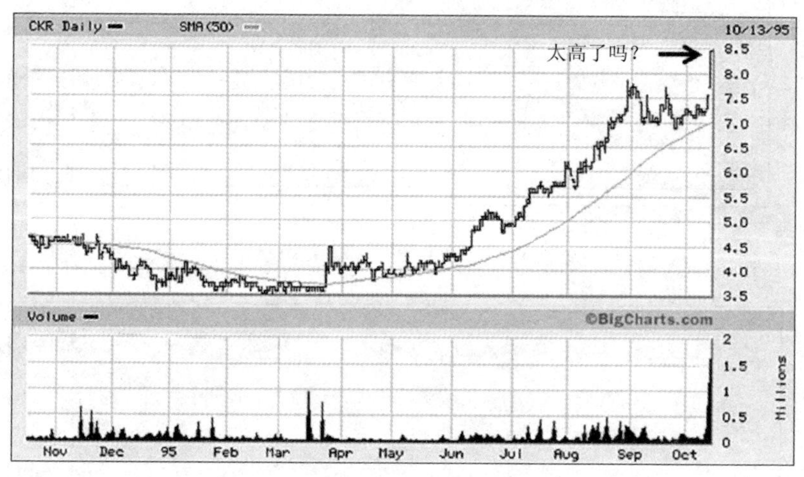

图 4.5　CKE 餐厅（CKR），1995 年

1995 年 10 月 13 日，CKE 餐厅 CKR 市盈率达到了 55 倍后，股价开始上涨。

价值投资者们常常躲开那些市盈率很高的公司。他们拒绝投资那些 P/E 值超过一定量（如 S&P500 指数）的股票。精明的成长股投资者知道你在市场中经常要为那些优质的商品多付出点钱。就拿 CKE 餐厅举例吧。CKE 在价格“起飞”之前有着相对较高的市盈率。但从 1995 年 10 月 13 日开始，CKE 的交易量突然大增。当时，其 P/E 值达到了 55，是 S&P 指数的 2.9 倍。公司在之前的两个季度中利润增长率达到了 3 位数。分析师们看到了其 Carl’s Jr.汉堡店在未来的一季度中收入同比增长 700%的可能。股票之后连续爬升了 103 周。最终在 1997 年 10 月，股价达到了 41 美元。期间 CKE 的净利润增长了 175%，反而让其市盈率下降到 47 倍。

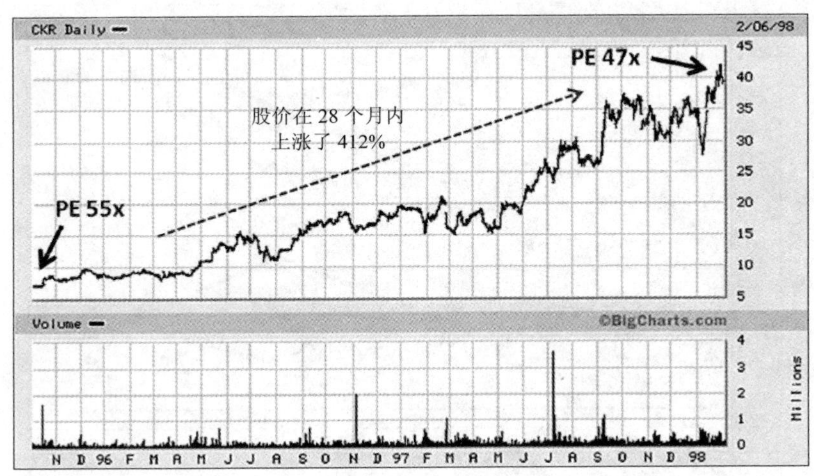

图 4.6　CKE 餐厅（CKR），1998 年

自 1995 年 10 月 13 日后，该股票价格在 28 个月内上涨了超过 400%，但其 P/E 值反因其净利润的快速增长而下降。

阿波罗集团（APOL）

大多数时候，股市中金钱损失的原因不是市盈率过高，而是因为净利润增长没有达到预期，也就是说，公司的增长潜力被误判了。最完美的情况是找到一个生产产品的公司，其增长前景支撑了高市盈率，——其可持续的成长时间越长越好。

就以阿波罗集团为例吧。从 2001 年中期到 2004 年，阿波罗的市盈率没有大的变化，但股价伴随着其净利润，出现了 200%的增长。为什么这些年 P/E 依旧在原来的水平，没有随着股价上涨而变化呢？因为公司的净利润与股价增长速度很相近。如果一个公司可以实现稳健的净利润增长，其速度与股价升高速度相近甚至更快，一开始的高价格就会被证明其实很合理甚至很便宜。阿波罗集团股票在 1994 年 12 月上市交易，当时市值仅有 1.12 亿美元。正如你想象的，让公司股票之后有了成为超级业绩股的潜力。

从 2000 年到 2004 年，阿波罗集团股票增长了超过 850%。同期，纳斯达克综合指数下跌了 60%。

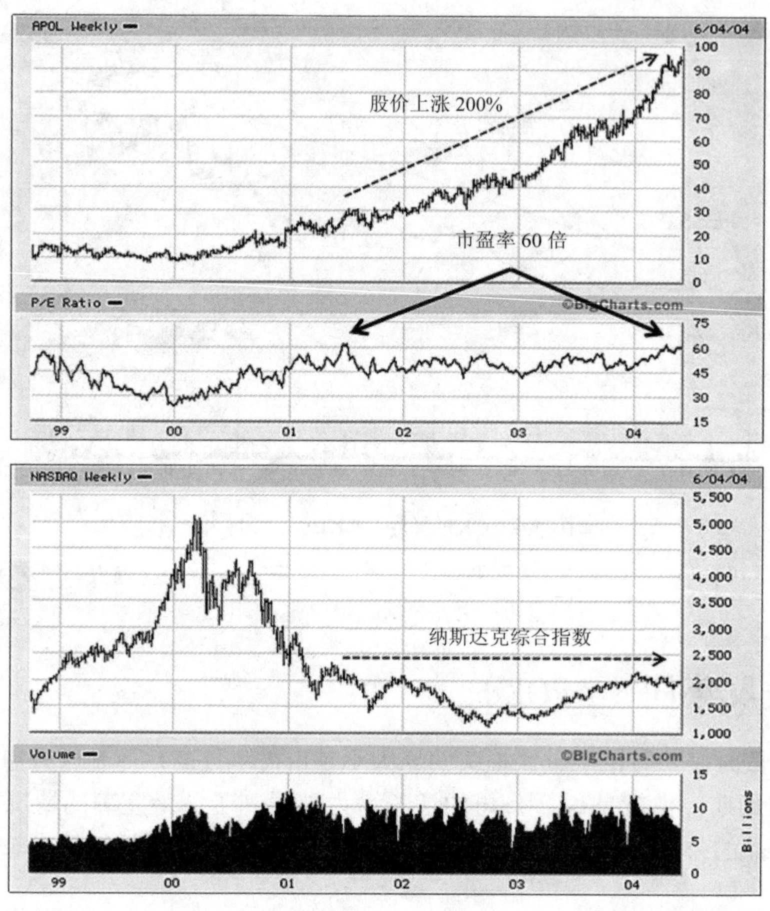

图 4.7 阿波罗集团，1999—2004 年

2001 年，阿波罗集团以 60 倍市盈率交易。2004 年，其股价上涨了 200%，但市盈率仍维持在 60 左右。

Crocs 的潮流

本来是为园丁和水手准备的塑料鞋变成了一股潮流。每个人都开始穿 Crocs 鞋了。同样，这股潮流也吹到了股市中。在股价进一步上升之前，Crocs 股票的市盈率增已经达到 60 倍。但是，可能世界认为普通鞋子已经不够时尚，从 2006 年 4 月开始到 2007 年 10 月，Crocs 的市盈率随着其净利润的狂涨而不断下降。如果你在公司 P/E 达到最高时（60 倍）买入，其实可以在接下来的 20 个月内获得 700%

的回报。如果你等着股票回归到一个合理的估值，达到市盈率的历史低点，你可能会在一年内损失 99%的本金。

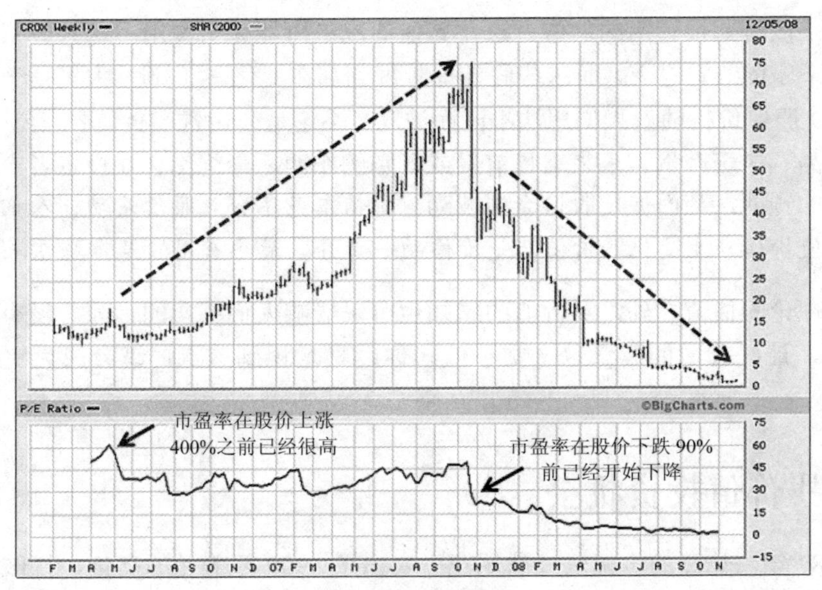

图 4.8　Corcs（CROX），2006—2008 年

只有人让股价波动

> 很多人疑惑，他们认为进行交易的是公司自己，我们交易、拥有或者投资的那张纸是某种权利，就像优惠券一样给你几美分的折扣，或者一种可以让你有一砖一瓦的拥有权。这是不对的。最终，它们只是简单的几张纸，可以供你买卖，或者让有更多资本的人操作涨跌……公司的基本面情况只是让股价涨跌的一部分因素。
>
> ——Jim Cramer

与公众的想法相反，股票市场不是建立在客观的、用数学中所说的如市盈率或市净率（P/B 值）体现的“内在价值”基础上的。如果是这样，电脑模型的疯狂投入者应该一直是赢家，并且拥有先进机器辅助的基金经理应该能很轻松地打败市场。如果分析资产负债表是股票投资的必胜方法，会计应该是最伟大的交易员。但事实上，这都没能成为现实。世界上没有万能公式或者某种模型，可以无限期地产生可靠的超常回报。所有事情都是相对的、主观的、动态的。

在某段时期很管用的估值方法在其他情况下可能完全没用。每只股票估值都建立在一定的假设之上，而这些假设每时每刻都在变化。“假设”大多是个人观点的产物。股票价格随着人们想法不同而波动。不论是公司资产负债表、公司资产、热销产品、净资产量、未来增长前景或者别的东西，最终都会让投资者产生对未来股价的预期，从而促使股价产生波动。价值本身不会让股价波动；人们通过买卖指令使价格产生变化。价值只是价格的一部分。最终有用的是市场需求。

在理论的估值之外，对价值的感知也可以影响人们买卖的行为。没有有意愿的买家，最好公司的股票也一文不值。你越早意识到这点，越会成为更好的投机家。

寻找价值投资机会

1987 年，梵高的一幅画“鸢尾花”卖出了 4900 万美元的高价，打破了世界艺术史的纪录。这幅画的交易价格比之前预期的高出了一倍多。拍卖过程也同样打破了纪录：竞拍价格在两分钟之内就从起拍价 1500 万美元一路上涨到最终成交价。

分析师和投资者一直持续不断地寻找那些内在价值超过目前市场价格的股票。这类诉求一般被归结成比较股价和净利润。因为交易价是净利润的 65 倍就认为股票被高估了，犯的错误就如因其成本只有 40 几美分而认为梵高那 4900 万美元的画被高估了。梵高画的价格与其内在价值无关；画的价格是根据人们对这独一无二的、需求很大的艺术品未来价格走势的预期。

华尔街常常使用两种测度衡量股票价值。一种方法是将股票与其所在行业或整个市场（例如：S&P500 指数）的平均市盈率相比较。但这种方法常常导致错误的结果：落后的股票估值较低，而行业领先的股票估值较高。行业中的领头羊股价一般较高一些，但从长期回报看，由于它能够带来更高的回报，其价格实际上是被低估的。

另一种方法是将公司股票市盈率与其某时段的历史数据相比。如果现在的

P/E 值与历史时期相比达到了低点，那么它一定被低估了。股票看起来便宜了，但市场给其更低的 P/E 值一定有其道理；最终，现在的“折扣”可能是“崩溃”的前奏。

如果明天你买的一只股票价格较购买时下跌了 25%，你会因其市盈率低于行业平均值而感觉更好么？当然不会。你应该问自己：卖家是不是知道了什么我不知道的信息？股票每天都要适应新的环境，但很多投资者仍旧持有价格下跌的股票，因为他们认为这只股票价格较低。有些顾问甚至会告诉你卖掉赚钱的股票，并为这些价格下跌的股票加仓。与此同时，他的价格仍在下跌，你仍在不断损失金钱。

有些优秀的价值投资者在 2007 年开始的熊市中损失了 60%。他们之前信奉并表现良好的“购买并持有”好公司股票的策略为他们带来各种非议，带来巨额的损失。2008 年，整个市场都在经历巨大的损失，“价值线(几何平均)”下跌了 48.7%。道琼斯指数在那年也下跌了 34%。表现最差的那类价值线已经很低了，下跌了 66.9%；价格对净资本比值（P/B 值、市净率）下跌了 68.8，市盈率下跌了 70.9%。归根结底：价值投资没法保护你。

没有万能数字

历史显示，对于业绩超常的股票，世界上没有通用的与市盈率相比的比较基准或者合适的区间。P/E 值可高可低。建议忘掉这种度量方法，转而去寻找有最高净利润增长潜力的公司。大多数时候，真正的市场领导者比落后者有更高的 P/E 值。因为市盈率较高而把一只股票从备选名单中删除，可能让你错过下一只明星股票。

1995 年至 2005 年的前 25 只明星股票平均市盈率是 33 倍，最低的是 8.6 倍，而最高的那只已经到达了 223 倍。其中表现最好的三只股票——American Eagle Outfitters，Penn National Gaming 和 Celgene 在股价大涨前的市盈率分别为 29、11 和 223。三者都在 10 年中达到了年化 40%的增长率。1995 年年初，CKE 餐厅在股价大涨前的市盈率很高，但其在股价下跌前市盈率却比较低。

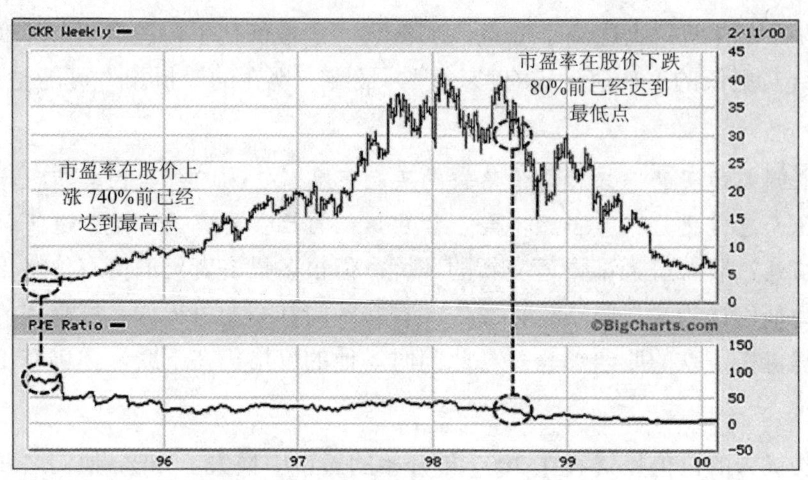

图 4.9 CKE 餐厅（CKR），1995—2000 年

警惕市盈率超低的股票

> 我做过最糟糕的交易是购买 Bethlehem Steel，当时市盈率只有 2 倍。我说“它还能低到哪去？”最终，它跌没了。
>
> ——Jim Cramer

尽管我自己在搜寻未来的明星股票时并不太关心 P/E 值，然而有时某种情景还是会吸引我的注意力。我对市盈率超低的股票很谨慎，特别是其 P/E 达到了年内新低的时候。有超低市盈率的股票有可能带来无穷的后患。一个市盈率只有 3 倍、4 倍或者是一个远低于行业总体水平的数字可能暗示公司基本面出现了问题。公司未来的前景可能堪忧：未来净利润可能很低，甚至是公司可能走向破产。

记住，市场中交易的是对未来而不是过去的判断。就像开车时不能只盯着后视镜一样，不应该用强调过去表现的模型构建你的投资组合。我更愿意拥有那些净利润前景好、P/E 值较高，而不是那些 P/E 值很低、但发展有问题的公司的股票。

市盈率的骗局

如果将一只股票的价格与其市盈率相比较，一般会发现低市盈率与低股价相重合，反之亦然。同样，超买/超卖（市场上大部分人都在购买或出售）等随机因子也有这样的现象。表面上，这两个流行的测度看起来在预测拐点上都比较精确。但是，这种准确的视觉是以忽视某些重要因素为代价的。在现实中，眼睛并不擅长过滤掉噪音和拐点间的静态关系。不仅如此，被忽略或误解的还有对目前趋势反向作用力的阅读。例如，一只股票价格可以在几个月内一直被高估，而另一只股票在发生变化前若干年一直在一个很小的范围内震荡。

在超卖的环境中买入和在超买的环境中卖出的交易策略风险很大。忽略大趋势的交易最终会导致错误的买入/卖出时机。同样，仅仅因为市盈率相对较低而买入或者因为市盈率较高而卖出会一次又一次地产生糟糕的结果。尽管超卖或者超买的条件和市盈率变化有时伴随着拐点出现，股票在出现新的催化剂前仍然可能继续上涨或下跌。市场的下跌总会导致超卖的出现，而超买最终都会带来牛市风暴。

破碎的领袖综合征

我把很多投资者（包括那些专家们）共同经历的苦难称为“破碎的领袖综合征”。它是这么形成的：那些拒绝在其股价升空前购买新行业领袖股票的投资者会在股价触顶并开始下降时关注该只股票。通常，这发生在行业的第 4 个周期（衰退期）。这些人购买了之前比较贵的股票，并期待它们能重振旗鼓，再次升空。

破碎的领袖综合征影响了那些没有抓住雅虎、亚马逊或者阿波罗集团股价上涨的投资者。他们没能在这些股票价格飙升、带来上千倍回报前上船。之后股票上涨势头戛然而止时投资者们觉得他们该做些什么了。看到前人获得的超高回报，这些后来者认为现在股票依然很好，价格还较之前有了些折扣。

他们会为自己的行为找到各种各样的理由，例如“它已经达到了历史同期的低点”和“其市盈率只有 20 倍，股价会上涨 40%”。或者更糟的理由是“价格已经跌了 70%了，它还能跌到哪去啊？”

有了这些合理化的解释，他们忽略了最重要的因素：对市场的判断。他们在公司还是市场领袖的时候选择站在一边，而现在，他们没看到这个领袖的破碎。当公司触顶之后，大多数情况下，其股价会因未来增长的放缓而下降。这样，现在价格的折扣其实没有什么吸引人的。

Sun Microsystems 公司就是一个很好的例子。该公司股票在 20 世纪 90 年代时经历了不可思议的增长，然后在 2000 年末，股价到达了顶峰，如图 4.10 所示。之后在股价跌去 75%后购买或者叫“进场”的投资者等待这个公司股价重新崛起，希望自己能在 2001 年中至少获得股价回调而带来的 75%的回报。不幸的是，派对已经结束了。一年后，Sun 的股票价格又跌去了 80%。8 年后，那些在股价下跌 75%后入场的投资者不光没赚到钱，反而失去了 99%的资本。

当股票急剧下跌时人们常见的错误理解如下：一只股票从 100 美元到 25 美元，下跌了 75%。因为股票最多下跌 100%，他们认为额外的风险只有 25%了，对么？错！如果你在 25 美元时买入，你可以在股价下跌到 6.26 美元时损失额外的 75%，跌到 1.56 美元时，又是 75%的损失。总之，你可能损失的钱永远是 100%。

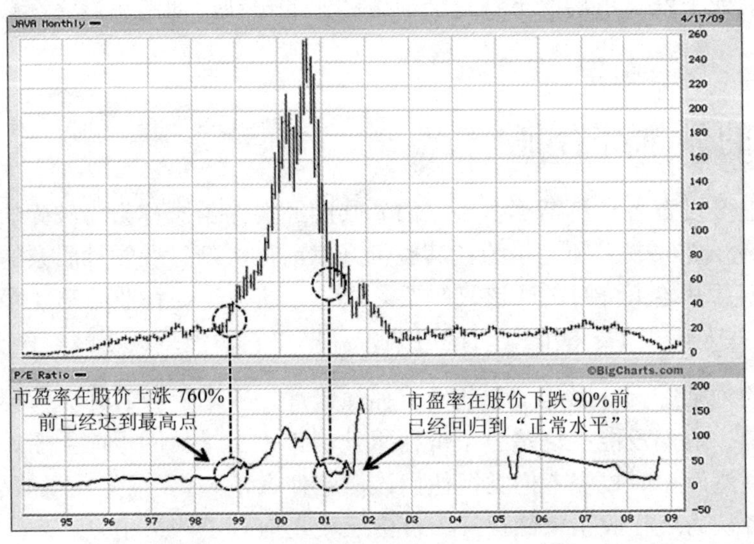

图 4.10　Sun Microsystems，1994—2009 年

P/E 值是市场情绪的检测器

在决定股价潜在走势方面，P/E 自己并不是十分有用。但市盈率告诉你市场愿意为公司目前的盈利付出多少钱。把市盈率当做是检验市场预期的检测器吧。这就是很多公司在成长前其 P/E 值会飞速上升的原因。随着公司业务的扩张，期望也在不断升高。

当然，有时候股票前景灰暗或者商业条件发生了改变，公司股价可能会因此被认为高估。那时候，预期的改变和股票价格的调整会反映出新的形势。我使用市盈率衡量市场情绪，从而察觉到市场预期的改变。一般来讲，高 P/E 值意味着较高的预期，反之亦然。

纵览有较大利润增长潜力的公司，那些收入飞速增长的公司是最好的选择。寻找新出现的可以扩张的趋势——那些具有数量效应的趋势。专注于那些有新事物不断出现的企业（有催化剂的企业），你最终会成为最大的赢家。与公司未来利润增长潜力相比，目前的市盈率只是微不足道的因素。成长股的关键是：成长性。

PEG 值

市盈率与增速比率（PEG 值）是用公司的市盈率除以下一年预测的每股净利润增长率。例如，如果一只股票目前市盈率为 20 倍，其每年净利润增长率为 40%，则其 PEG 值为 0.5。公司在其增长率的一半的价格上交易。

这个理论认为，如果比值小于 1，则公司股价可能被低估了；如果 PEG 值高于 1，则公司股价也许已经被高估。该值距离 1 越远，这种信号越明显。一般来讲，如果一个公司的净利润增长率与市盈率相符或者超过市盈率，则使用 PEG 值的投资者可能仍认为股票估值正常甚至略有低估。如果 P/E 值明显超过了增长率，该股票会被认为有风险并且被过高估值了。很多分析师都在或多或少使用 PEG 方法，希望此方法能帮助他们在一个合理的价格买入股票。

不同的分析师对于某股票到底是不是被高估或者低估有着不同的观点。有些投资者只要看到某股票市盈率超过其及利润增长率一点点就砍仓卖出。就像 P/E 一样，PEG 值也可能让你把很多善变的、能带来巨大利润的公司从你的候选名单中剔除。PEG 值在两种极端情况下的作用甚微：P/E 非常高或者非常低的情况。一只增长率为 2%的股票，其市盈率就应该是 2 吗？可能不是这样。但给如雅虎这样的市盈率高达 938 的科技股估值时，用传统的方法几乎是没法做到的。PEG 的另一个问题是很多破碎的领袖在这种方法下显得非常诱人。他可能诱使你买入那些已经触顶、势头已经急转直下的股票。

对市盈率升高情况的处理

因为 P/E 只是一个比值，所以其具体数值大小会根据分子和分母的变化而变化。比如，如果股票价格（分子）升高的速度高于公司的净利润（分母），市盈率数值会上升。但是，分子和分母是联动的，尤其是当公司净利润增长潜力很大时。这会吸引大量买家，而买入行为又能推高股价。

举个例子。假设公司 A 目前的市盈率为 25 倍。如果其净利润增长了 20%，而股价没变，P/E 会下跌到 20.83。如果股价因为净利润的增长也跳高了 20%，市盈率会维持在 25 不变。慢慢地，随着股票越来越受欢迎，其股价会持续快速增长，P/E 值也会以比净利润增速更高的速度增长。如果股价在接下来的 12 到 24 个月中持续上涨，股价较上涨初期翻了 2 番甚至 3 番，市盈率也因此增加了 100%到 200%，则有可能股票价格上涨已经到了后期，是强弩之末了。

明星股票的历史数据显示，从股价剧烈上涨的初期到结束，其平均市盈率增长了 100%到 200%。这个信息可以从两方面解读。首先，你可以对股票的潜力有初步的概念。你可以估计出在未来一到两年内，在最好的情况下你手上的股票平均可以卖到多少钱。可以估计未来净利润值，并使用市盈率去计算股票大体的潜在价值。

其次，你可以从公司 P/E 的增长大体估算公司股价已经上涨了多久，还能涨多久。假设你在公司业务就要腾飞时以市盈率 20 购买了公司的股票。用 20 乘以 2 到 3，可以看到其市盈率可以上涨到什么程度。这样，你就知道最高市盈率在 40 到 60 之间了。你希望股票能继续上涨。我们对出售的信号需要格外谨慎，一旦 PEG 在 2 附近或者 3 左右，我们就要更加关注这只股票。它可能很快就要触顶了。如果真的发生了，要特别关注增长放缓的信号和股价增势变弱的信号，看到此类信号后需要削减仓位。

在 20 世纪 90 年代，当 Home Depot 股票成为机构的最爱时，疯长的乐观情绪让股票价格增速超过其净利润增长率。Home Depot 的市盈率在两年内从上轮熊市过后的 20 涨到了 70。之后的 4 年里，在一系列的兼并过后，公司的净利润追上了股价。之后的 2000 年，Home Depot 的市盈率又从 1997 年的 25 涨到了 75。之后不久，股价就达到了顶点，如图 4.11 所示。

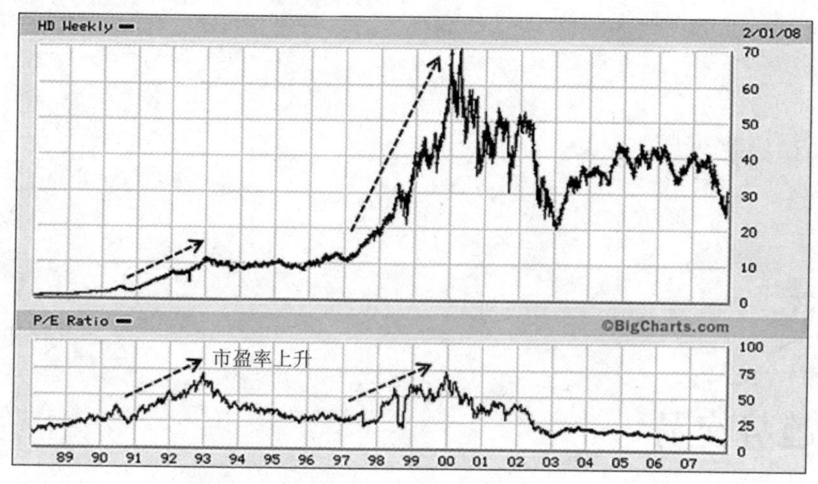

图 4.11　Home Depot，1988—2008 年

上面这些是什么意思

虽然，造成市盈率高低的原因并不清晰。我们从上面的讨论中能学到什么？应该忽略那些市盈率较低的，只购买高市盈率的股票么？不一定如此。我想说明的是，市盈率对于预测价值和找到明星股票作用十分有限。世界上没有通用的数字。事实上，公司潜在的净利润增速比 P/E 值要重要得多。

不用担心市盈率。如果你持有的公司像阿波罗集团一样提供优秀的商品，连续 4 年每年赚取 40%和市盈率没有关系。让那些过于高级和复杂的理论去困扰教授和学者们，把那些估值技巧留给华尔街的分析师吧。一个海洋学家可能可以解释海浪、水流、回头浪的复杂关系。但如果让他们冲浪，我打赌一个生长在海边，对那些理论一窍不通，但从小就在海浪中摸爬滚打的 13 岁的孩子要做得更好。作为一个明星交易员，你学到捕捉和驾驭趋势，从而获得巨大利润的能力，并学会提前发现有利的趋势的结束时间。通常，一旦“为什么”变成了“是这样”，巨大的投资回报只是时间问题。根据内在价值为一个公司估值并不是交易员该做的，那是购买资产的人该关心的。你的目标是持续的赚钱，不是积累一盒子，自己并不需要的资产——只有那几张纸才是你交易的东西。

第 5 章

借助趋势交易

我不创造趋势。我只是发现它们，然后借助于它们。

——Dick Clark

我的成功建立在对科学和艺术有机组合的基础之上。在科学的研究下发现的市场信号和主观的直觉都是很重要的工具。在股市中，几乎没有绝对的正确与错误。为了成功，一个精明的交易员必须学着对不完整信息进行阅读、解密并且据此做出决定。但是，股市中还是有一些事情并非那么模棱两可。我把它们称作“无商量余地的绝对标准”。

监测那些明星股票前，我会使用严格的定性的分析法筛选出部分股票。这些标准仅考虑股票的技术走势，这样他们就能强迫我的购买与当时主要的市场趋势一致。一旦股票符合这个标准，我就开启另一个监控屏幕，专注于研究那些公司的基本面数据，并根据此数据缩小候选股票的范围。简言之，不论公司基本面看起来有多好，只要它不符合技术标准，我就不会把它当做候选股。

例如，我绝对不会购买那些交易价格在其 200 日均线以下的股票。不论它的每股净利润、收入增速、现金流或者每股收益有多高，我都不会购买这类处在下跌通道的股票。为什么要这样？我喜欢大家都感兴趣的股票，特别是机构比较感兴趣的。我不想成为第一个到派对的人，但我需要确定，那里真的有派对存在。我的目标是不去关注那些浪费我时间的股票，这样我就能专注于那些领先的、有机会成为下一个明星的公司。买那些长期处在下跌通道的股票会大大降低你成功的可能。如果你想增加成功概率，就应该专注于那些确定处于上升趋势的股票。

与趋势交朋友

牛顿第一定律说运动的物体将一直运动下去。运动中的物体具有惯性。股市中也有相似的特点：一个由力量推动的趋势会一直存在着，直到其他的某件事情改变了它。换句话说，趋势就是你的朋友。尽管这个格言很平常，但很多投资者可能都没完全理解其中的智慧。我是在一次很难忘的经历中抓住这句话的精髓的。

20 世纪 90 年代，我参加了纽约的一个投资会议。在那些市场专家的名单中，有一个叫奈德·戴维斯的人。他是著名的研究机构 Ned Davis Research 和 Marty Zweig（著名报纸 The Zweig Forecast 的出版商）两家公司的创始人。会上的一个演讲嘉宾抓住了我的注意力。他不仅有强大的人格魅力，对股票市场的观点也同样精彩。他就是斯坦 •威斯特恩，发表股市文章 *The Professional Tape Reader* 的人。午饭上，我们开始了详细的讨论。斯坦解释了他的方法，并教我一个伴我终生的核心概念。

斯坦的观点建立在一个亘古不变的、所有股票都要走过的四阶段理论基础之上，并强调了对于指导股票处在哪个时期的重要性。根据斯坦的理论，最完美的情况就是在股票刚刚走出第一个阶段，正要开始步入第二阶段准备飞速增长时入场购买。然后目标就变成在公司进入第三时期时，股价接近最高点时候卖出。第四阶段，公司将走向下坡。此时是需要避免或者选择卖空的时期。我之前在斯坦的书《在牛市和熊市中赚钱的秘密》（McGraw-Hill 出版，1988 年）中读到过这种观点。尽管斯坦并不是唯一一个使用这种观点的人，但他是我听说过的第一人。我继承了他的方法，并将其纳入我的股票分析方法中。

明星股票和时期分析

与其他股票一样，明星股票也会经历各个阶段。在我的交易生涯中，我对股价的周期有着强烈的兴趣。特别是在很多市场周期中检验那些有名的明星股票的价格走势后，我可以很清晰地看到它们在经历着不同的阶段。一只股票可以在默默无闻的情况下被买卖很久，然后在某一天价格突然开始增长。最终，上涨的动力会减弱，然后因利润分配等原因变得很不稳定。当价格经过最高点后，股价开始下降。有时，在下降之后，股票回到第一阶段，等待着下次上涨。从第一阶段开始走完整个四个阶段可能需要很多年。**我从研究中发现，事实上，每个明星股票都在第二时期带给其投资人最丰厚的回报。**

在背后研究股票价格历史走势尽管很有意思，但它并不能在现实中告诉我哪个备选股已经到达第二阶段。此外，我问自己，是什么导致了第二阶段的发生？为了找到识别第二阶段的关键先兆，我画出很多明星股票的基本面信息，希望从它们的共同点中找到其与股价波动的关系。我的目标是检验阶段之间是否有因果关系。如果有关系，我想知道到底是什么样的关系。

股票从无名走向成熟：四阶段理论

对明星股票的研究让我对股票周期的四个阶段有了深刻的认识：从休眠期到

成长期，成长到顶后走向衰败。除了关注股票价格表现外，我还在搜寻引发各个时期的原因。从基本面方面分析，原因几乎都和净利润有关：从枯燥乏味的表现到令人惊喜的上升，然后是净利润加速增长，最终在增速减慢的过程中逐渐令人失望。这些基本面的变化导致大型机构投资者购买或卖出股票，我们可以从加速上涨和衰落时期的股票交易量中看出端倪。我以股价的表现为基础，找到了如下四个阶段：

第一阶段——忽略时期：巩固

第二阶段——突围时期：加速

第三阶段——到顶时期：分配利润

第四阶段——衰败时期：投降

第一阶段——忽略时期：巩固

第一阶段是最不起眼的。股票在这个时期容易被人忽略，几乎没有大的玩家会注意到它，或者至少，市场还没有准备好为其付出金钱。在第一阶段，公司的净利润、销售额和利润率可能都与其股价一样令人失望或者很不稳定。外界对公司或者产业的未来也存在疑问。没有什么可以让股票走出困境并吸引机构投资者帮助其股价进入第二阶段的事情发生。

第一阶段可能维持很久，从几个月到若干年。第一阶段也有可能是因为整个市场环境糟糕而导致的。在熊市中，即使是那些基本面很好的公司股价也有可能随着市场走衰而下降。*应该避免购买处在第一阶段的公司股票，不论它看起来有多诱人；即使公司基本面看起来很不错，也要等待，直到第二阶段再购买。*记住牛顿第一定律——惯性定律。一个运动中的物体更愿意保持运动，静止的物体则一直静止。奄奄一息的公司无法实现超常业绩。为了让资本快速滚动起来，你必须避免第一阶段，并学会发现哪个公司已经开始第二阶段了。

第一阶段的特点

- 在第一阶段，股票价格因缺少让其上涨或下跌的动力而不起眼地波动着。
- 股价会围绕 200 日均线上下波动。在波动中，它没有实质性的向上或向下的趋势。这种死水一般的时期可能会持续几个月甚至几年。

- 这个阶段通常发生在股价从第四阶段下跌几个月之后。
- 交易量通常很小，尤其小于之前的第四阶段。

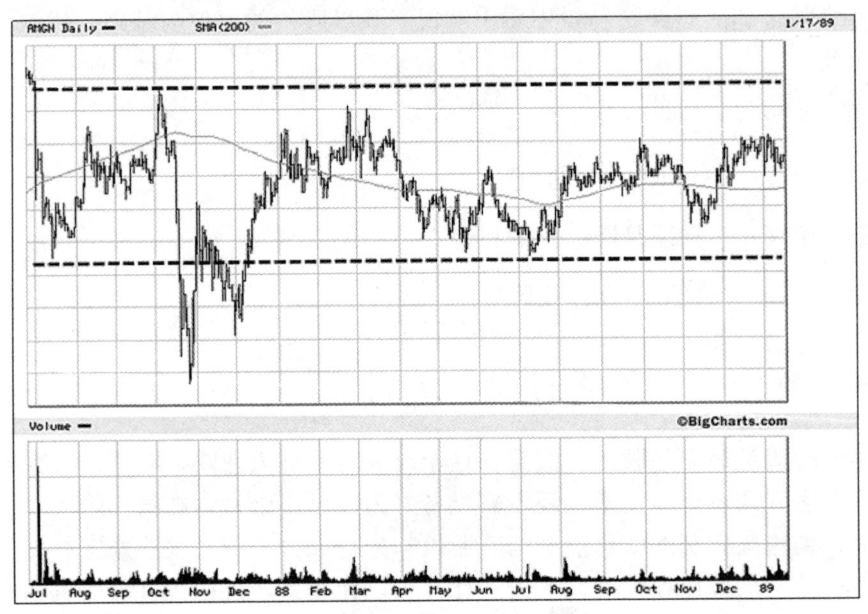

图 5.1 处在第一阶段的 Amgen 公司（AMGN），1987—1989 年

不需要去抄底

我以自己的切身经验告诉大家，尝试抄底的行为会让你失望，并且毫无利润可言。即使你足够幸运，真的在底部买入，在未来的几个月甚至几年中，也不会有太多的收益，因为在那个时期（第一阶段或第四阶段），并没有推动股价上涨的动力。

我的目标不是在价格最低或者股票最便宜的时候买入，而是在“正确的时候”，在股票准备好上涨的时候，买入。抄底没有必要也浪费时间，会让你丢了西瓜拣芝麻。为了达到超常业绩，你需要最大化你的投资收益，所以需要专注于那些你买入后马上就能带来收入的股票。需要关注那些波动趋势与你的交易方向一致的股票。为了实现这一点，应该等待阶段二的到来。

从第一阶段过渡到第二阶段

在第二阶段，股价可能毫无声息地有所突破，你不会看到相关的声明或者新闻。可以确定的是：在第二阶段的股票会因走强的需求而在其价格显著上升的日子或星期里有明显增高的交易量；在价格回退的日子里，交易量又会相对较低。在你下定论股票已经到达第二阶段，并准备购买前，至少要确定股票已经在持续增长，并且价格比最近一年的最低点高出至少 25%～30%。

在图 5.2 中，注意看 Amgen 公司的 200 日均线已经扭转向上，并处在确定的上升趋势中。其 150 日均线已经高于 200 日均线，并且股价在向上的时期，交易价格比 150 日和 200 日均线都要高。同样注意看那几天的交易量，比之前萎靡时放大了很多。对于 Amgen 公司，它已经明显处于第二阶段了，其股价已经从过去一年的最低点上涨了 80%。在这个时点，我才会开始考虑购买其股票。早期因为缺少证实的信息，若草率买入，就是在冒资金被套牢的风险。大部分业余投资者认为此时股票价格太高了，并认为他们应该依靠自己的直觉，在更早时买入。这就是为什么业余投资者没法赚大钱的原因。

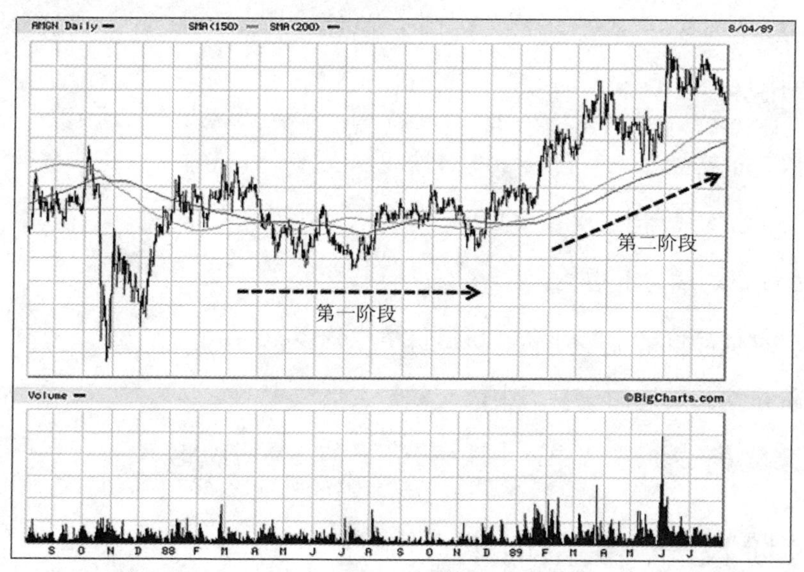

图 5.2a　Amgen（AMGN）每日价格，从阶段一过渡到阶段二，1987—1989 年

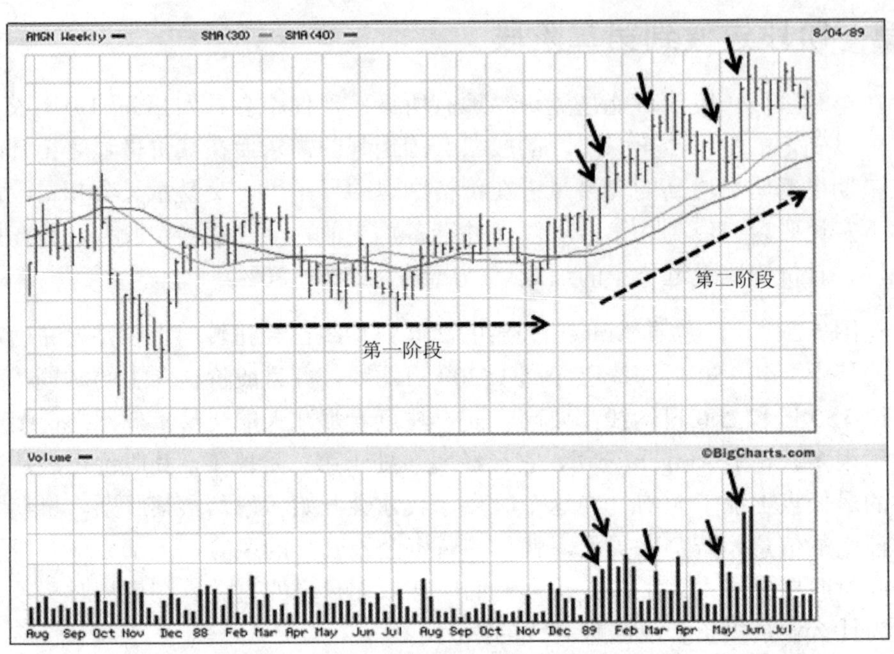

图 5.2b　Amgen（AMGN）每周交易价格，从阶段一过渡到阶段二，1987—1989 年

过渡的标准

1．股票价格处在 150 日及 200 日均线以上。

2．150 日均线高于 200 日均线。

3．200 日均线向上增长。

4．股价最高价格不断升高，最低价格也稳步提高。

5．价格增长迅速的交易周中，交易量突然放大。

6．交易量较大的几周中，上涨高于下跌的交易周数量。

第二阶段——突围时期：加速

尽管可能悄无声息地到来，第二阶段股票价格的增长之火可能也会被一些惊喜的新闻点燃，比如优惠政策的出台、未来商业前景的向好，以及新的有能力的 CEO 的上任。或者，突然出现的超预期的净利润增长也可能会吸引公众的注意力。

随着风向的转变，第二阶段的信号已经证明股价就要坐上火箭了。随着净利润的突然上升（或者其他收入的瞬间上升），股价随着大型机构的需求增加开始上涨。每日和每周的交易价格与交易量会高得不正常，高交易量会明显与价格萎靡时期的低交易量不同。这些加速的信号在每只股票经历第二阶段时都会出现。

在进入第二阶段之前，股票应该已经有阶梯状的价格上涨，不断出现更高的高价，而最低价格也在升高。这时，股价可能有 2～3 倍的增长；但是，这也许只是个开头。股价应该依旧持续上涨。如果公司能依旧保持高盈利，这种增长率应该很快被传播开来，并吸引大量人购买，公司能连续几个季度都报告出令人印象深刻的净利润时尤其如此。

第二阶段的特点

- 股票价格在 200 日均线以上。

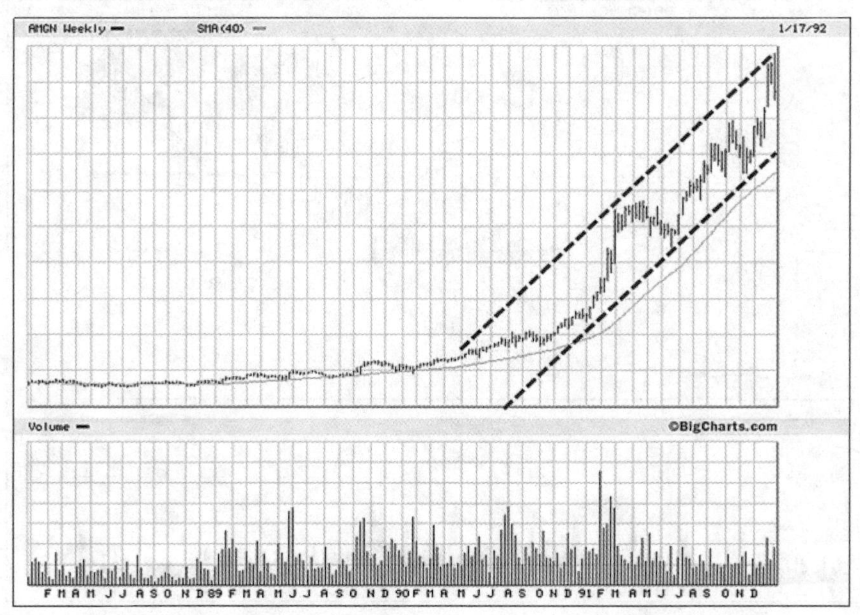

图 5.3　Amgen（AMGN）处在第二阶段：1992 年

- 200 日均线已呈现上涨趋势。
- 150 日均线在 200 日均线以上。
- 股票价格有明显上涨趋势，价格曲线如台阶状上涨。
- 短期移动平均线在长期移动平均线以上。
- 相较于价格萎靡不振时，价格猛增的日子里股票交易量同样增长明显。
- 交易量较大的几周中，上涨的交易周数量高于下跌的。

第三阶段——到顶时期：分配利润

就像老话说的一样，天下无不散的宴席，所有好的事情都会有尽头。在股市中，股价一样不能无限期增长。在某些时候，净利润尽管仍旧在增长，但增长幅度会只有几个百分点。股价也许仍在攀升，但将其趋势向下拉的力量越来越大，股票波动性也逐渐增加。

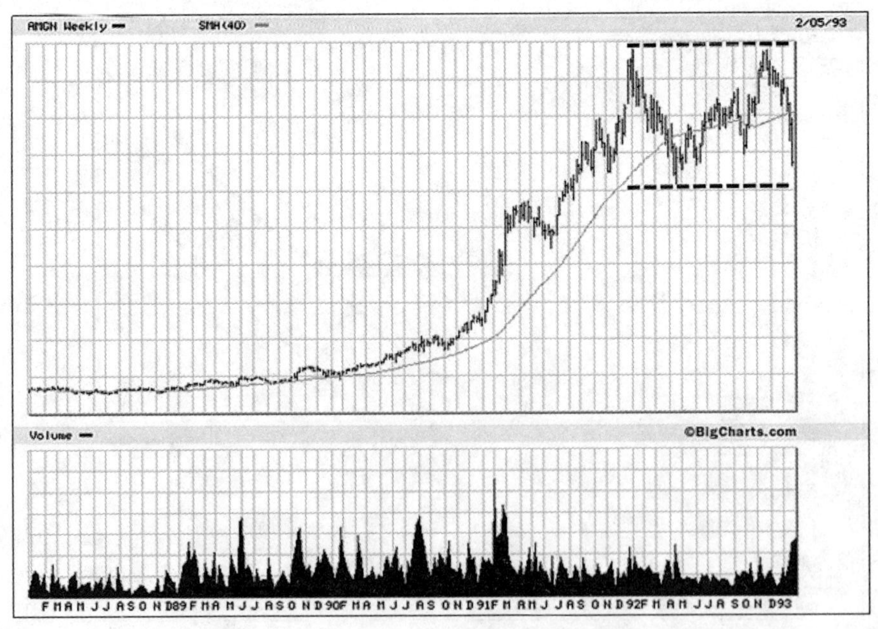

图 5.4　Amgen（AMGN）处于第三阶段，1993 年

在第三阶段，股票不再有那种极端的加速度。取而代之的，是从强大的购买者那里转手到弱势的购买者那里。在早期买入股票的聪明人现在已经盈利很多了，现在要做的只是卖掉股票。当这些发生时，交易另外一端的买家是弱势的一方，因为他知道这只股票时，股票已经有了强势的增长，并吸引了各大头条的竞相报道。换句话说，买家变得越来越多，越来越明显。这种分配时期展现出股价到顶的节奏。波动性明显增强，股票变得越来越出名。

净利润不断地超出预期，但总会有某个时点，预期会没能被实现。一个公司不可能永远打败市场预期。某个时刻，每股收益（EPS）增势会减缓。或者股价预期到这个变化，交易价格在净利润下降前就已经下跌，或者若干季度的净利润增速减缓后，股价转头直下。

第三阶段的特点

- 波动性上升，股票涨跌幅不断增大。尽管价格总的走势与第二阶段相似，股价仍旧在走强，但价格波动会越来越剧烈。
- 通常会有一次交易量很大时出现价格猛跌的情况。这一般是第二阶段开始后出现的最大单日跌幅。在每周价格表中，股票可能也创下最大单周跌幅。这种价格变化通常都伴随着很大的交易量。
- 股价可能处于 200 日均线以下。价格在到顶时通常围绕着 200 日均线上下波动。
- 200 日均线开始失去上升动力，慢慢扁平，然后进入下跌趋势。

第四阶段——衰败时期：投降

随着公司开始失去其每股净利润的动力，净利润增速减缓。在某个时点，都可能会有公司的负面新闻被报道出来。这时，公司没达到市场或者之前制定的预期，华尔街的分析师会进一步下调对公司的评价。对于在某些行业的股票，这种事情可以从公司存货中初露端倪，你可以看到成品堆积反映出的需求下降或者竞争更激烈的市场，它们都会对公司成长产生负面影响。之前上涨的势头会逐渐达到顶峰，之后就会变成彻底的下跌。

在第四阶段，净利润预期通常会被下调，而这会给股票更大的下跌压力。第四阶段的卖出浪潮可能会持续相当长一段时间，直到它最后跌倒筋疲力尽，并重新进入一个被忽视的阶段，也就是回到了第一阶段。在重新进入到上涨周期前，你可能要再等上几年。有些公司会在这个时期走向破产。

实际上，第四阶段的股价和交易量特征和第二阶段相反，在股价下跌的日子里交易量高企，并且下跌的日子多于上涨的日子。绝对应该避免买入处在第四阶段的股票。

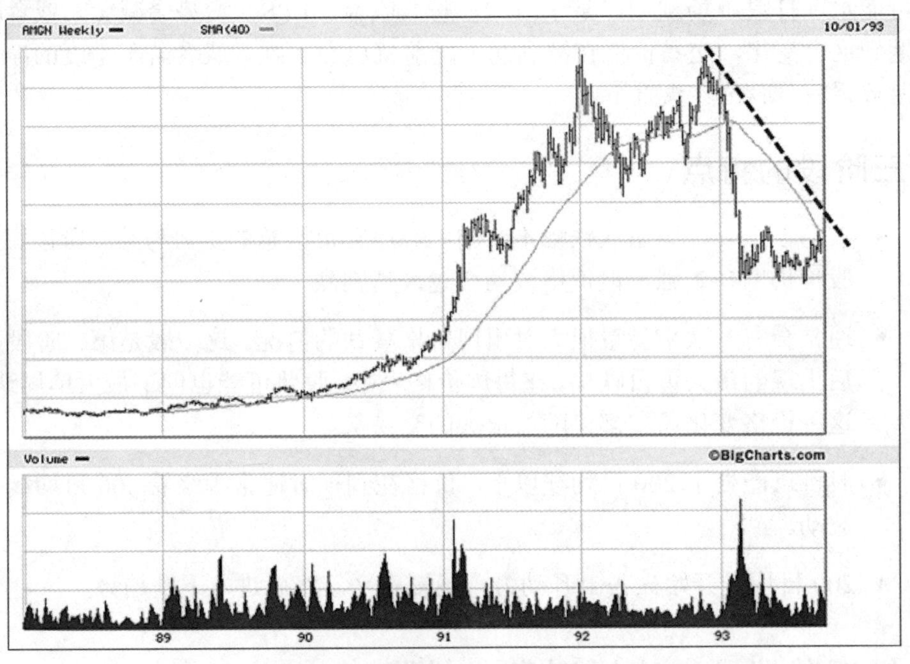

图 5.5　Amgen（AMGN）处在第四阶段，1993 年

第四阶段的特点

- 股价主要处在 200 日均线下方。
- 200 日均线处在明显的下跌通道。
- 股价处在最近一年的最低点附近。
- 股价不断打破新的低点，呈现下台阶的节奏。

- 短期移动平均数低于长期移动平均数。
- 交易量放大的日子或者星期里，股价下跌剧烈。
- 交易量较大的交易日和交易周中下跌的日子多于上涨的日子。

价格成熟周期

至此已经把四个阶段逐一分开讨论完毕，你一定要知道这并不是为了精确地找到它们，而是为了判断股票处在其价格周期的哪一部分，并把它与公司的净利润周期一起比较。一只股票可以反复经历周期很多次。了解了四个阶段，就能够清楚地看到第二阶段才是你最应该进入的时期。我对于在第一阶段买入完全不感兴趣，并且非常排斥在第三和第四阶段对股票做多头。

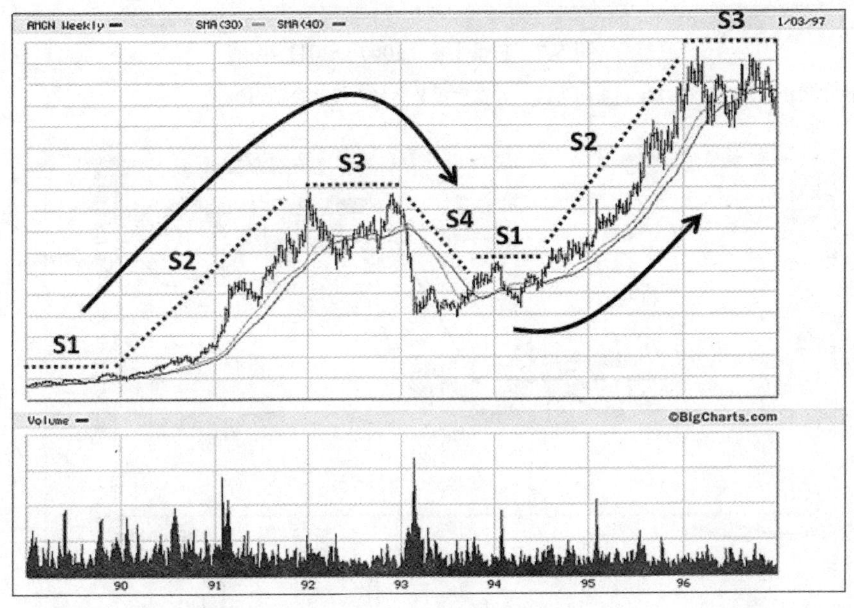

图 5.6　Amgen（AMGN），1989—1997 年

Amgen 是观察股票走过各个阶段最好的例子。你可以清楚地看到为什么你要尽量处在第二阶段。

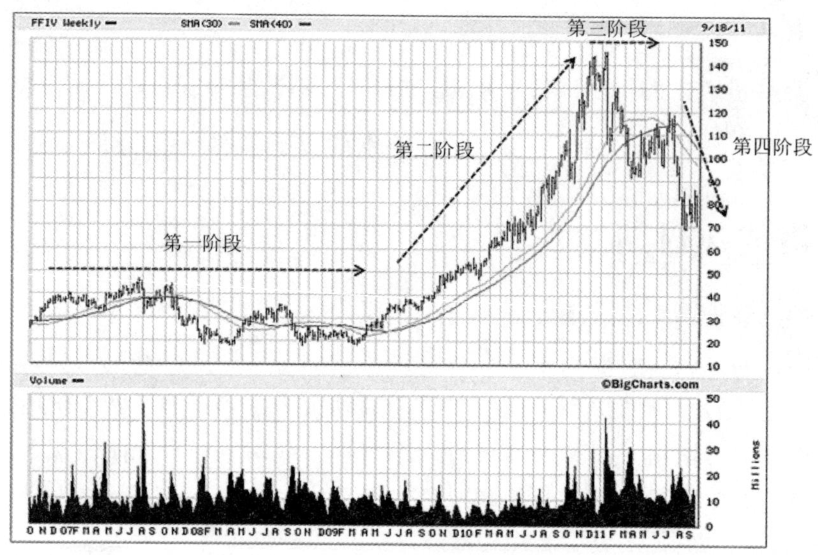

图 5.7　F5 网络，2007—2011 年

F5 网络很快从第三阶段过渡到第四阶段，并在短短 8 个月内就跌去了 50%。

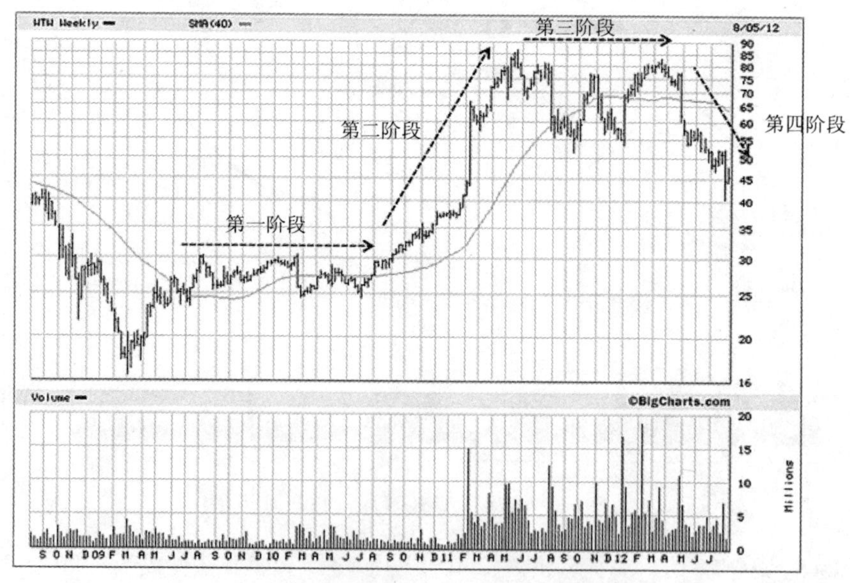

图 5.8　Weight Watch 公司（WTW），2009—2012 年

Weight Watch 公司在 2011 年 5 月股价触顶，但它在第三阶段停留了一年之久。

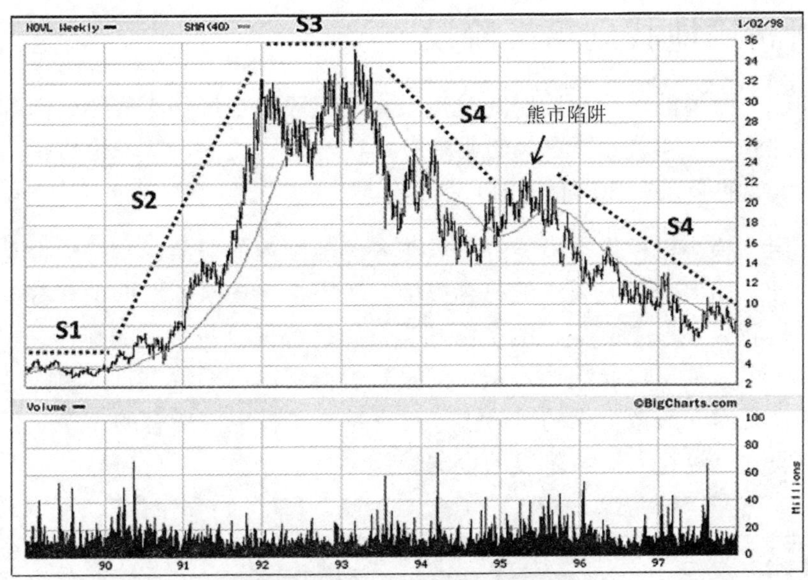

图 5.9　Novell（NOVL），1989—1998 年

Novell 公司股价在 1993 年达到最高值。之后在 1995 年看似上涨并又套住了一些投资者。在之后长达 5 年的第四阶段，公司股价下跌了超过 80%。

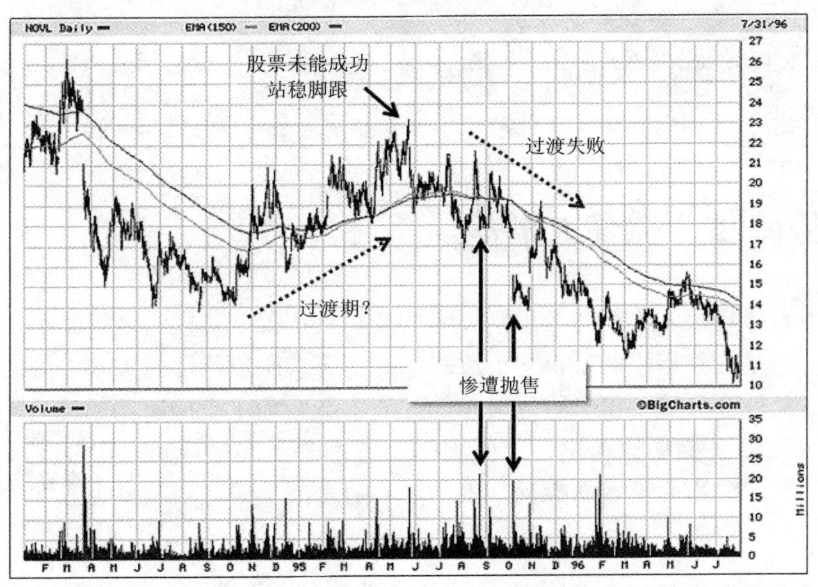

图 5.10　Novell（NOVL），1994—1996

Novell 没能过渡到第二阶段。

如何精确地找到第二阶段

正如我之前说的，历史证明几乎每一只明星股票在经历大涨幅之前都有一个同样的上涨趋势。事实上，99%的明星股票在价格腾飞前，交易价格都高于 200 日均线，96%的股票在 50 日均线以上。

我使用“趋势模板”来检验每一只在考虑范围内的股票。趋势模板是我购买行为的基础。如果一只股票没能符合模板，我不会考虑买入。即使其基本面表现很吸引人，我只在股票有确定的上涨趋势（如趋势模板所描述的那样）才会把它纳入候选名单。如果没有趋势，做多的投资者会暴露在股票下行的风险之下，或者做空者会暴露在股票上涨的风险中。只有符合了模板中所有的 8 个条件，我们才能确定股票已经进入第二阶段的上涨趋势中。

趋势模板
1、当前股价处在 150 日和 200 日均线上方
2、150 日均线处在 200 日均线上方
3、200 日均线至少上涨了 1 个月（大多数情况下，上涨 4～5 个月更好）
4、50 日移动平均值高于 150 日及 200 日移动平均值
5、当前价格高于 50 日移动平均值
6、当前股价比最近一年最低股价至少高 30%
7、当前价格至少处在最近一年最高价的 25%以内（距离最高价越近越好）
8、相对动力排名（《每日投资者报》公布的排名）不低于 70，最好在 80、90 左右

乘势而起，抓住大潮汐

使用趋势模板，你能马上识别出哪些公司处在第二阶段，这里面不需要主观的猜想。但是，我们不能仅仅因为股票恰好在第二阶段就选择买入。因此，我们必须考虑是什么导致了第二阶段股价的加速上涨。为了更形象，把第二阶段的股票想象成马上就要来的潮汐。众所周知，它不会一次全都到；它会分成几波大浪陆续到来，并用此把水面推高。浪的总趋势是向上的，但其中也包含着波峰和波谷。

在总的上涨趋势中（潮汐中），会夹杂着中短期价格的上涨、下跌（浪）。这些短期的走势可能会持续 4、5 周甚至 1 年。一般来说，阶段二的低谷会持续 5

到 26 周。在这段时期，股票会平静一段时间，就如同它在休息，准备下一次冲刺。这段喘息时期与第一阶段不同。股票现处在上升通道，会像台阶一样上升。这种情形会一直伴随整个第二阶段。

我们在山的哪一部分

换一个比喻，把股票走势的四个阶段想象成一座山的轮廓——从平地到山顶，再回到平地。随着从山左侧逐步向上爬（第二阶段），我们会看到一些小平地（基地）。这些基地是登山者可以搭建帐篷、休息的地方，从而能准备好下一段的攀登。股票也是一样的道理。在一段上涨之后，都会有一小段让人拿走利润的时期，这会导致暂时的股价下跌。如果股票真的是在半山腰，长期上涨的趋势会很快恢复。短期的停顿让股票有时间消化之前的强烈上涨，这样它才可以在后面向更高的价格发起冲击。

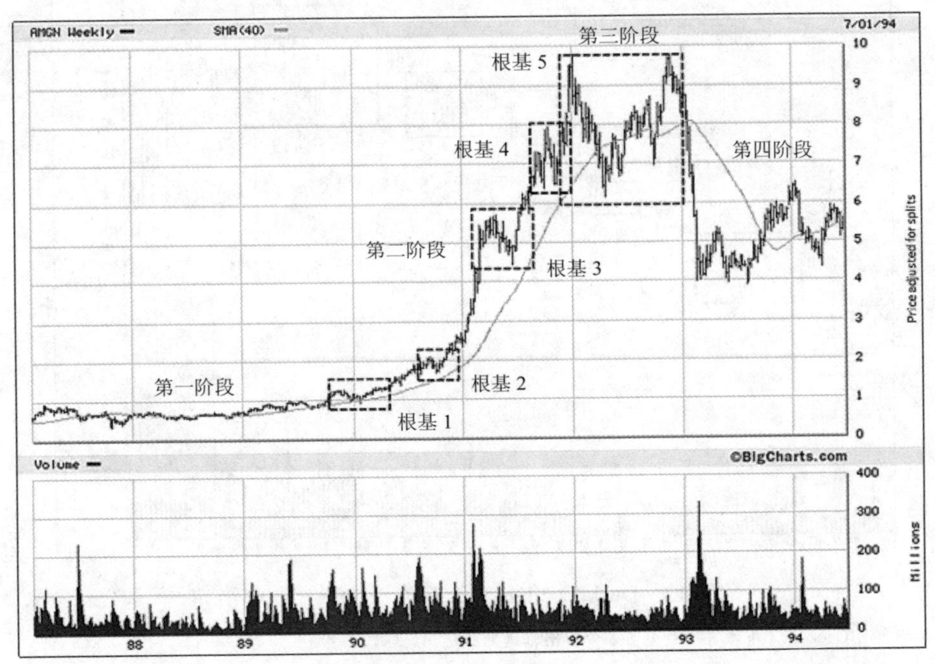

图 5.11　Amgen，1987—1994 年

1992 年，Amgen 在完成第三阶段前出现了两个价格高峰，之后马上进入第四阶段，股价快速下跌。

在某些时候，上涨的动力会消失，股票也没有了继续上升的生气。这就像到达了顶峰，已经没有坡可以让你继续向上爬了。在此之后迎来的就是漫长的下坡。一般来讲，这种情况会在阶段二经历 3～5 个“休息区”后到来。随着后面休息点的到来，股票已经因为其成长性吸引并榨干了大型机构投资者的需求。

基地 1 和基地 2 一般来自于市场的自我修复，这时也是最好的进入时期。随着第二阶段的继续，基地 3 已经有一点明显了，但仍然是值得购买的时期。在第 4 个和第 5 个基地到来之前，趋势已经变得极为明显，并且绝对快到阶段二的后期了。有些股票会像抛物线一样到达顶点，然后迅速下跌。数基地的个数并不能告诉你股票是否已经触顶或者马上就要继续上涨。但是，它告诉你了一个判断自己处于第二阶段位置的方法。结合当时的股价和交易量，并在考虑公司基本面信息后，它可以成为非常强大的工具。这种方法是比尔·奥尼尔和大卫·莱恩教给我的。这是一个判断股票处于其周期哪一位置的非常重要的方法。

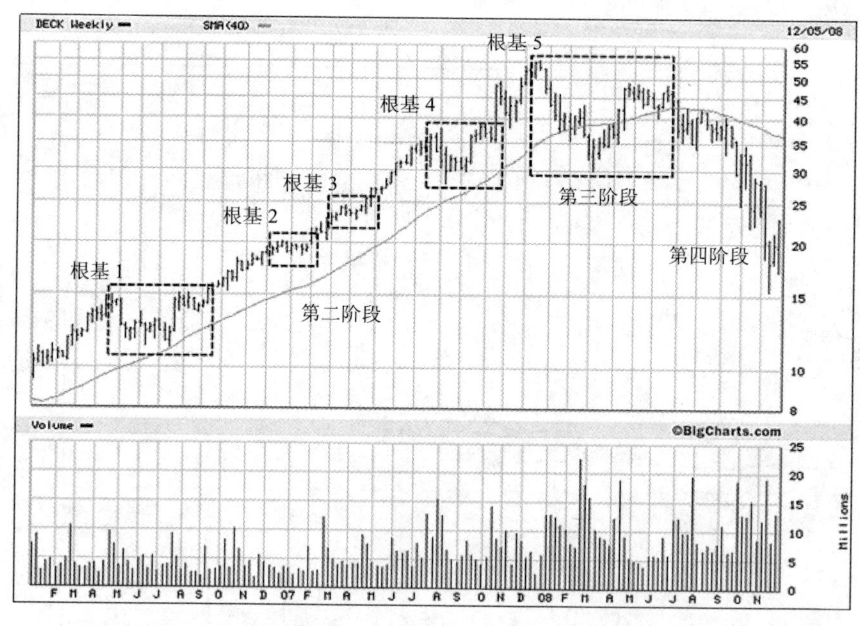

图 5.12 Deckers（DECK）户外，2006—2008 年

2008 年，Decker 户外公司在经历了 5 个价格基地后到达第三阶段。

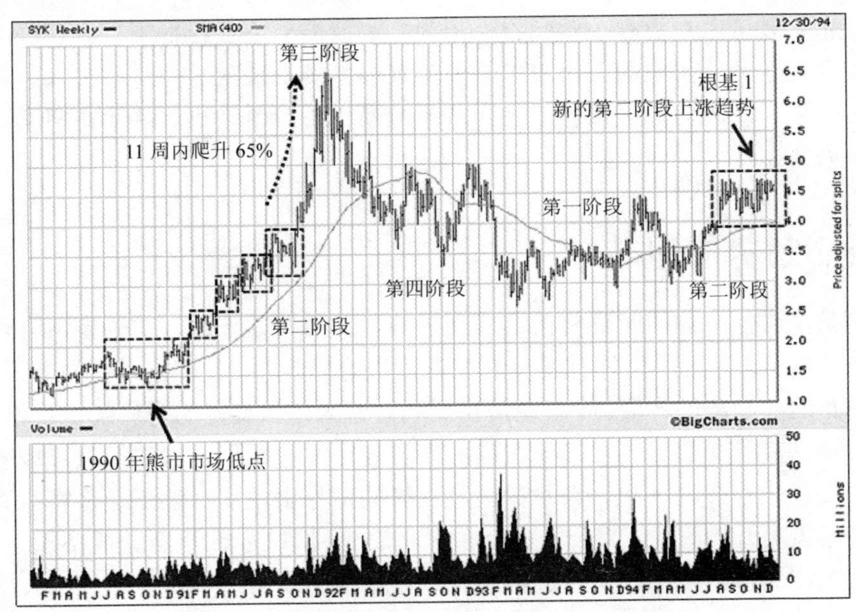

图 5.13　Stryker 公司（SYK），1990—1995 年

1991 年，Stryker 价格达到顶峰。5 年后，新的价格基地形成，股票重新进入第二阶段。

相信，但仍需验证

在从市场中验证公司股票价格之前，我从不对自己针对某一个公司的基本面判断抱以太大的信心。我的想法很简单：如果公司管理制度和其产品都非常好，股票价格就应该或多或少反映出这种基本面的优势。如果股价没有支持基本面，可能公司的未来其实没有想得那么好。或者，投资者认为公司仍旧没有明显的改观。**你应该买入那些机构投资者愿意花大钱购入、并将价格抬高的股票。为此你必须在投资之前确认机构投资者的资金已经开始流入公司了。**

为什么价格动向这么重要？即使你对公司基本面的分析完全正确，投资者的期望才是创造“购买”命令的根源。记住，如果机构投资者们没有看到你所看到的，你的股票可能依旧会保持在“冬眠”状态。与其这样傻等着，为什么不把钱投到另一只已经上涨并获得机构投资者支持的股票上呢？

要想使自己的资本迅速滚动起来，你必须在股票已经开始有动作时介入。完全不要去承担那些因等待全世界投资者注意到你买入的公司有多么优秀而浪费的时间成本。我更愿意放弃一些回报，用换来的时间与金钱投资于那些已经市场验证了的、处在第二阶段的公司股票。你的目标不是在最便宜的价格买入，而是在最短时间内，在市场价明显高于买入价的时候，将股票卖出。这才是明星投资者应该干的事。

当心趋势的扭转

到某个时候，你的股票价格会达到顶峰，然后开始下跌。这种事情有可能没有任何先兆就发生。不论你有多钟爱或者依赖这只股票，我都建议你学着去洞察，并且尊重这种趋势的转变。股票经常在盈利看起来依然良好的时候经过价格顶峰。那些等盈利前景变得暗淡才选择卖出的投资者往往会经历巨大的损失，或者至少会损失很多应获得的利润。当股价经过顶峰的信号出现后，就该是你将投资获利变现并率先离开的时候了。公司会公布更高的净利润，企图重新让股票振作起来。要仔细关注股价的波动，找到机构投资者们行动的线索。不要尝试对抗大趋势。

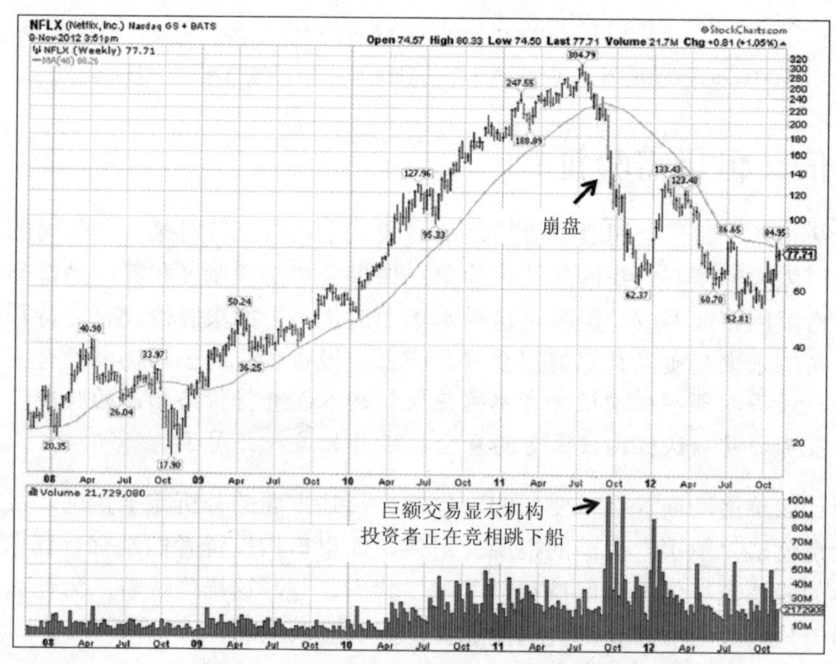

图 5.14 Netflix（NFLX），2008—2012 年

2011 年 7 月，Netflix 股价在机构投资者竞相退出的时候股价跌到了 40 周均线下方。

金融股会为即将到来的问题做出预警

新闻媒体会让人相信 2008 年的金融危机是悄无声息地到来的。但事实上，金融企业的股票已经在几个月前就进入到了第四阶段，为马上到来的灾难预警了。为避免大灾难，你需要做的只是听从警示并将股票卖出。即使你是在价格处于高点时买入的股票，也应该选择承担一点小的损失，用此换取躲过大灾难的机会。很多金融股票，比如花旗集团和美洲银行，都曾发出明显的警告信号。那时，如果你持有这些公司股票，应该卖掉它们或者至少快速减仓，直到将它们全部变现。

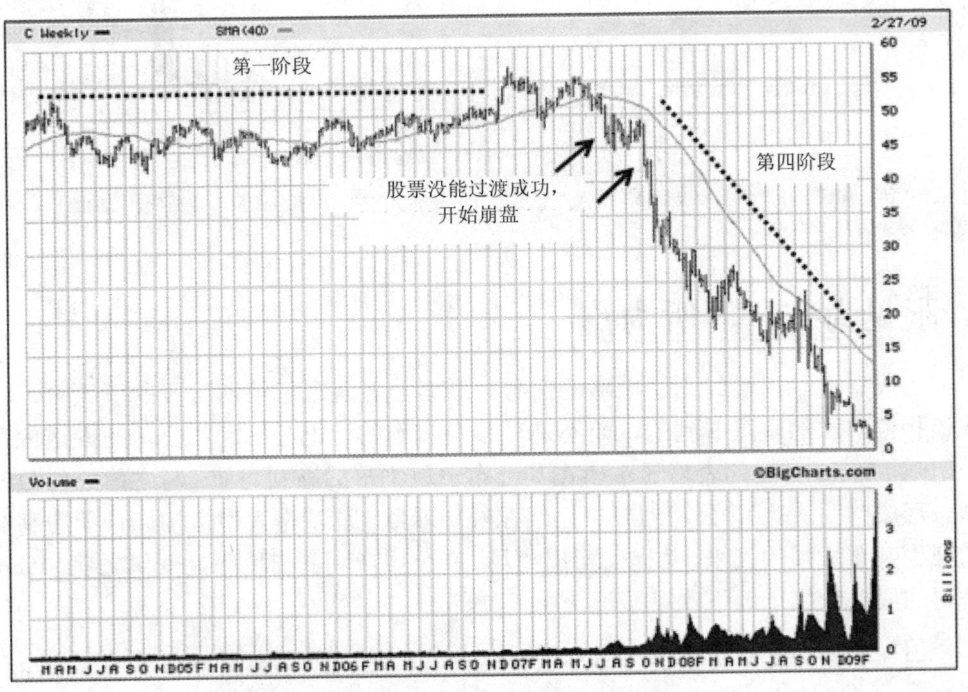

图 5.15　花旗集团，2004—2009 年

2007 年年末及 2008 年年初，远在金融危机到来之前，花旗集团股票就已经发出了数次警告。

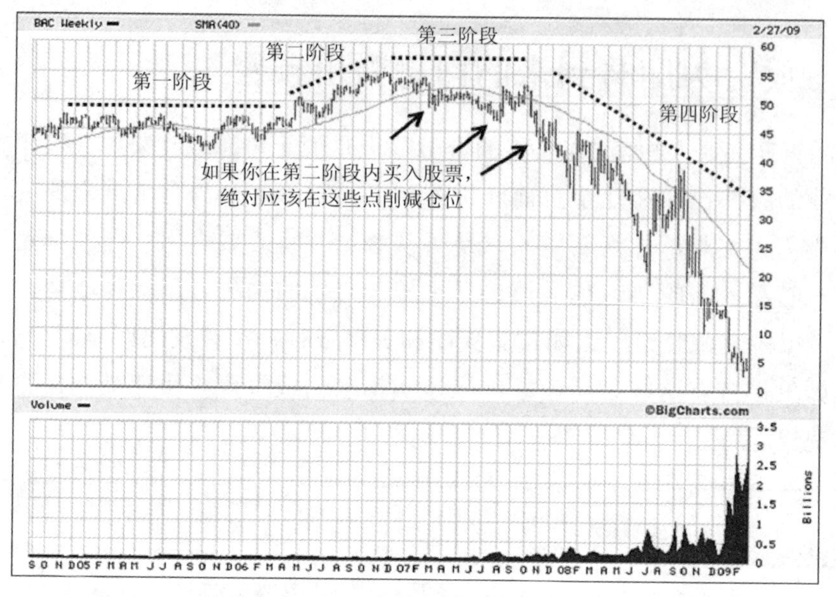

图 5.16　美洲银行（BAC），2004—2009 年

2001 年，你应该注意到美洲银行第三阶段的警示信号，并卖出股票。即使你是慢慢地削减自己的仓位，也应该能避免 2008 年的大灾难。

眼见为实，耳听为虚

当股票显示出已经无法上涨的信号，或者已经进入了第四阶段的下跌时，你应该相信自己的眼睛看到的，而不是耳朵中听到的。把分析师和公司的许诺放在一边吧。Vicor 公司的表格显示出在其公布表现平平的净利润前（与之前三位数的增长形成鲜明对比），公司的股票已经在经历暴跌。这就是大型机构们预期净利润的减少甚至亏损的到来，并提前卖出离场。在公司净利润出现明显变化之前，Vicor 公司的股票价格已经下跌了接近 70%。

当你看到后文中提到的 Crocs 公司的时候，要注意早在它公布负的季度净利润（-71%）之前，公司股价就已经到达顶点，并已经从最高点跌去了 73%。这就清楚地阐述了为什么在公司基本面发生变化前你就应该在第三或第四阶段卖出股票。要想成功，就必须尊重趋势和市场的智慧。Crocs 股票的每周价格表清楚地显示出随着股票从第二阶段过渡到第四阶段，机构们竞相砍仓快速离场。

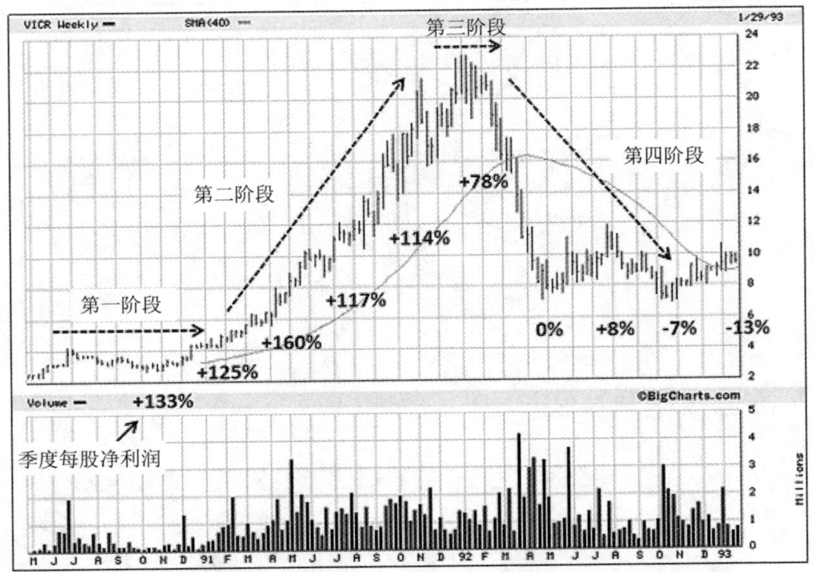

图 5.17　Vicor 公司（VICR），1990—1993 年

在净利润发生实质变化的报告公布之前，Vicor 公司股价已经下跌了近 70%。

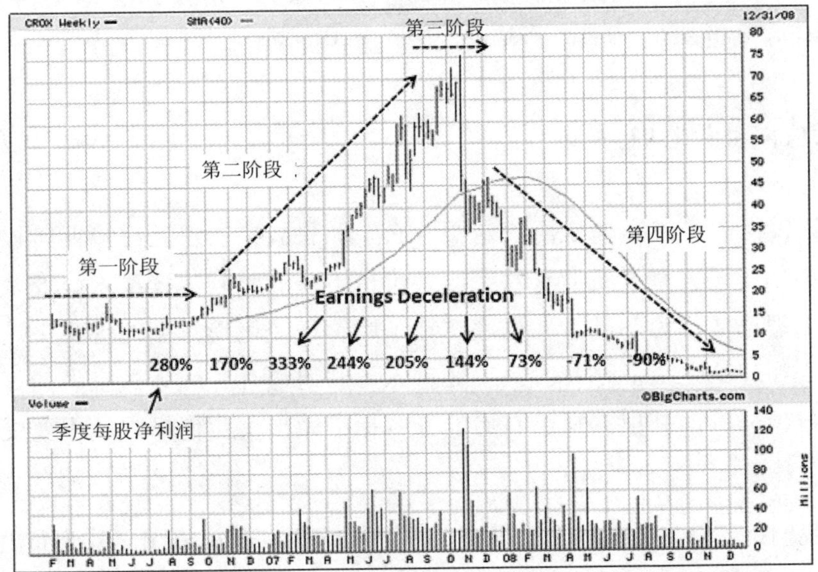

图 5.18　Crocs（CROX），2006—2009 年

从 Crocs 股票的每周价格表里面，我们能清楚地看出随着股票从第二阶段过渡到第四阶段，机构们竞相砍仓快速离场。

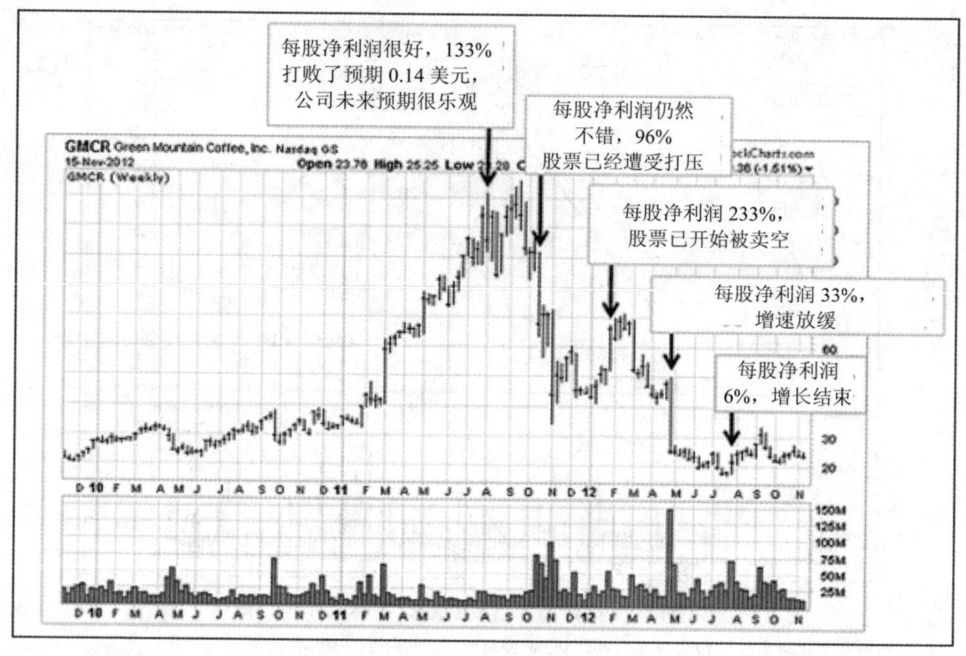

图 5.19　Green Mountain 咖啡公司，（GMCR）2010—2012 年

GMCR 的净利润在公司股价下跌了 80%后才显示出增速的明显放缓。

经纪商的观点

应该仅因为经纪商建议而决定买入么？如果股票已经处在第四阶段了，肯定不应该如此。大型经纪商喜欢在股票价格下跌的时候建议买入。通常，这类建议都以理论估值为基础，并彻底忽略了股价已经遭受重创的现实。这类建议大都建立在理论之上，尽管股票已经进入下跌通道，并成为做空者的好选择。学着自己做分析，并根据自己有力的评判标准做出买卖选择吧，不要受经纪商左右。

在我们把 CMG 公司放在了做空名单上 8 天后，花旗集团向外公布出买入的建议。3 个月之后，股价下跌 40%。

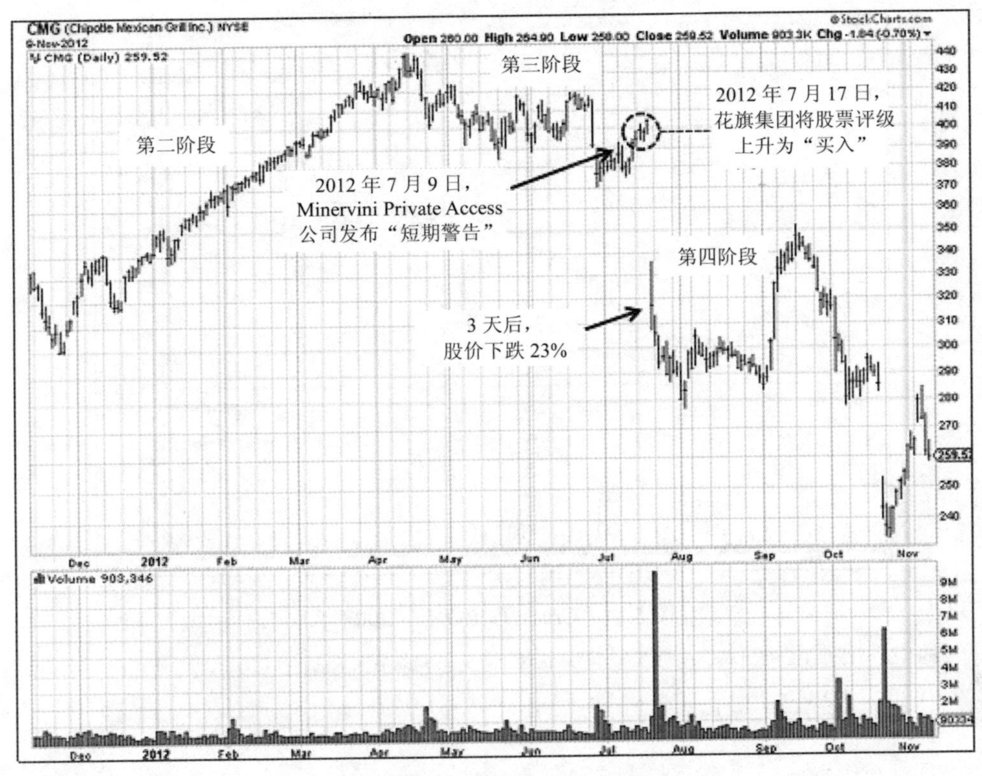

图 5.20　CMG 公司，2011—2012 年

关键的价格变化是重要的信号

机构投资者对每一只表现强劲的股票都保持着高度的警觉，他们可以突然选择卖出，并把股价明显拉低。发生这种事情时，一定要注意。在公司基本面发生变化前，股票价格通常伴随着交易量的增大出现明显的下跌。如果你的股票出现了自进入第二阶段以来最大的单日或单周下跌，即使公司报表依然好看，在大多数情况下这都是卖出的信号。别理会公司或者媒体的话，要服从股票的表现。我曾看到过公司公布比预期仅高出几美分的净利润而让股价一飞冲天的事情，我也看到过公司公布了比预期高出很多的净利润和营业收入，但股价依旧下跌并从此萎靡不振的情况。

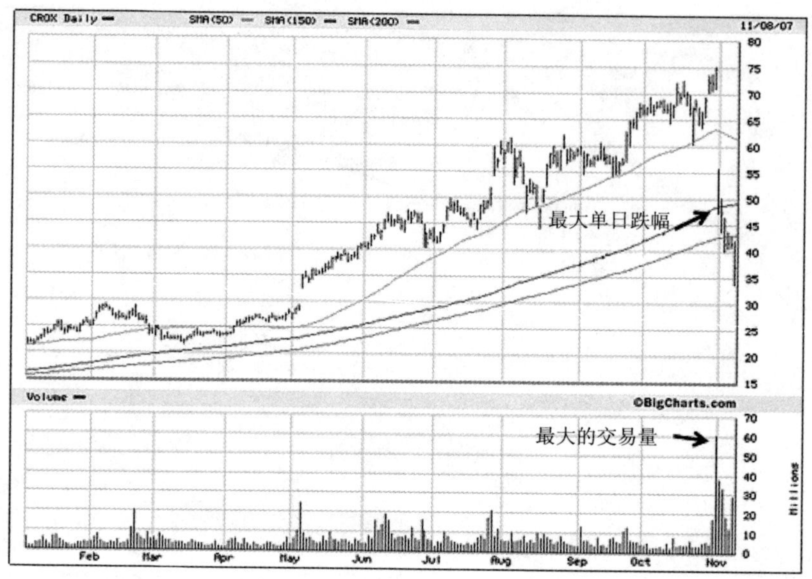

图 5.21 Crocs（CROX），2007 年

Crocs 公司股价在公布出高于预期的净利润后快速下跌。这只是后面长达一年的暴跌的开始。

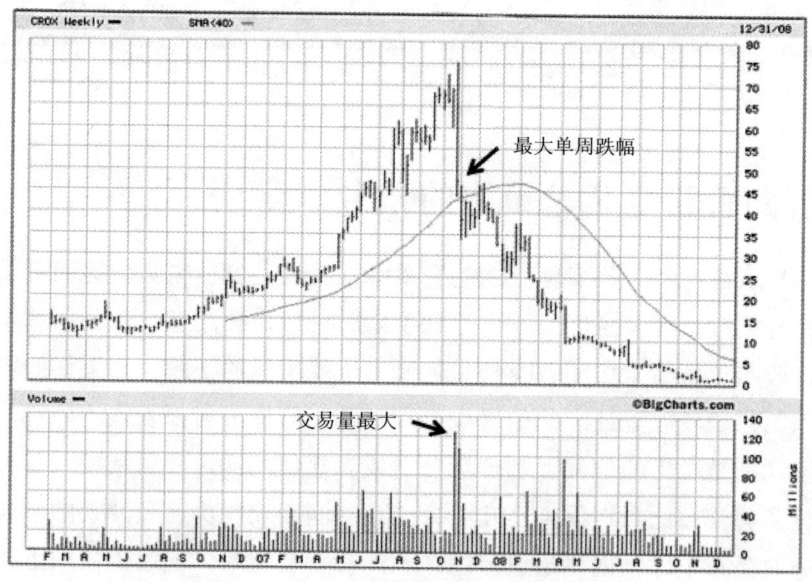

图 5.22 Crocs（CROX），2006—2009 年

Crocs 公司出现最大单日跌幅的那周单周跌幅也最大，且交易量最大。

2007 年 10 月 31 日收盘后，Crocs 公司公布了季度每股净利润 0.66 美元，高于预期的 0.63 美元。尽管它比一年前高出了 144%，并超过了华尔街的预期，股价的反应却不那么乐观。第二天，交易量明显放大，价格在一天内下跌了 36%。尽管中间有过一次 5%的反弹，但在接下来的 6 天内股价又下跌了 29%。2008 年 11 月 13 日，Crocs 股价已经跌到了每股 0.79 美元，较一年前缩水了 99%。

很多案例中，在基本面问题发生前，公司股价都会有明显的异常波动。即使你确定市场的情绪没有改变，这种变化也应该时刻被关注。

净利润可能依旧很好，故事还依旧完整。但是，在大多情况下，与其坐在那里寻找波动的原因，不如快速抽身离开。当一只刚刚还在第二阶段的股票突然进入触顶阶段并马上过渡至下跌阶段时，不要无动于衷。股价出现逆向波动一定有其原因，只是你还不知道罢了。不论做些什么，都别认为现在还是购买的好时机。很多投资者都钻进过这个圈套：自己购买的股票突然剧烈下跌，但他们相信市场一定错了，那只股票依旧强劲，然后决定趁此机会增加仓位、再买一些。他们没意识到股价下跌是因为大的玩家知道（至少是怀疑）有什么不对劲。当你看到股价的这类波动时，不管基本面怎么优质，马上撤退。

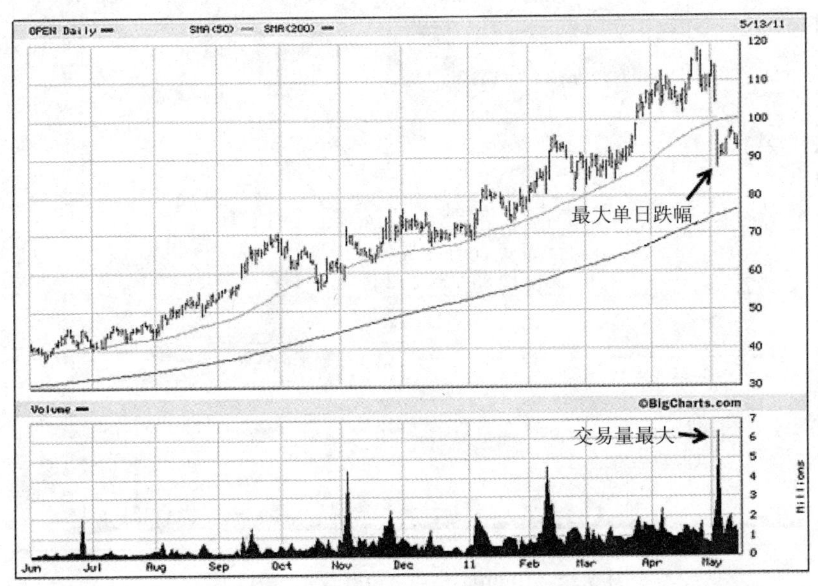

图 5.23　Opentable 公司，2011 年

Opentable 公司公布净利润后交易量突然变大，并开始剧烈下跌。

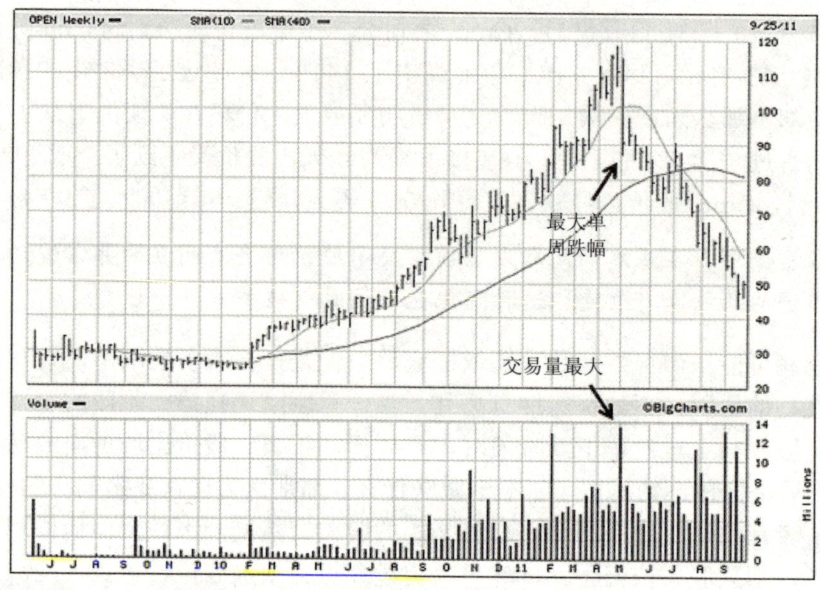

图 5.24　Opentable 公司（OPEN），2011 年

单周最大跌幅和最大的交易量暗示机构投资者正在快速撤离。

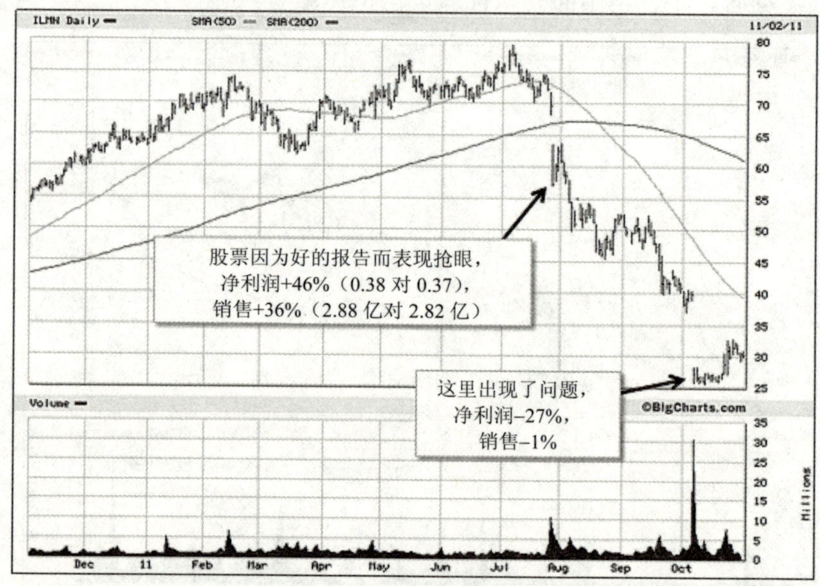

图 5.25　Illumia 公司（OPEN），2011 年

Illumia 在相当不错的净利润公布后仍旧出现价格巨跌。股价在其下一个净利润报告公布前已经下跌了 50%。这一期报告中，公司出现净亏损。

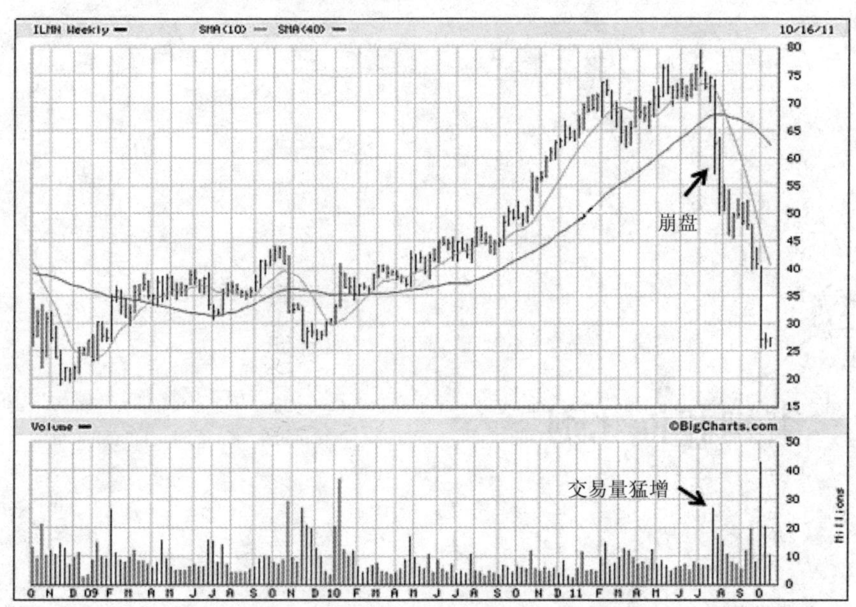

图 5.26　Illumia（ILMN），2011 年

让风推动帆船

正如我们在本章中讨论的，为了能有超常的投资业绩，你需要让强大的机构站在你的一边，帮助你推动股票价格让其升高。由第二阶段的上升趋势可以知道机构正在向你这边聚拢，反之，在第四阶段也是一样。让长期的趋势帮助你，就如同让风推着你的帆船。如果没有风，你会在水中饿死渴死（第一阶段），如果逆风，你不太可能前行（第四阶段）。要时刻关注风的动向。持有那些在上升通道中的股票，你成为明星投资者的机会就能大大增加。

第 6 章

行业、类别和催化剂

当领头羊打喷嚏时，整个行业都会感冒。

——本书作者

当我考虑买入一只股票时，我要做的第一件事就是判断自己将要面对哪种情况。要在公司所处的行业和商业背景下，对其未来利润的增长做出一个预期，并验证这个预期是否能被市场广泛接受，从而影响到公司的股价。将公司分类考虑是让你找到这种预期并形成关于某一股票看法的一种非常有用的工具。它通过让你把考虑的公司与其他公司区分开来帮助你更好地判断股票处在其成长周期或成长曲线的哪一部分。公司不会永远待在曲线的某一个点上，但可能在曲线的某一个区间上长时间停滞不前。不过，几乎所有公司都要经历一个自然的成熟期。这些年来，我分析了成百上千家上市公司。我发现它们大都可被分为以下 6 类：

- 市场领头羊
- 顶级竞争对手
- 机构的宠儿
- 复苏的公司
- 周期型股票
- 过去的领头羊和落后者

市场领头羊

我最喜欢投资并确实投入巨资的股票类型就是市场领头羊。这些公司有最快的利润增长。一个行业中最有实力的一方通常是行业中收入与利润的佼佼者，占有巨大的市场份额。市场领头羊一般都处在聚光灯下，但大多数投资者对于购买它们都有一些心理障碍。在市场发展的初期，领头羊的股价会出现最大的涨幅。它们会先到达新的高点，这种高得不可思议的价格会让投资者认为股价已经跑得太快；这时，大多数投资者就会不敢买入这些非常有潜力成为明星的股票。

是什么推动股票价格不断升高？是那些对公司目前经营状况和未来发展前景足够了解的机构投资者用自己的购买力推高了股价。他们并不关心股票已经升值多少，而是更关注目前公司所处的状况和公司未来的成长前景。最好的成长情景是公司市场占有率随着行业飞速发展不断升高：公司产品或服务面对的市场与公司的规模相关且巨大，同时产品或服务的需求强到足以支撑公司维持若干年的高速增长。这类公司具有更优质的产品和服务，并且都是处在某个成长中的行业。

市场的领头羊所处的行业成长速度不一定很快，如果真的是那样，就更完美了。

一个处在成长缓慢行业中的公司利润增长也可以十分可观。一个优质的资产负债表、增长的利润率、高每股回报（EPS）和合理的债务结构都是管理良好的体现。有些市场领头羊在行业只能维持个位数增长率的情况下仍能保证自己的利润在相当长一段时间内维持在一个非常健康的增长速度。但是，如果一个公司所控制的行业成长很快，其利润可能如流星般飞速增长。

大家一般关注的问题是：公司的相对优势是什么？公司的商业模型可复制么？公司管理是否能被成功执行，商品能否成功转化为利润？

市场领头羊在高速成长的时期股价不断升值。通常它们的净利润增速为 20%或者更高，很多公司在其黄金的 5 年或 10 年中每年增速达到 35%至 45%。从 1989 年 3 月到 1993 年 5 月，思科公司（Cisco System）平均每季度净利润增长率达到了 100%。思科的股票在那段时期也翻了 13 倍。在 20 世纪 80 年代初期，沃尔玛还是一个不为人知的小公司，其每日股票交易量低到 20 000 股，连续 14 个季度的平均净利润增长率达到 38%。沃尔玛公司股价在那段时期升值了 1 000%。今天，沃尔玛的股票平均每日交易量超过 7 百万股。

“昂贵”其实很便宜

几乎所有处在高速增长时期的市场领头羊股票看起来都很昂贵。高速成长的公司价值本来就要高于成长较慢的公司。*这就是超高速成长公司的美丽之处：这些公司成长得太快，以至于华尔街没法准确地为其估值。这会让股票定价并不充分，从而留给我们巨大的投资机会。*只要公司能保持扩张势头明显的销售额和利润，股价就会随之上涨——可能不是马上有所反应，但股价确实会随着时间推移为之变动。公司净利润增加得越快，股价跟从的可能性会越大。

不要被误导！高速成长的股票风险是巨大的。华尔街可能会因为公司一点点低于预期的净利润增速而做出强烈的反应。高增长公司因为净利润的预期或生或死。这些公司必须持续击败大家的预测才能存活。如果公司报告中净利润高于预期，价格柱会向上升高，并希望公司下一次报告中能再次创造惊喜。最终，价格会升得太高，公司会达不到预期。但是，只要公司有强劲的净利润和管理结构，股价仍能继续升值，同时市盈率开始升高。我们的目标是找到并在增长初期投资于市场领头羊。

类别杀手

有时，一个行业中只有一个公司或者被一个公司牢牢霸占；这个公司有着明显的、长期的比较优势以至于其他公司在同一个市场中无法生存。这类市场领头羊被称为“类别杀手”。*类别杀手是这样一个公司：品牌和市场地位过于强大以至于其他公司即使拥有无限的资本也无法与之竞争*。最好的例子就是 eBay 网。它提供的在线拍卖服务有着非同一般的优势，因为买家和卖家都希望能在最大的市场上进行拍卖。因此，他们来到 eBay 网，给自己的买卖品增加人气的同时也吸引了其他卖家。考虑一下苹果公司（Apple），它在自己的领域里面占有绝对优势，用创新的科技和独特的产品引导潮流趋势。迪斯尼主题公园当然也是一个类别杀手，它的竞争对手都很渺小。同样，像沃尔玛这样的公司，其他商店根本无法与之竞争。

曲奇模具

当公司在一个门店发现了成功的公式并一次又一次把它应用于其他门店时，它就是一个“曲奇模具”。想象麦当劳（McDonald’s）、沃尔玛（Walmart）、星巴克（Starbucks）、Taco Bell，The Gap，Home Depot，Chili’s，Cracker Barrel，The Limited，Dick’s Sporting Goods，Wendy’s，OutbackSteakhous 和 Costco Wholesale，它们都是曲奇模具的典型案例。

正如你看到的，很多零售领域的公司都使用了曲奇模具的概念。有了这个概念，当一个公司扩张至新的市场中，迅速开设新的店面时，净利润能以一个健康的、可持续的速度增长。这类公司是最容易被关注、监测和投资的公司。他们的利润增长周期能持续很长时间，长到你有充足时间识别到其利润增长已经快速且稳健，并且未来它们还有很大的成长空间。

投资于“曲奇模具”类公司时需要着重考虑的事情

同类店面销售额，或者叫可比店面销售额是一个分析零售行业时非常重要的统计数据。这个数据对比了那些已经开设一年及以上店面的销售额。它可以帮助投资者决定新增收入的哪个部分来源于销售增长、哪个部分来源于新店面的开设。这种分析十分重要，因为尽管新店面是公司扩张和利润增长的主要原因，未来销售增长的饱和点最终还是会出现。有了这些比较，分析师能在与那些不忙于开设新店面的零售商比较后更好地衡量公司的销售表现。你想要看到可比店面销售额每季都持续增长。高个位数至适中的两位数的可比店面销售额增长已经够高，但还没高到不可持续（25%～30%的增长率被认为无法长期持续）。一般10%的增长率是比较健康的。

是哪些因素影响着同类店面销售额？有两个主要因素，分别是价格和顾客量。在计算了那些开设超过一年的店面销售额增减后，你能对公司真正的表现有一个更加具体的认识，因为可比店面销售额这个指标剔除了关闭的门店和产业链扩张的影响。指标的升高意味着有更多的顾客在购买公司的商品或者比过去在商品上花费得更多。这表示公司管理层的营销投入获得了回报，公司品牌变得更加受欢迎。

下降的可比店面销售额明显代表有问题。指标的走弱可能意味着如下一些事情：

- 品牌知名度正在降低，人们不在公司开设的门店中购物。
- 经济形势变糟，人们已经对购物不感兴趣。
- 公司商品使用了过多的折扣，单位购物者花费的货币量减少。

有些公司通过出售特许经营权实现增长。尽管特许经营费能给公司带来不菲的收入，但这类利润质量比公司自营店面贡献的利润质量要低，因为其缺少稳定性。如果公司大部分新开店面都是通过出售经营权而外包的，店面失败的风险会增加，利润的可靠性会随之减少。2007年，麦当劳公司60%的餐厅被外包出去。

另一个对“曲奇模具”类公司（特别是概念较新的公司）需要考虑的重要因素是过去在不同地域的成功记录。你希望证实模型是可被复制的。同时，太多、太快的扩张可能也会亮起红灯。对大多公司，每年开设超过100个门店是很难持续的。2006年，星巴克公司新开1102家门店，其股价触顶后，在之后的24个月中下跌了82%。直到2011年，星巴克每年新开店面都要少于2008年的数量。

其他需要考虑的关键指标还包括比较每平方英尺销售和对于同类公司单位美元投入带来的新增销售额大小。

顶级竞争对手

真正的行业领导者通常只有一个、两个或者可能有三个。如果我让你说出饮料公司中的第一和第二，你肯定会说可口可乐（Coca-Cola）和百事（Pepsi）。如果我问你谁是第三，你能很快给我答案吗？咖啡行业呢——星巴克和 Dunkin' Donuts？记住我们寻找的是下一个明星股票，下一个星巴克、苹果和谷歌公司。1981 年，MCI 通讯公司挑战了当时市场的领导者 AT&T 公司。MCI 公布出强劲的利润，股票也开始了 17 周的增长，并在 1981 年 4 月 2 日达到新的高点。但是，这也还只是个开始。后面的 22 个月中，MCI 的股票价格上涨了 500%。

一个顶级的竞争对手不一定是行业中更优秀的公司或者提供更好商品的公司。它只是在正确的时间出现在了正确的地点。尽管他可能有与市场领头羊同样处在高速发展的行业中，公司的商品或店面可能比领头羊知名度差一些或者在某方面具有劣势，这些“竞争者”公司也可能出现高速的利润增长并享受股价的上涨，只是可能比领头羊差一点。即使如此，行业中第二的公司有可能最终从领头羊手中夺过市场份额，甚至在某些情况下取而代之。顶级竞争对手的股价可以反映出这种现象：上涨势头明显，并不断蚕食之前领头羊的股票地位。

从 1990 年到 2000 年，Home Depot 公司的股票增长了 3700%，年化回报率超过了 40%。在那段时期，Lowe 公司股价上涨了 1000%，股价增速仅仅是 Home Depot 的 1/4。之后从 2000 年 1 月到 2004 年 1 月，Lowe 公司股价上涨了超过 100%，而 Home Depot 公司股价出现了下跌，价格较之前的高点缩水了 40%。这让 Lowe 公司 14 年的价格记录更新为增长 2900%，而 Home Depot 仅增长了 1800%。

在一个行业中，永远要跟踪处在最顶端的两家或三家公司的股票。在搜索引擎雅虎公司（Yahoo!）出现以前，网络服务提供商美国在线（America Online）在互联网市场中是当之无愧的领导者。雅虎的直接竞争者谷歌公司（Google），之后公开上市，并且现在被认为是搜索引擎领域的霸主。一个市场领导的竞争者可以给我们提供巨大的投资机会，就像纳斯卡车手一样，紧跟着第一名，等待着在正确的时机将其超过。一个顶级竞争者可能搭着领头羊的顺风车并最终赢得市场份额。你应该专注于行业中的前两名或前三名公司的股票的净利润、销售额、利润率和相对价格力量。牛市中的一些带头产业尤其如此。

Netflix 公司上市

这并不是巧合：Netflix 公司上市 15 个交易日内，Blockbuster Video 公司股价就开始下跌。这种事情是合理的，竞争者超过了它，提供了一个更便捷的电影租赁解决方案。Blockbuster 公司的股票在 Netflix 公司上市时价格到达了峰值，之后的下跌就如同金钱直接从 Blockbuster 滚进了竞争者 Netflix 的账上。我其实能看到这个现象的现实版：我居住的街区里面的录像带出租店一个接着一个地倒闭了。之后，这个区域的连锁店开始关门。传统的录像带租赁业务正在走向灭亡。

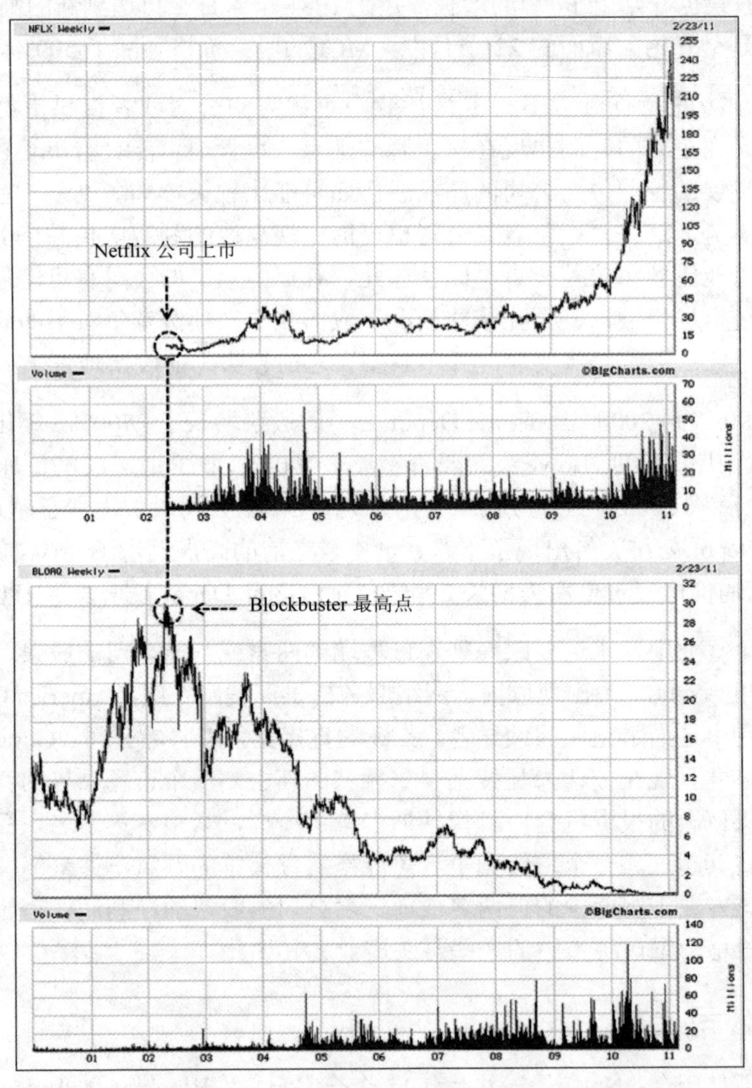

图 6.1　Netflix 公司（NFLX）与 Blockbuster 公司（BLOAQ）对比，2002—2011 年

竞争者 Netflix 公司抢多了市场份额，并且使用了一个 Blockbuster 无法使用的新的视频租赁模式。

渡过了2009年的市场底部后，Blockbuster公司被下降的销售额所困扰，股价已经低至0.13美元。这可是从当初18美元的高点跌下来的！同时，2009年3月18日，仅仅在纳斯达克综合指数达到熊市的低点7天后，在道琼斯指数触及6469的低点10天后，Netflix股价又突破了历史新高。17天之后，Netflix公司股价又上涨了20%。销售形势一片大好，之前的三个季度中分别增加了11%，16%和19%。净利润更是可观，分别上涨了36%、38%和58%。2009年10月，我买入了Netflix公司的股票。公司的净利润、销售额、每股回报和债务水平全面优于Blockbuster公司。Netflix公司的市盈率已经达到了32倍，而Blockbuster仅仅是2倍。哪一个是真正低价的股票？从 Netflix 上市开始，股价上涨了超过 3400%。同期，Blockbuster价格则跌去了99%。

机构投资者的最爱

机构们的最爱也被称为优质公司或成长型股票。但是，不要被这些名字过多地误导，他们其实都是成熟的公司。他们一般都有着稳定的销售和分红记录，并由于良好的净利润率等原因吸引了大量的保守机构投资者的资金。他们的利润增长率一般只处在中下游。这类公司被认为是最不可能失败或者破产的公司。他们经常被称为蓝筹股或者中坚力量，如可口可乐公司（Coca-Cola）、强生公司（Johnson&Johnson）、通用电器（General Electric）。尽管听起来都很好，但一个问题仍然存在：他们通常很大并且反应很慢。尽管其净利润确实很稳定并且质量很高，但他们的增长实在是太慢了。同时，公司被太多人持有，已经没有多少可以迅速上升的空间了。

在某些市场里，这类公司确实很吸引人并且表现良好。但是，只买卖通用电气和强生公司没法让你成为明星投资人。有时候，只有在错误的领导、剧烈的熊市或者其他的问题让这类公司股价剧烈下跌之后，随着市场的复苏，他们才能在市场的纠正期中迅速上涨。

复苏的公司

麻烦缠身的公司在复苏时也能带来巨大的利润。要想抓住正在复苏的公司，你需要寻找那些在最近2～3个季度内表现稳健的企业。应该至少看到两个季度的净利润稳定增长或者一个季度的增长足以让 12 个月的每股收益达到或高于历史的高点。在看到复苏表现时，记得问自己：利润率恢复到了或者接近顶峰了么？这个结果是否仅是削减成本的效果？除了削减成本、增加产能和剥离亏损业务外，公司还做了什么可以增加净利润的事情吗？公司还有多少现金？尽管公司可以继续消耗现金，你可以试着估计其消耗速度和债务规模，从而计算出在触碰红线前公司还能撑多久。公司有多少债务？银行贷款是最糟糕的一类，它远不如发行债券有利。公司在解决问题之前还能支撑多久？

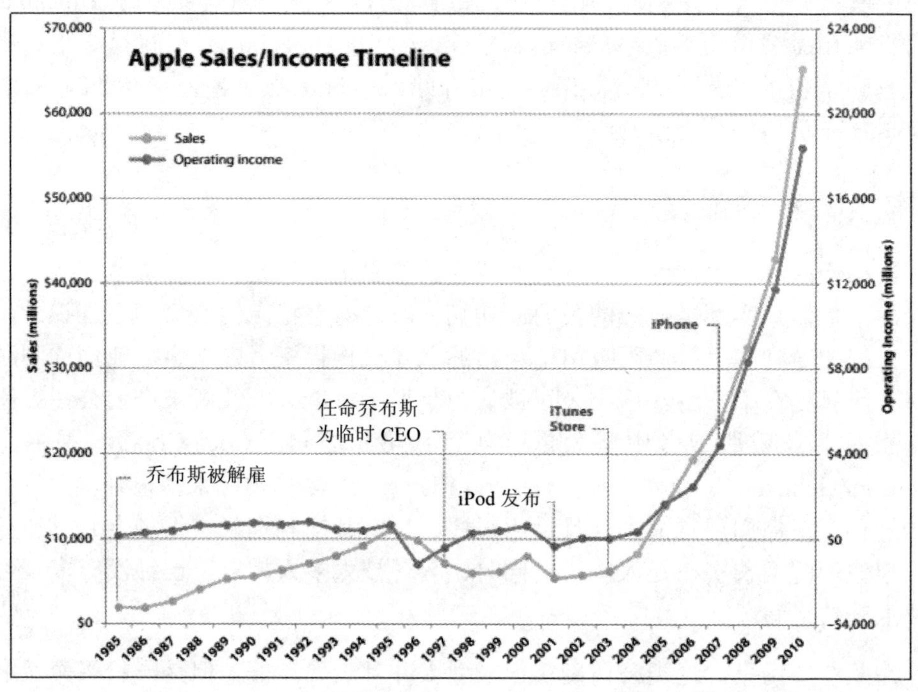

图 6.2　苹果公司（AAPL），1985—2010 年

在发布了 iPod、iTunes 和 iPhone 后，苹果公司经历了梦幻般的苏醒。

记得要持续关注买入的公司，确定复苏比预期更好还是更坏，还是与预期相同。差于预期一般会导致卖出。我寻找的股票最近几个季度的增长速度要高于其最近三年或五年的，数值很小甚至是负值的，平均增速。买入复苏公司股票最重要的问题就是：股票在市场中表现好么？公司的基本面数据足够强大么？你希望两个问题的答案都是“是”。复苏的股票因为之前表现孱弱，我们关注的环比数据需要有更为明显的增幅：通常在最近两到三个季度增幅超过 100%，并且增长速度明显加快。如果与预期相同或好于预期，最需要考虑的问题是：股票在市场中表现好吗？公司基本面变好了吗？希望两个问题的答案都是“是”。

记住，股票并不一定永远处在一个类别里面。这就是为什么我们需要理解公司产品、服务和潜在销售额增长的动态变化过程。苹果电脑就是在复苏后变成了一只成长股，并且从此吸引了大量机构投资。从2001到2003年，苹果电脑的收入和利润率下降得非常厉害，两者大大拉低了净利润和股票价格，苹果公司的股价从最高点下跌了 80%。当迈克尔·戴尔，戴尔公司（Dell）的创始人，被问到如果他负责运营苹果公司，会做些什么的时候，他直言“关掉它，并把钱退回给投资者”。那时苹果电脑的前景确实非常暗淡。

但是，新的产品让冬眠的公司复苏起来，2001年的iPod和2003年的iTunes商城的推出就要重新改写公司的历史，并给所有投资者上演了历史上最伟大的公司复苏。从2003年到2011年，苹果公司的净利润率每年都在升高，从开始的1.2%上升到惊人的23.9%。那段时期，销售收入也以平均每年39%的速度增长着。随着利润率的飞速升高和不断走强的销量，净利润飙升起来，平均年增速为114%。从2003年的低点，苹果公司股价上涨了超过10000%；73%的增长来源于新产品的推出。

周期型股票

考察若干年的净利润历史并选择在市盈率低点时买入周期型股票的投资策略被证明是短期损失金钱的好方法。

——彼得·林奇

周期型公司是指那些对于经济或者大宗商品市场价格十分敏感的公司。例如汽车制造商、炼钢厂和化工类公司。有趣的是，周期型股票有着相反的市盈率周期，意味着在公司很差劲时市盈率较高，在走出低谷时市盈率又较低。究其原因，这主要是因为华尔街的分析师们尝试预测这些公司的利润周期变化，而这其实与其商业周期是相关的。当尝试用利润增长模型选择周期股时，成长型投资者可能会感到疑惑。他们购买的股票表现并不像“曲奇模具”或者刚刚开始复苏的科技类公司那样。这就是为什么我单独把这类公司放在一起，并使用了一个与其他有可持续的增长前景公司稍有不同的评价方式。

对于周期型股票，技巧在于识别出下一个周期是否会提前或延迟发生。库存、供给和需求都是用于分析股票周期变动的非常重要的指标。当净利润持续多个月上涨但股票的市盈率仍旧较低时，这一般是公司正在接近上涨周期的尽头。如果P/E 值非常高，但你却没听到任何有利的消息，公司或者行业的前景依旧惨淡，这种情况可能暗示底部已经快要到了。

在周期的最底部，如下事情会发生：

- 净利润下降
- 分红减少甚至延迟、取消
- 市盈率很高
- 新闻大都比较悲观

在周期顶部的时候：

- 净利润上升
- 分红增加
- 市盈率在低点
- 新闻大部分都很乐观

离落后者远一点

落后者股票指那些与市场领头羊处在同一行业中，但价格表现和净利润、销售增速等都落后于领头羊的公司股票。这些股票在某些时段（通常只有一次）可能会表现较好，因为他们在周期中尝试追上真正的领头羊，或者整个行业在那个时间都炙手可热。与领头羊相比，落后者的股价一般都显得疲软无力。

落后者股票一般都显得很便宜，并靠这一点吸引那些没有经验的投资者。不要被那种市盈率低或者上涨速度比行业中领头羊慢的股票所诱惑。领头羊能维持高市盈率是有其原因的。看起来价格较高的领头羊股票很多时候其实很便宜，而那些价格较低的股票或许其实是更昂贵的选择。

这些年来，很多人想过买入 Wild Oats 公司，它是 Whole Food 公司的一个弱小的竞争者，因为他们认为这个公司 P/E 值较低，并且买入它可以从对健康食品需求增大的趋势中获利。Wild Oats 公司的市盈率较低是有原因的：公司的利润增长率一直很慢。那些关注利润增长的投资者如果买入 Whole Food，尽管初期投入较高，其获利会更丰厚。

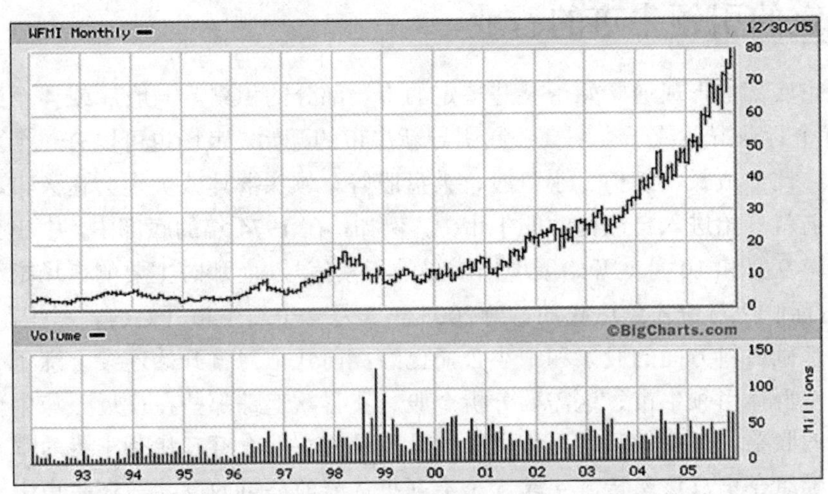

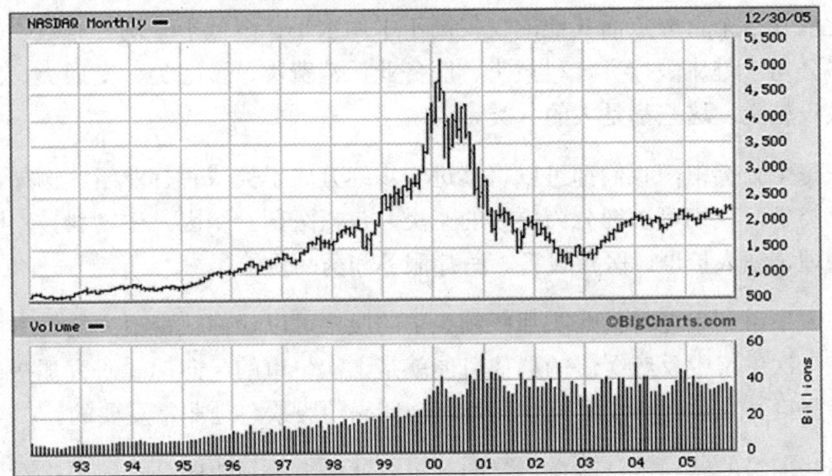

图 6.3　Whole Food 公司（WFMI）与纳斯达克综合指数对比，1993—2005 年

从 2000 年到 2005 年，Whole Food 公司股价翻了 8 番。同期，纳斯达克指数下跌超过 50%。

Whole Food 公司在成长时期，其市盈率很少低于 30。表面上看，投资者因为高 P/E 值放弃它并不让人奇怪，但如果他们明白公司的成长机遇，这种市盈率就不足为奇了。Whole Food 的成功关键是它净利润持续、稳定、高速增长的能力。它的投资者都收获颇丰。

特定的引领牛市的行业

熊市底部的形成通常始于某些特定的市场部分的积累。一般 3 或 4 个到最多 8 或 10 个行业群体或子类别会一起引导新牛市的开始。市场也可以有一个更宽泛的主题，比如成长、价值、小盘股、大盘股等。领头群体或类别会在大市场触及底部之前就开始进入自己行业的牛市中。例如，在 1974 年的底部中，中小公司股票在当年 9 月和 10 月就开始展现出明显的积累信号，而那时主要的市场指数仍在下跌，直到 12 月份才到达底部。当 2003 年 3 月一个新牛市开始时，那些在金融、能源、基础材料方面的股票和中小公司已经提前几个月就开始连续上涨了。如何知道哪个群体引领牛市？这需要分析个股。我喜欢追踪那些在最近一年中价格达到新高的股票。**那些触及新高的个股数目可观的类别最有可能是牛市的带领者。你的投资组合中应该包括前 4 或 5 个类别中最好的公司的股票。**在牛市中有些部分会上涨几百个百分点而其他的仅仅高于平均水平甚至低于平均。有些类别包括了很多公司。健康医疗类、科技类、服务业、消费类、金融类、交通类、能源类和公共设施类，这些都是大的分类。

在每个分类中，我们都可以将其进一步细分成子类或者行业组。例如，在健康医疗类中，我们可以细分为更多的子类，包括医药、基因、生物科技、医院、家庭护理、私人护理、医疗设备、医疗服务和药品供给。

在大牛市到来之前就购买那些领头羊的股票可以让你获得很大的资本增值。有些在上次牛市中反应缓慢的群体可能就是下次牛市的风向标。研究那些在下跌中保持坚挺并在后面市场复苏初期就屡创新高的股票，是非常重要的。

那些顶级的领导者一般在自己的分组内就是上涨最快的公司。当你看到某个行业中价格达到最近一年新高的公司数量逐渐增加时，这很可能暗示该群体的牛市就要到来了。

我倾向于让个股引导着我进入某一个行业或群体，这更像是采用自下而上的选股方法。我发现，通常牛市风向标中最好的股票在该行业炙手可热之前就已经大幅上涨。因此，我只关注个股，让个股把我带到某个行业中去。尽管不一定每次都这样，我仍然会关注行业的总体信息，如果我看到有些吸引我的东西，我会查看该行业中的股票并根据自己的标准将它们分类。我首先看表现最抢眼的股票：那些有着最佳净利润、销售额，价格接近最高点并且相比整个市场显示出明显价格稳定性的公司。

历史表明，明星股票更多地出现在某些特定的行业组。产生最多业绩超常股票的组别包括：

- 消费零售业
- 科技、电脑、软件及相关产业
- 生物科技、医药业
- 休闲娱乐业

新发明创造新机会

当前形势的重要变化对各类股票表现影响巨大。这并不意味着股票必须属于某个表现抢眼的组别才能让价格剧烈上涨，或暗示大浪会让所有船位置升高。关注那些在某方面具有特长的，更先进科技的或者市场条件出现积极变化（例如，放松管制）的行业和公司。关注新的科技发展或已有科技的改变，它们帮助人们更好地工作、延长寿命或者帮助公司削减成本、提高生产力和生产效率。关注环境出现积极变化的公司的投资机会。你可以阅读行业杂志，可以给公司发言人打电话并询问他们的建议，或订阅能紧跟行业动向的出版物。

当新的类别形成或者公司创建了新的行业，通常这会是个更宽泛的类别。例如，US Surgical 是一家医药生产公司。他在 1987 年开创了手术钉之后，一个全新的医药领域变成了他自己的商机。在 20 世纪 90 年代初期，US Surgical 发明了 Endo Clip，这个产品让使用腹腔镜切除胆囊的手术成为可能。市场对该产品的需求增长迅速。不久，腹腔镜也被用于疝气手术、阑尾切除术，子宫切除术，以及其他类型的腹部手术。作为这类手术设备的寡头供应商，US Surgical 的销售额在 1990

年上升了50%，并在1991年上半年上升了75%。净利润在那段时期增长了78%，并且在那年年底翻番。1991年，US Surgical卖出了价值超过3亿美元的设备，并以9100万美元的利润成为美国增长最快的公司之一。仅仅在那之前几年，US Surgical的销售收入才只有1000万美元。在1992年，公司的收入已经超过了100亿美元。

群体内周期的变动

一个行业群体的事件能对其他群体产生影响。例如，伊拉克战争和“9.11”恐怖袭击事件对军工和国防公司产生了巨大的影响。这又影响了电子设备制造商，特别是生产精密测量仪器的公司。20世纪90年代，理疗改革激发了HMO（一种最早期的健康管理计划形式,它向会员提供一定范围的健康服务，包括在每月付费或年付费基础上提供预防性护理服务）的发展，而这又加大了对提供控制成本及软件设计处理病患关系服务的公司的需求。个人电脑的发展直接影响了半导体公司。小型手持设备对微硬盘产生了强大需求。2006年至2008年能源价格的高企和世界对能源消耗的加剧，还有污染的日趋严重，都带来了太阳能和另类能源公司的发展。现在我们看到公众传媒和云计算是最新的潮流。可以确信未来投资的增长的领域会出现在领先行业群体的领导公司中。

当领头羊打喷嚏时，整个行业都会感冒

就如领头羊股票可以提前告诉你群体的整体上涨一样，对行业群体内顶端的两到三家公司仍要保留注意力，因为它也会提前告诉你行业群体可能面对的麻烦。通常，你会看到群体中重要的股票表现失常，然后整个行业都随之遭殃。如果行业中一只或更多的股票都有这样的表现，这可能预示着整个行业类别很快就要遇到麻烦。即使股票处在该类群体之外，例如供应商，也可能因此遭遇危机。对行业中顶级的股票保持关注可以让你对整个行业的潜在健康状况有更真实的认识。如果领头羊在上涨后突然下跌，一定要保持警惕，这很可能是整个行业生病的前兆。

新科技变成了老科技

每一项创新最终都会过时。在这个过程中，科技会先渗透市场，并慢慢达到饱和。这是个永恒的真理。一开始，每一项新发明（铁路、骑车、收音机、电视、电脑、互联网）的起始价格都很高，只有少部分市场参与者能够负担得起。之后，科技的进步和生产的提高逐渐削减了新产品的相对价值。这导致商品渗透进市场，让越来越多的潜在使用者能负担得起新产品或服务。再往后，在某个时点，市场达到了饱和：所有有需求的公司或家庭都已经购买了产品。最好的例子就是汽车和电视。市场逐渐变成一个以新换旧的市场，整个商品的成长速度被大经济环境的增长拖缓。

一旦市场达到了饱和点，留给更深一步渗透的空间就已经很小了。相对价格的降低对销售起到的作用越来越小。行业不再是成长的行业。有时，科技和制造工艺的进步可能导致价格下降速度超过销售数量的增加。在这样的饱和时期，竞争压力通常会导致利润率急剧下降。之前的成长型企业进入了兼并期，竞争变得异常激烈。这个时期通常会陪伴着利润增速下降，破产导致行业中公司数量逐渐降低。20 世纪 80、90 年代，基于个人电脑的高科技产业经历了这样一个渗透阶段。这期间就和 20 世纪 20 年代的汽车和 50 年代的电视机一样，如图 6.5 所示。但是，可能是信息流动速度加快和面对的是全球市场，其周期变化得更快。

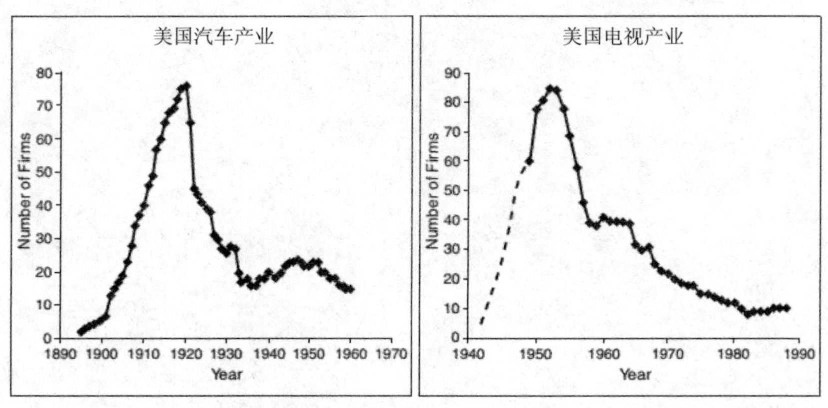

图 6.4　汽车（1890—1970 年）和电视行业（1940—1990 年）公司数目变化

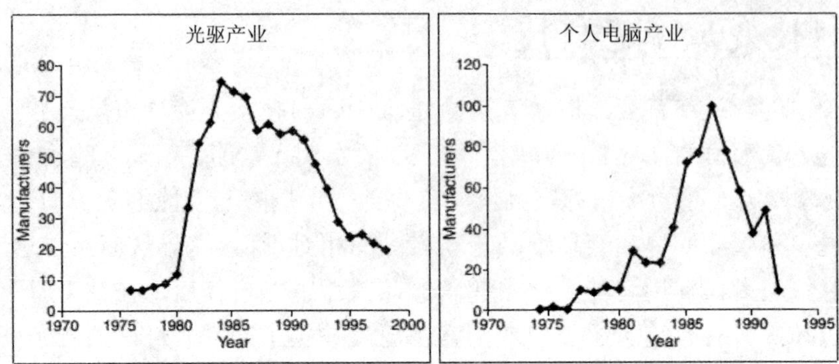

图 6.5　硬盘制造商（1976—1998 年）和个人电脑（1974—1992 年）公司数量

第7章

基本面关注点

不论公司的大小、状态或名誉如何，我们都无法找到能够支撑让投资者购买表现记录较差、没有优秀基本面的股票的理由。

——本书作者

一只股票价格遭受重创，一定有其原因。通常这只是价格持续走低的开始。大多数情况下，公司或者行业的基本面一定发生了什么问题。2008 年年初，很多大型银行，包括花旗集团（Citigroup），还有银行的经纪商和投资银行兄弟们，例如雷曼兄弟（Lehman Brothers）和贝尔斯登（Bear Stearns），都遭受着杠杆过高和资产负债恶化的问题。这个有毒的鸡尾酒会让金融机构在经济衰退时分崩离析。从 2007 年到 2009 年，前道琼斯成分股美国国际集团（AIG）股价从 103 美元崩溃至 0.33 美元。2008 年 9 月 22 日，AIG 从道琼斯工业指数中被剔除。花旗集团在 2009 年 6 月 8 日同样被剔除出道琼斯指数。

“低买高卖”这句话大家耳熟能详了，所以也许你会认为这是一生难得一次的机会——趁股价下跌买入花旗、AIG 或者其他类似的公司。我敢打赌那些在 2008 年买入如通用汽车（General Motors）这样的汽车制造业蓝筹股的投资人认为他们拣到了大便宜。但是仅仅一年之后，GM 股票下跌到了自 1933 年以来的低位，价格狂跌了 95%。2009 年 6 月 8 日，通用汽车同样也被剔除出了道琼斯工业指数。事实上，不论公司多大、多有名，如果基本面恶化（主要是净利润恶化），永远没人知道股价还能下跌多少。

是什么导致股票的超常收益

股票几乎不在乎过去。它关注的是未来，也就是——增长。记住我们的目标是揭开明星股票的面纱：找到那些上涨速度大大超过其他的股票。这些股票具有最强的增长潜力，并且它们很少待在打折店里面。它们价格走强的原因是背后强大的力量：增长的净利润和销售量。

如果你的目标是找到明星股票，那么你的投资组合中的每一个公司都要拥有杰出的业绩。明星股票通过展示其净利润、利润率和收入的增长向外展示自己的强大。这些公司的季报总是优于华尔街的预期，并通过创造惊喜推高股价。不要仅仅因为名气而迷恋一个市场中下跌的股票。很多成功的股票可能属于你根本没听说过的公司。它们最好的日子在未来，不在过去。**不论公司的大小、状态或名誉如何，我们都无法找到能够支撑让投资者购买表现记录较差、没有优秀基本面的股票的理由。**

每季度，公司利润和收入的报告提供给我们新鲜的、一手的统计数据，里面往往充满了新名字，它们因为更大的成长潜力替换掉了那些潜力变小的公司。在同样的季报中，我们也能获得自己持有公司的最新的评估数据。成长前景好的公司可以继续留在我们的投资组合中，那些业绩变差的公司则必须走。这样，我们的投资组合就自动地向着超长业绩目标前进了。

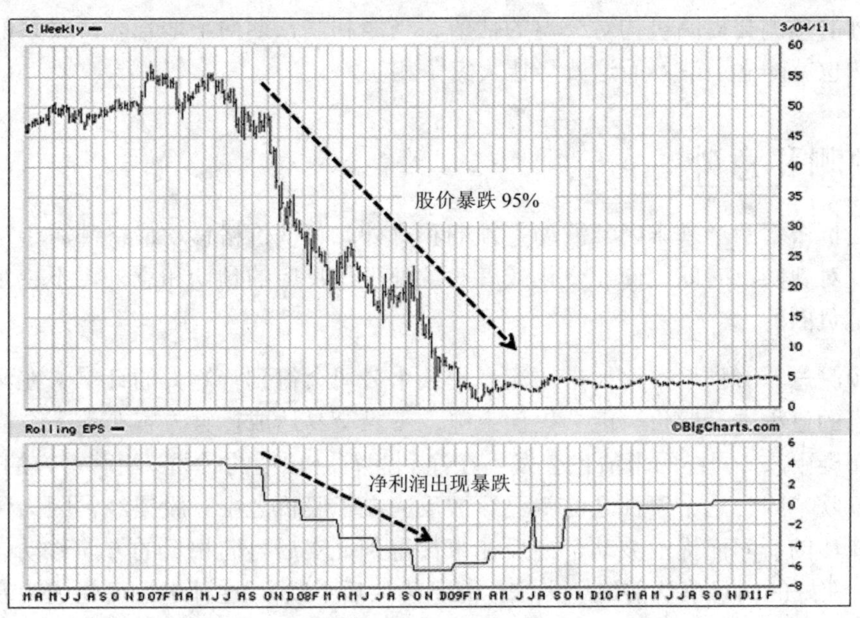

图 7.1　花旗集团，2006—2011 年

为什么总提净利润

在房地产市场，咒语总是“位置，位置，位置”。在股市中，我们关注的咒语则是“净利润、净利润、净利润”。一个公司可以挣多少钱、还能挣多久？这引出了每个投资者都应该对净利润都抱有的三个基本问题：多少？多久？多确定？盈利能力、可持续性和可见性代表了影响股价走势的最重要的三个因子。

为了明白净利润对股价的影响，让我们看看华尔街中的金融机构的运行方式。谁推动了股价？大型机构投资者，比如公募基金、对冲基金、养老基金和保险公司。机构投资者中都聘请了很多专家，他们使用投资模型找到净利润的惊喜点，也就是打败分析师们预期的净利润。只要公司公布了让人惊喜的净利润，这些公司至少会被机构列入候选名单。

大多数大型机构使用基于净利润预测的估值模型判断股票目前应值的价格或理论价值。当公司公布出的季度净利润真的好于预期时，追踪该只股票的分析师必须重新检验并向上修订后期净利润的预测。这样就吸引了更多人的注意力。向上修订的预测会提高机构对公司的估值。当净利润预期向上增长时，股票的吸引力当然也就随之上涨，而这就会让大家争相买入。

预测和意外

股价根据两个基本因素波动：预期和意外。每次价格移动最终都源于这两个元素：对新闻、时间、商业变化或者对意外事件反应的预期和意外，不论是正面的还是负面的。

预测意味着预期，比如市场流言说某个公司会得到一笔大的订单。在预测这个消息的过程中，股价可能会提前上涨。一旦交易达成，官方宣布签署合同，股价反而会下跌。同样的事情也会发生在净利润符合预期的时候：随着官方的确认，股价下跌，因为这个事件之前就已经被反应在了股价之中。股票经常因为预期的或好或坏的新闻而提前波动，之后在事件得到证实后再向相反的方向移动（也就是说，在好的消息确认前连续上涨，消息确认后下跌）。这种事情可能成为新投资者的阻碍。造成这个现象的原因是股价是对未来事件的反映。而这也就是学术领域大家说的股票的“贴现机制”。

意外可以以多种形式到来，从净利润远高于与或远低于预期，到公司结构的突然变化。意外的共同点是，它们都在意料之外。突然，某个行业的管制被放松或某个药物获得了批准。这种事件的结果就是会让净利润在正面的意外中大幅上涨，或在负面的意外中远低于预期。

净利润惊喜

让我们定义一下华尔街中认为的净利润惊喜是什么：简而言之，就是公司净利润比分析师之前的共识要好（或者要糟）。在各类财经网站上可以看到对公司下一期利润的预测。如果一打分析师都在跟踪 XYZ 公司，并且他们的公认季度每股净利润是 0.53 美元，如果公司公布出的数据是 0.6 美元，那就是 0.07 美元的正面惊喜。如果公司公布的数值是 0.48 美元，则出现 0.05 美元的负面惊喜。

一个惊喜可以引发一系列的行为，比如正面惊喜带来的购买浪潮，会推高股价。研究表明，惊喜的当期及后续影响可以持续几个月。有效市场假说坚持市场会在当期立即完全吸收新信息，并让股票价格一步调整到位。有经验的交易员知道这个理论至少在几个方面都是错误的。一方面，每一个投资者同时对一件事情有所反应是不可能的。流动性是另外一个因素：可供买卖的股票数量是有限的。大的买家必须慢慢买入才能避免将股价拉升得过快。这就是信息具有后续影响的原因。注意那些打败了利润预期的公司，净利润惊喜越大越好。

蟑螂效应

这个效应名字来源于一个有关蟑螂的现象：如果你看到家中有一只蟑螂，就该认为家里已经有很多蟑螂了。同样的思路可以应用在报告出净利润惊喜的公司中。如果一个公司公布了远高于分析师预期的净利润，很有可能未来的几个季度仍会有惊喜。如果一个公司报告了净利润惊喜，在同一个行业中的公司可能随后也会公布惊喜。

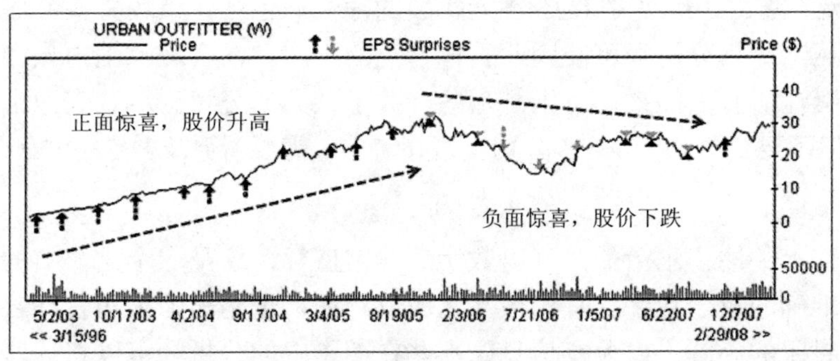

图 7.2 Urban Outfitter（URBN），2003—2007 年

在持续的净利润惊喜下，Urban Outfitter 公司股价在 2003—2005 年间显著升高。与之相反，在 2006—2007 年，在负面净利润的影响下，股价慢慢下行。

对未来惊喜的憧憬可能引来机构投资者在某些股票的报告公布前买入投机。这种策略可能会有利可图。一个经证实的季度惊喜可能预示着下个季度更高的净利润。当然，反之亦然。公司本季度令人失望的净利润经常在下个季度仍不会有改观。因为净利润惊喜具有持续性，我们需要关注那些具有惊喜的公司，并躲开那些利润让人失望的公司。检验的方法之一就是将公司之前几个季度的净利润与当时的预期相比，看看哪个更高。

不是所有的惊喜都生来平等

不是所有的惊喜都是真的惊喜。有时一个公司会击败公认的数字：比如 XYZ 公布的每股净利润为 1.23 美元，而华尔街的预测值为 1.2 美元。尽管这是个 0.03 美元的正面惊喜，但不要被这过多的迷惑。新闻经常会说某公司公布的利润高于预期，这没有什么新意。公司表现超预期的次数一般高于未超过的次数。这是因为管理层会小心地用他们公布出的语句引导预期，确保分析师们的预测略低于公司能实现的利润。同时，这也部分归因于分析师们的羊群效应，他们不想让自己的预测与同行的平均水平相差太多。

分析师们通常很保守地估计净利润。因为市场喜欢正面的惊喜，同时华尔街公司的业务是将股票卖出去。当分析师在做预测的时候，激进的预测对他们没有任何额外的好处。如果大多数分析师的每股净利润预测在，比如说，0.25 到 0.3 美元之间，并且大多数人认为是 0.27 美元，谁会愿意打破这种默契，将预测定格在 0.4 美元？那样，即使是 0.35 美元每股的净利润也会让市场失望，股票可能因此遭到打压，最后分析师可能因此丢掉自己的工作。在合理范围内预测得尽量保守和安全会让所有人高兴，特别是那些打败了预期的公司。尽管表面上公司看起来很好，但不要真的认为 XYZ 公司出现了惊喜。需要看到支持公司击败预期的重要事件才行。

几年前，关注华尔街的“耳语数字”非常盛行，这是一个比公布的预期和共识更现实准确的影子数字。耳语数字之所以存在，正是因为公司管理层可以合法地在一个封闭的小圈子内分享信息。那些在圈子中的分析师可以将这些信息传递给他们最大的客户。

2002 年颁布的“萨班斯-奥克斯利法案”使用了更加严格的条款，严格禁止公司散布消息，并对违法者加大了处罚力度。这时耳语数字才逐渐退出市场。在 2000 年 8 月，证券交易委员会使用了公平披露条款，强调了非公开信息的披露方式。总之，法规中表述如果公司对特定人群，例如证券分析师，公布了某个特定信息，它也必须向公众披露该信息。这些法规旨在促进“完全和公平的信息披露”。

分析师对预测的修正

当公司公布了一个真正的惊喜后，跟踪该公司股票的分析师很可能修正他们对净利润的预测值。我喜欢看到那种对整个财务年度净利润的修正而不是仅仅修正下个季度的净利润。研究表明当预测值被向上提高 5%以上时，股票更可能显示出高于该平均的表现。相反，当向下修正超过 5%时，股票表现会低于平均。

一般来讲，预测的调整都发生在公告后不久。但有时候，预测会在报告公布前就被提高。这反映了对好结果的预期。这可能是因为商品销售情况好于预期或者商业环境有所改善。分析师们小心地修正他们预测的基础，不光是历史数据，还有他们观察到的商品需求的变化。

随着信息报告期的临近，预测的范围很可能会逐渐收窄至公认值。这时你的工作就是判断股价是否与预计的结果相匹配。与此同时，别忘了当分析师基于最新的结果而提高利润估计值时，会降低市盈率，因为分母变大了。

为了计算未来的净利润，分析师们首先要通过计算公司公布的订单量等方式预测收入。之后，他们用预测的该公司的净利润率和适用的税率计算净利润。这样计算的结果就是季度或年度的净利润。这个过程中使用的很多数据都以公司公布的文件、电话会议或一对一访谈形式得来的。分析师可能会基于与顾客的实地交流而对这些数字加以调整。或者分析师可能认为公司可以适用更低的税率。竞争者可能会公布更低的商品价格，而即将爆发的价格战会显著降低利润率。

寻找分析师提高预测值的公司。季度和当前财务年度的预测应该有不断向上的趋势；向上调整的幅度越大越好。最后，尽管我不会因为一个公司净利润没有向上修正而将其剔除出我的备选名单，对于明显的向下修正的公司绝对要亮红灯。

	本季度	下季度	本年度	下一年度
当前	0.34	0.66	1.32	1.94
7 天前	0.32	0.65	1.28	1.94
30 天前	0.29	0.65	1.18	1.92
60 天前	0.29	0.65	1.18	1.92
90 天前	0.29	0.63	1.09	1.88

图 7.3　净利润预测的修正

增大的净利润吸引更多的注意力

当公司实现了若干季度健康强劲的净利润后，分析师会不断向上调高预测，经纪商会提高购买等级，很多投资机构也会指定自己的分析师追踪公司的最新情况。有更多分析师关注的股票可以带来更大的购买力。之前还不受关注的股票已经开始吸引公众的注意力并慢慢走向聚光灯了。

如果连续几个季度净利润增速稳步提高，每股收益（EPS）会推动股价到更高的位置。随着每股收益的增长——增长 10%，然后 30%、50%——以净利润为指标的投资者也会跳上船。伴随着每股收益增长和对未来的乐观预期，股价已经开始乘风起航。

随着股价迅速上涨、公司基本面不断变好和机构的购买，其他数量模型家们开始进场，他们购买股票的根据仅仅是强劲的上涨趋势和价格惯性。这类投资者中的部分人仅仅因为股价具有上涨的动力就买入，而不管公司的基本面情况。他们相信处在上升中的股票会因为惯性而继续在短期甚至中期保持上升。

在某个时点，公司的成长会变得非常明显，并且几乎每个人都已经知道了这一点。股票会被官方冠以成长股的名字。早期入场的聪明的资金会在这时退出收割收益，而天真的投资者会在此时购买他们在金融刊物上或电视节目中听到的这只股票。接下来，指标开始停滞不前，然后就是净利润未达到预期，EPS 下降，股票被降级。所有这些都在给股票不断施压。这种利润的周期不断重复着。你需要做的就是判断目前处在哪个周期，该如何利用当前的位置。

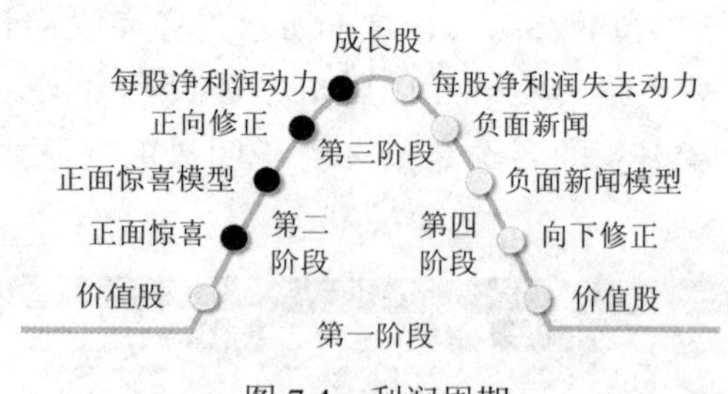

图 7.4　利润周期

明显的净利润增长

巨大的净利润最终会吸引大量投资者，并创出超常的投资回报。股票处在阶段二的时间长短取决于公司的基本面，特别是这种净利润增长的公司能维持多久，有的公司能持续很长一段时间。要想充分利用这种现象，并不需要猜想或者预测。只要能找到在强劲净利润增长支撑下的处在第二阶段上涨趋势中的公司，投资成功的可能性就会大大增加。

有时候在股价如火箭般上涨时该公司还没有开始盈利，但上涨的价格意味着投资者认为公司在不久的未来会开始盈利。但是，四分之三的情况下，真正最好的公司已经在最近一个季度的净利润较去年同期有明显的上涨。**你需要的不光是最近一个季度比去年上涨很多的公司，还需要刚过去的 2～3 个季度中已经开始盈利的公司。**

事实上，如果公司利润连续几个季度走强会更好。在我们和勒夫等人对之前明星股票的研究中发现，当前季度净利润和股价超常的表现有最高的相关性。

为了确定你的股票对机构同样有吸引力，要在做出投资决策前确定当前季度利润表现已经超过了一个最小值。很多成功的成长股基金经理要求最近 1～3 个季度中至少要有 20%～25%的同比增长。**真正成功的公司在其成为明星股时期一般会有 30%～40%甚至更大的利润增幅。**在牛市中你可以将你的最低值设置得更高一点，比如最近 2～3 个季度净利润增幅 40%～100%。那些连续四、五甚至六个季度连续报告强劲净利润的公司会让你更确定该公司已经进入快速发展的轨道了。

密切关注你的投资组合中持有的公司和在你观察名单上的公司的季度净利润十分重要。对于一个公司来说，在实际收入披露日期前发出对其结果预告的情况并不少见。除此之外，还应该随时更新新闻或报告中披露的同行业其他公司的利润情况。

下面是一些在股价上涨前净利润就已经很不错的明星股票的例子：

- 1989 年 3 月到 1993 年 5 月，思科（Cisco System）在 17 个季度中的 15 个公布了超过 100%的利润增长，另外两个季度增长分别为 92%和 71%。思科的股票在这段时间翻了 13 番。
- 1989 年 9 月至 1992 年 12 月，Home Depot 公司连续 14 个季度公布净利润增幅超过 29%。公司股票上涨了超过 500%。
- 从 1987 年到 1991 年，微软公司（Microsoft）只有一个季度的净利润增幅低于 36%。股价上涨 1200%。

- 阿波罗集团（Apollo Group）连续 45 个季度打败华尔街预期。其股票在当时是最成功的股票之一。
- 2009 年至 2011 年，Green Mountain Coffee Roaster 公司平均季度利润增长率为 112%，并且季度销售增幅为 67%。股价因此在 24 个月内上涨了超过 650%。
- Amgen 公司在 20 世纪 90 年代那轮梦幻般的上涨中，平均季度净利润增加了 288%。

Crocs 公司：在正确时点进入和退出

Crocs 公司犹如一道流星在零售业划过，与 20 世纪 80 年代的一家叫 LA Gear 的制鞋公司如出一辙。两者都在短期内因销售收入的快速上升，使股价飞速上涨。在开始时定价每股 9.90 美元，Crocs 在 2006 年 2 月 8 日价格达到了 30 美元，增幅超过 200%。Crocs 从 2006 年 6 月到 2007 年 9 月每季度利润增幅都超过了三位数。从其上市至 2007 年 10 月，股票总共升值了超过 400%。

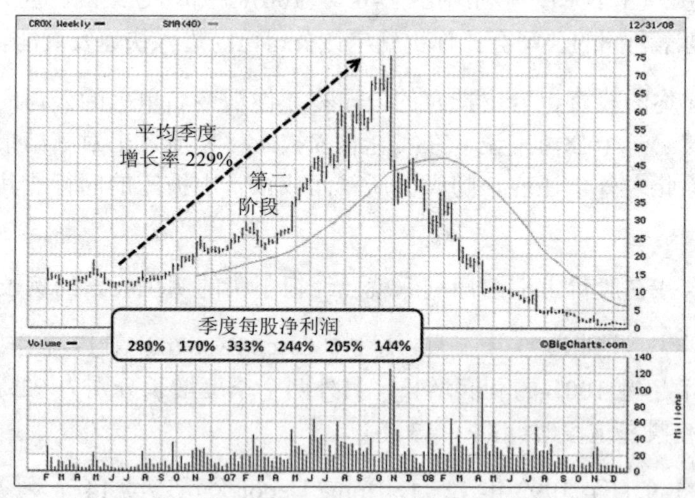

图 7.5　Crocs（CROX），2006—2009 年

Crocs 公司受益于其快速增长的销售，而这让公司连续 6 个季度保持三位数的利润增速，并让公司股票进入了第二阶段。

只要进入和退出时间选择得当，投资于如 Crocs 这样的公司的股票可以给你带来不菲的回报。Crocs 股价随着业务的蓬勃发展如火箭般上涨。事实上，借助时尚的周期，有数不尽的公司能在短期得到巨大的利润。在产品销售火热的时候，市场对公司股票十分乐观。不论原因是什么，公司某个方面加速了净利润和股价增速。这种增速可能无法永远持续下去，但它可能可以持续 6 到 12 个季度，甚至更长。如果你在利润快速增长的这段时期买入股票，你也许会在未来的一到两年中看到股票价格上涨 100%、300%、500%，甚至可能 1000%。

Vicor 公司：高销售额推动高股价

净利润的周期现象不是偶然或一次性的事件，而是会周而复始地出现。唯一变化的只是公司的名字。1991 年，我买入了 Vicor 公司——一个电气设备生产商的股票。它在不到一年的时间里上涨了超过 400%。这归功于一个专利产品带来的销售和净利润的飞速增长。从 1990 年 9 月到 1991 年 9 月，Vicor 季度净利润增幅都达到了 3 位数。这种令人吃惊的表现将公司股价从 4 美元推高到超过 22 美元。

正如你看到的，在净利润增长强劲时，股价也会升高，有些甚至是拔地而起。关键就是要将注意力放在那些处在第二阶段的公司。

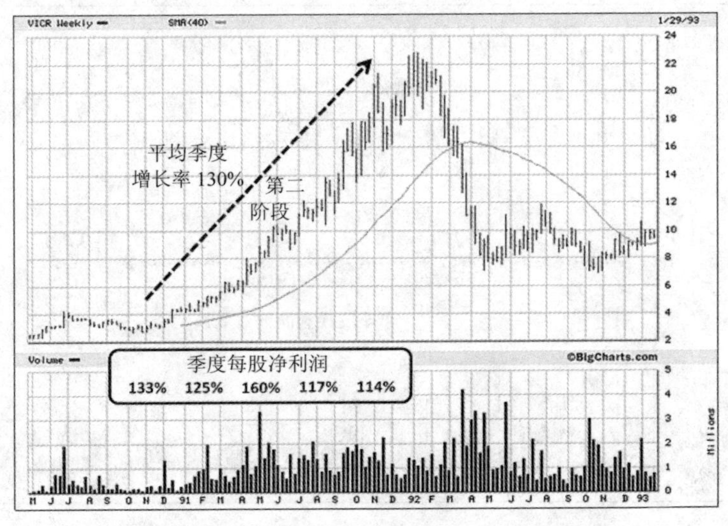

图 7.6　Vicor（VICR），1990—1993 年

Vicor 公司连续 5 个季度净利润实现 3 位数增长，股价借此在 14 个月内增长了 460%。

净利润增速加快

除高于分析师预期的净利润增长外，我还寻找那些利润加速增长、即意味着每期净利润增幅都要大于前期的公司。超过 90%的超级明星股都在价格显著升高时或之前或多或少显示出这种性质。

例如，假设四个季度前某公司公布季度净利润下跌了 0.05 美元。三个季度前，净利润较去年增长了 10%。之后，两个季度前，净利润同比升高 28%，并在最近一个季度同比提升了 56%。这就是三个季度净利润加速增长。净利润同比不断升高，并且每季度的增幅都在加大。这个特点非常好，并且事实证明大多数表现最好的股票都具有这个特点。

	Q4	Q1	Q2	Q3	Q4 (EST.)
EPS	-34%	+12%	+44%	+83%	+244%
EPS ($)	0.14	0.29	0.39	0.50	
估计值	0.16	0.23	0.30	0.36	0.48
+/-	-0.02	0.06	0.09	0.14	

图 7.7 季度净利润加速上涨的例子

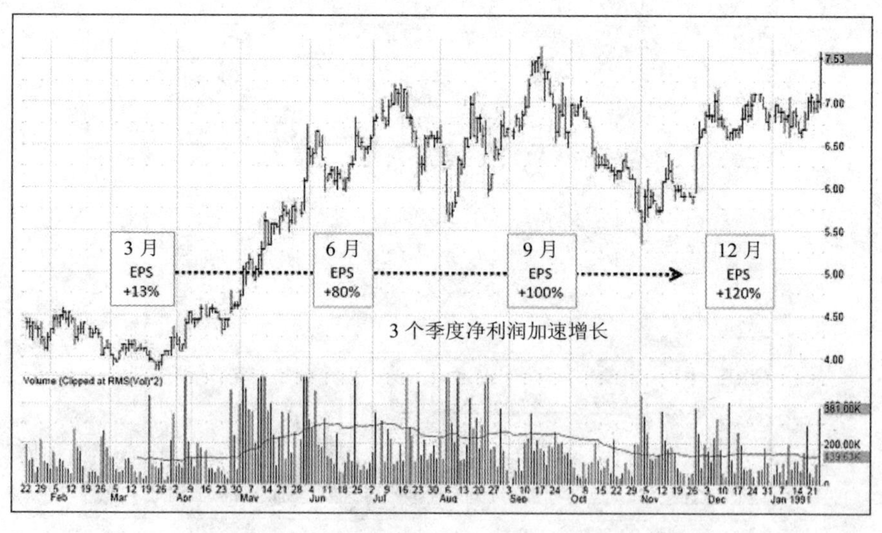

图 7.8 Elan PLC 公司（ELN），1990 年

1990 年，公司连续三季度净利润加速上涨，并借此机会成为市场领导者。其股价在 12 个月内增长 152%。

寻找有收入支撑的净利润

除了加速增长的净利润外，你可能还希望看到销售每季度同样在加速增长中。对于新的市场领导者来说，在最近 2～4 季度内达到三位数的销售增长并非难事。事实上，很多故事中的成功者将这种增长持续了若干年。例如，2009 年 3 月到 2010 年 12 月，Netflix 公司公告了连续 8 个季度的销售增长，并将增速从 21%提高到了 34%；在那段时期，季度净利润的平均增长率也达到了 45%。Netflix 公司的股票价格升高了超过 500%。Home Depot 公司，从 1982 年 6 月到 1983 年 6 月，销售收入共提高了 698%。其每季度的增速分别为 104%、158%、191%和 220%。2010 年，不断加速的销售额推动 F5 网络公司（F5 Network）利润和股价升高了 500%。这才是表现股票表现优秀的原因：由销售收入而不是会计操作作为支撑带来的净利润增长。如果你选择的股票不光利润喜人，其销售同样增长迅速的话，你成为明星投资者的日子就在眼前了。

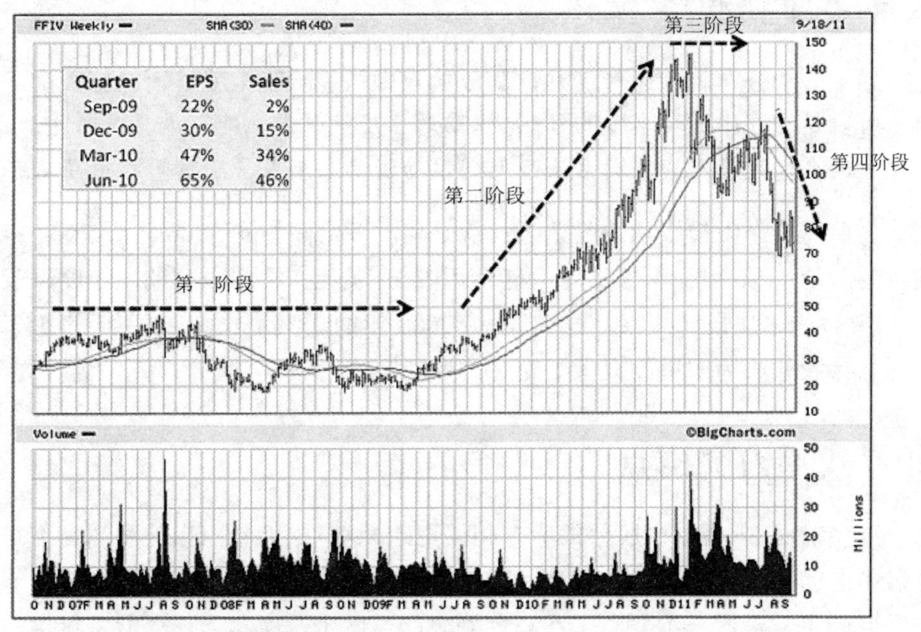

Quarter	EPS	Sales
Sep-09	22%	2%
Dec-09	30%	15%
Mar-10	47%	34%
Jun-10	65%	46%

图 7.9　F5 网络公司（FFIV），2007—2011 年

F5 净利润和销售在第二阶段均展示出强劲的增速。

确认趋势

一般来讲，我会考察过去一两年内公司表现，以确认销售和利润是否真的都在加速增长。万事没有完美，所以如果某个季度没有出现加速现象，不是什么大问题。可以使用相邻两个季度的平均值得到一根更平滑的曲线。如果完美的话，就能在曲线中看到一个稳定增长的趋势。

	Q1	Q2	Q3	Q4	Q1	Q2	Q3	Q4
EPS	-14%	17%	43%	23%	52%	36%	65%	59%
2Q AVG.		2%	30%	33%	39%	44%	51%	62%
SALES	0%	2%	2%	7%	13%	15%	15%	14%
2Q AVG.		1%	2%	5%	10%	14%	15%	14%

图 7.10　使用相邻两季度平均平滑后的利润和销售

年度净利润

如果一个公司真的运转良好，其成功不太可能一晚上就终止。惊人的净利润公告可以是一连串成功季度的开始。强劲的季度结果应该能变成喜人的年度报告。仅仅一两个季度喜人的利润无法强大到推动股票在未来一段时间内明显上涨。

之前几十年中最成功的股票之一就是阿波罗集团。从 2000 年到 2004 年，阿波罗的股价从 10 美元不断加速上涨至每股 96 美元。在那段时期，年度每股净利润（EPS）平均增速也达到了 40%，从 2000 年的 28%增长至 2003 年的 55%。这种增长为股票成为明星股提供了充足的燃料。

寻找年内突围点

回望前面 2～4 年中股票的所有相关记录，这样就能看出当前利润是不是已经打破了之前的趋势，更快地上涨。盈利突然超出了过去几年的平均增幅是一件非常重要的事。最后，不要忘了在马上到来的一两个季度和下一个财务年度中，验证这种加速是否能够继续。

发展。

图 7.11　阿波罗集团（APOL）与纳斯达克年度 EPS 对比，1999—2004 年

2000—2003 年间，阿波罗集团每年净利润都在加速增长。

YEAR	EPS ($)	% CNG
2003	1.13	
2004	1.02	
2005	0.83	
2006	0.23	
2007	0.26	
2008	0.18	
2009	0.32	
2010	1.32	+312%
2011 (est.)	1.94	+47%

4 年中净利润难以突破（2006—2009）

有所突破（2010）

图 7.12　净利润突围的例子

在这个例子中，2010 年盈利不仅高于之前 4 年的趋势，还打破了 2003 年的最高点。这暗示公司取得了重要发展。

怎样找到复苏的契机

复苏是利润加速增长的另外一种形式。一只股票可能之前表现良好，但不久之后就进入了困难期。在困难期，公司可能有一些负面新闻，例如成长速度未达到预期，仅仅有个位数的增速，或者可能出现负的净利润。在某些季度，盈利可能较去年同期下降。之后，突然间，利润增速爆发了。公司季度净利润同比上涨超过 50%，下季度增幅达到了 100%。这种增长和一年前公司挣扎的情况形成了鲜明的对比。

在复苏的时期里，投资者应该确定当前利润的确有显著增长（最近一两个季度增幅达到 100%）。如果之前的利润很低，那么本期的增长率应该更高才对（增长率分母较小）。你也可以通过检验利润率是否达到新高来确定公司是否已经度过困难期。

某些情况下，可以通过将当年或当季度利润增速与公司过去 3 年或 5 年的平均增速比较，找到复苏的公司。一个增速一直维持在 12%的公司如果增长速度加快到 40%，并随后到达 100%，那么它未来一定更加美好。

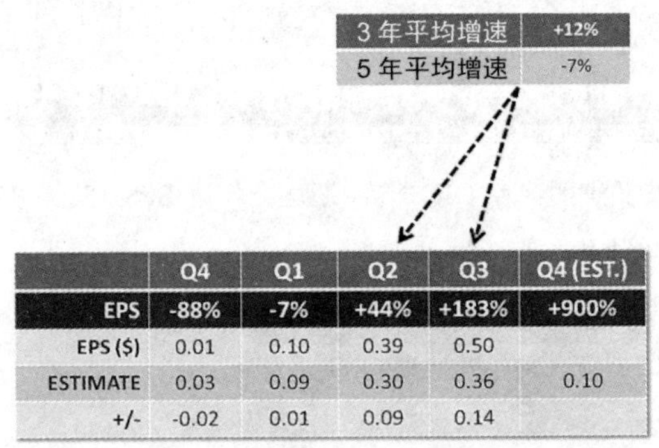

	Q4	Q1	Q2	Q3	Q4 (EST.)
EPS	-88%	-7%	+44%	+183%	+900%
EPS ($)	0.01	0.10	0.39	0.50	
ESTIMATE	0.03	0.09	0.30	0.36	0.10
+/-	-0.02	0.01	0.09	0.14	

图 7.13　利润增速加快的例子

第二、三季度净利润增速明显提高，明显高于公司过去三年和五年的平均增幅。

减速就是红灯

公司可能在好的时期中增速达到 40%～50%，之后就下降到 10%。可能与一个增长 20%～30%就已经是很大的进步的公司比，这还不错。但对于一个之前增速还有 50%、60%甚至更高的公司来说，20%～30%的增速其实公司已经暗示公司情况出现了明显的恶化。想想戴尔电脑（Dell）遇到的问题吧。1995 到 1997 年，戴尔每股净利润增长了 80%，但之后在 1998 年增幅下跌至 65%左右，并在 1999 年进一步下跌至 28%。尽管净利润仍在增长，但公司情况的明显变化为飙升的股价划上了句号。股票在 2000 年价格达到最高点。10 年后，戴尔的股价仍然较其高点跌去了 80%。

Home Depot 公司

从 1994 年开始，经过 5 年的停滞期，Home Depot 结束了股价的第一阶段。在 1997 年，公司股价进入加速上涨阶段。当年，年度净利润增长了 21%。第二年，增幅就达到了 37%。1999 年，增幅再次升高，高达 41%。在利润增长如此迅速的时期，公司股价从 10 美元上升至最高超过 70 美元每股。公司股价的推手就是净利润的飞速增长。

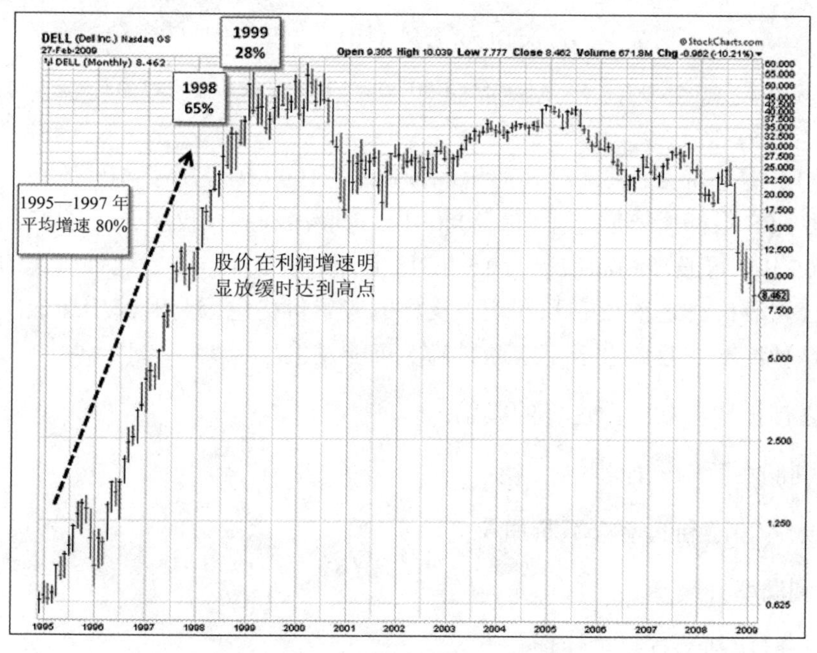

图 7.14　戴尔电脑，1995—2009 年

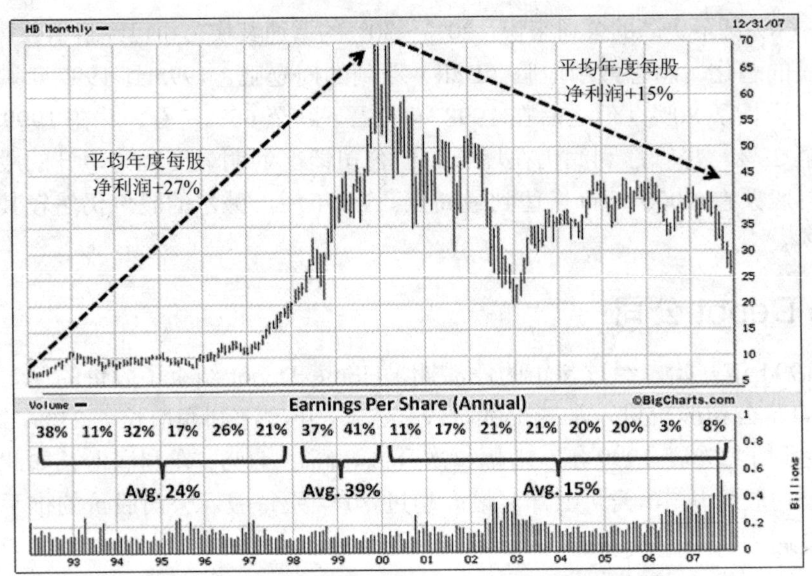

图 7.15 Home Depot 公司（HD），1992—2008 年

Home Depot 公司的价格图显示了在净利润增速不断提升时股价随之不断上涨。但当盈利增速放缓时，股价也随之明显下跌。

2000 年是 Home Depot 公司股价的顶峰。在 1999 年经历了 41%的净利润增长后，公司 EPS 指标增速明显下降。2000 年，每股净利润仅仅上升了 11%。从 2000 年到 2005 年，每股净利润增幅为 15%，比上升阶段低了一半。这种增速的下降也拉低了公司股价。之前依靠利润增长支撑的股票价格也因为利润增速放缓而不断下跌。这种情况在股票过于受欢迎时确实可能发生。

总之，机构喜欢下面这样的股票：

- 利润不断创造惊喜
- 收入和净利润增幅不断加大
- 利润率升高
- 每股净利润有突破性增长
- 年度每股净利润明显转好
- 具有加速仍会继续的信号

第 8 章

评估净利润质量

对于一个真正的明星股票，巨额的卖出量一定不足以长期阻拦股价上涨的趋势。

——本书作者

一个公司可以用很多方式创造净利润，但其中某些方式并不可靠。我更喜欢质量高的净利润。然而，利润是从哪里来的？是公司向外宣传的那样，因为销售走强吗？如果是销售的原因，那么这是源于某个单一产品的推出或者因为某个大客户的加入吗？如果是那样的话，这种增长其实很脆弱。或者，净利润的飞速增长是整个行业的共同现象吗？也许这只是因为公司在变卖自己的资产或正在削减成本。削减成本、关闭工厂和其他类似的所谓提高生产力的措施无法带来净利润的长久增长。这类做法确实可以提高净利润，但真正可持久的增长需要由收入来带动。检验利润质量让你在把自己的血汗钱投入某只股票前，能更好地把握该公司的发展前景。

非经营性或非经常性收入

对同样的季度报告，使用不同观点解读的结果大相径庭。假设 XYZ 公司公布出净利润 3.01 美元，而去年该数字为 2.4 美元。数字显示出不俗的增长，看起来很不错，对吧？但如果你仔细阅读该报表，发现“非经常性收入”一栏中显示公司最近刚刚出售了一些非战略性资产。这种一次性事件并不会经常发生，但它将公司每股净利润推高了 0.84 美元。因此，这部分应该从 XYZ 公司的净利润中剔除出去。这样，就得到了调整后的每股净利润 2.17 美元，较去年同期下跌了 7%。

我希望的净利润应该来自于公司核心业务，而不是这种一次性的收入。大多数时候经营性收入和非经营性收入区别明显。考虑一个卖咖啡的公司，它的部分店面处在公司自己拥有的房产中。管理层认为目前商业地产价格较高，希望此时卖掉部分地产。这类交易产生的利润明显与销售咖啡获得的收入不同。因此，诸如卖出地产等非经营的收入应该从公司净利润中剥离掉，才能真正显示出公司在核心业务的表现。

警惕被处理过的数字

为了降低期望并创造惊喜，现在管理层已经可以非常熟练地引导分析师们的预期，并对公司运营数字进行处理。一个技巧就是向公众发出潜在利润问题的警告，这会让分析师们调低利润预测。之后，公司公布出明显高于预期的盈利。这就人为创造出了一个净利润惊喜。但是，这只是一个针对调低后的预期的惊喜。

如果你看到某公司因为负面新闻被调低了利润预测，但很快在当季公司公布的数字就打败了该预测，就应该警惕这个公司，它可能没有大家心中想的那么好。

一次性冲刺销售

另外一个改变净利润的技巧是使用一次性的充量销售。公司为了不在报告中显示变差的净利润，可能会用一次性充量的方法报告收入。但是，这种事情并不能持续，事后公司情况可能比不使用该方法时更糟。有些公司非常喜欢使用这种方法甚至滥用它。如果一次性充量反复出现，你应该质疑公司的盈利质量是否真的好。

减记及收入转移

存货的减记和持续增长的支出同样需要引起我们的注意。有些公司会抑制并且将减记保存下来以便未来使用。它们可能将这些存货的减记在未来某个会计期中实现，以转移收入或支出，从而可以主动控制收支的平衡。有些公司可能在商品刚刚送出途中就将该部分销售额计入收入和应收账款，并将预估的未来可能出现的退货额记录为损失。一旦实际退货额度高于预估值，净利润就会发生较大变化。

公司管理者可能也会选择转移部分利润，用来吸收行业冲击带来的不利影响。公司可以在某个季度公布跌幅较大的净利润，从而让分析师们过度调低未来的盈利预期，这样在后面的几个季度中，公司可以较容易地打败这些预期，创造一个又一个惊喜。

当心削减成本带来的利润增长

当明白三种驱动净利润上涨的动力（高销量、高价格、低成本）后，我们要对单独靠削减成本提高盈利的情况格外小心。一个公司可以依靠裁员、关闭工厂或者卖掉亏损业务提高盈利。但是，这些方式只能持续一小段时间。最终，公司必须依靠其他某种方法扩大业务才能让盈利持续下去。一定要确定目前公司的盈利并非是一次性事件，并非因为一次偶然的收益或由削减成本带来的。

更高销售额
- 提高价格
- 增加销量
- 增加产品

更高利润率
- 提高价格
- 削减成本
- 改进成产线
- 剥离亏损项目

✓ 更高每股净利润
✓ 参考数值升高

图 8.1　三种增加盈利的方法

股价具有增长潜力的公司会显示出可持续的净利润增长。最完美的情况就是公司销量不断升高，已有的及新的产品市场份额不断升高，同时商品价格也在升高，成本不断降低。这是一个必胜的组合。

总之，最好的候选者具有拓宽市场、不断推出新产品或服务，或打入新市场的能力。他们有能力提高产品价格、改进生产效率并减少生产成本。收入加速增长和利润率上升的组合能显著推高股票价格。

最可怕的情景就是公司只有很少的议价能力，他的业务属于资本密集型，利润率很低或被打压得很低，面临各界监管并且行业内竞争激烈。这就是目前航空企业所面临的情景：他们没有什么议价能力，面临严苛的政府监管，对于资本过多依赖并且对燃油价格极为敏感。

看到公司强劲利润的同时，我们需要查看其背后的故事，确定这个好消息并非源于一次性事件，而是某些可以持续的条件在背后支撑。需要问的问题包括以下几项：

- 这段时间有新产品推出或者行业转好的新闻吗？
- 公司市场份额加大了吗？
- 公司收入和利润率是怎样增加的？
- 公司是怎样降低成本并提高生产率的？

衡量利润率

所有公司的目标都是从收入中留下尽可能多的钱，也就是竭尽所能提高利润率。利润率提高，公司就能从每一块钱的销售额中获得更多收入。

利润率这个指标可以有很多不同的计算方法。总利润率是消费者的花费与公司的成本的比率。它向投资者展示了公司在保持成本和商品定价方面做得有多好。总利润率依赖于很多变量，其中有一部分是公司无法掌控的，例如原材料的成本和竞争公司出现的意外问题。改善利润率的最好形式是因市场需求的增大而提高的公司产品的议价能力。

净利润率是将公司净利润除以其销售收入。它受到最多因素的影响。净利润率降低意味着公司在销售方面获利甚微。这可能源于成本的升高、无效的生产和税赋。有些导致净利润率下降的原因可能只是暂时的，例如短期原材料价格的升高或者暂时生产线利用不充分等。但有些原因则非常棘手，例如因顾客对公司产品失去兴趣导致的净利润率的下降。

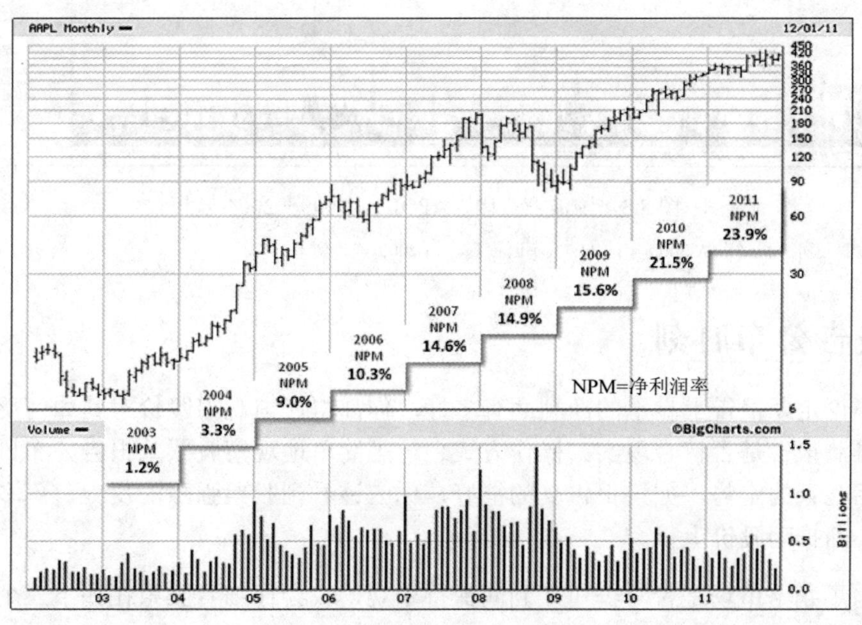

图 8.2　苹果电脑（AAPL），2003—2011 年

从 2003 年到 2011 年，苹果公司股价上涨了超过 6000%。在那段时期，净利润率从 1.2%提高到 2011 年的 23.9%。

一个与行业内其他公司相比有更好净利润率的公司拥有很大的竞争优势。将行业内公司净利润率横向比较可以帮助你衡量公司的管理质量。运转良好的公司应该显示出持续增加的运营利润率和净利润率。

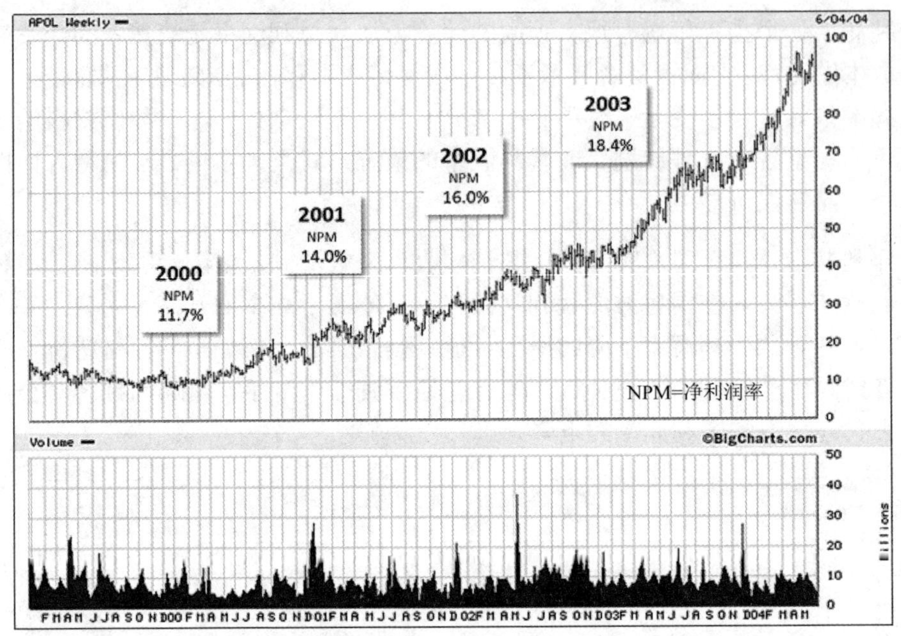

图 8.3　阿波罗集团（APOL），1999—2004 年

阿波罗公司净利润率从 2000 年的 11.7%不断提高，在 2003 年达到 18.4%。

报告公布时刻

不论定期报告上显示的净利润有多好，你都得仔细观察股价对其如何反应，从而推测报告是否符合现实。操作方式之一是简单地观察股票从报告公布日开始到随后几天的走势。如果报告真的很好，你应该看到股票强烈的反应，更多的购买者不断推动股价上行。

为了判定市场是否对公司净利润保持乐观，我会仔细看股票在如下三个方面的反应：

- *即刻反应*：股价开始上升还是下降？如果下降，它还能恢复么？或者，股价上涨后还会跌回去么？
- *后续反应*：股票上涨或下跌的势头是否在持续？
- *弹性*：股价能否快速并有力地恢复？当前下跌是否会引起更剧烈的抛售？

作为一个投资者，在看到股票的反应之前，你不会确定地知道华尔街在利润报告中寻找着什么。当一个惊喜被宣布时，我只能预计股价也会因此升高。

如果这一切没有发生，比如，股价快速上升了一点，但随即因抛售下跌了 15%，就证明某个地方出了问题。尽管公司宣布利润升高后股票仅仅经历了短期上升就遭到抛售的情况并非罕见，真正的明星股票还是会在随后的时期站稳脚跟，重新回到上升通道。**对于一个真正的明星股票，巨额卖出量一定不足以长期阻拦股价上涨的趋势**。

公司公布净利润后，我的注意力将会转向寻找“盈余余波”（PED，post-earning drift）。盈余余波告诉我们在公司报告出惊喜后买入股票可能为时未晚。即使你错过了报告公布后的第一轮上涨，重大惊喜后的余波可能还会持续一段时间。对于重大利好消息或者净利润惊喜，股价在马上做出反应之后，仍会有较长的调整期。很多研究都显示这种余波现象可以持续几个月。

图 8.4　Lululemon Athetica 公司（LULU），2011 年

Lululemon 在 2010 年 9 月和 12 月公布财务数据后均经历了利润余波。

有时候盈利需要大打折扣，也就是说公众的预期已经将利润惊喜考虑在内了。因为市场已经嗅到了惊喜的味道，其已经无法满足投资者的胃口。如果每股净利润高于分析师预测 0.05 美元，但这个水平早就被公众预料到了的话，其实对大家而言并非惊喜。所以，在这种情况下惊喜会变成失望，股价可能会因此下跌。

如何知道市场真正是怎么想的？研究股价的反应。结果被公布后，股价上涨了还是下跌了？这个惊喜大到可以推动股价达到另一个高峰吗？即使公司公布了一个看起来还不错的惊喜，你也要时刻关注股价对其的反应。

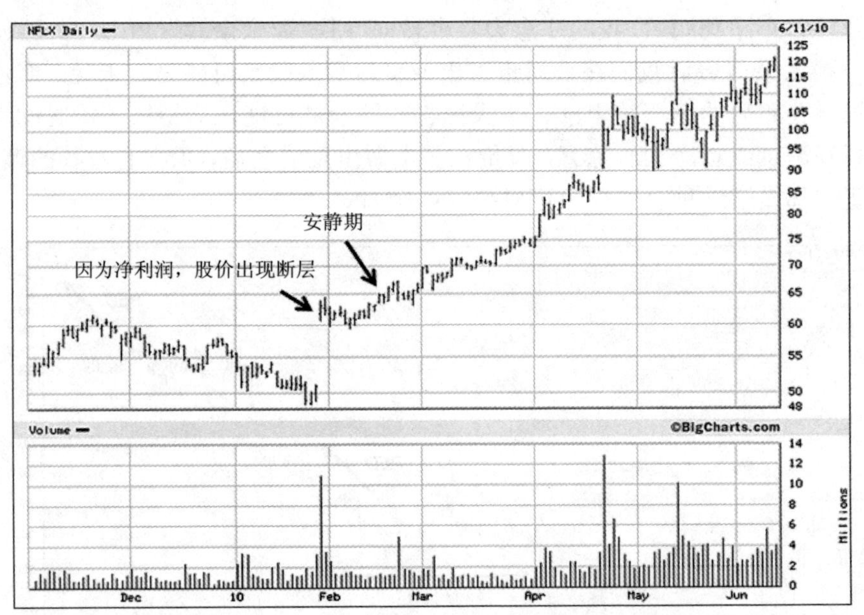

图 8.5 Netflix 公司（NFLX），2009—2010 年

2010 年 1 月，Netflix 公司股价在利润公布后出现了下跌，但很快价格就恢复回去，并不断达到新高。

公司指导手册

“公司指导手册”是指公司管理层提供给公众的有关他们对未来预测的书面材料。这些材料也被称作“前瞻性声明”并且主要关注对利润、收入和利润率的预测。手册帮助投资者评估公司的增长潜力。在当前的监管环境下，这是公司可以对外宣布自我预期的唯一合法方式。分析师们将其中的信息与自己的研究相结合，从而做出对未来净利润的预测。

公司指导手册在投资决策过程中起到了非常重要的作用，因为管理层比其他任何人都了解自己的公司，并且掌握着第一手资料。但是，要小心，管理层同样可以使用手册误导投资者。例如，在牛市中有些公司会做出非常乐观的预测，这样更能满足投资者的胃口。在熊市中，公司会尝试降低公众预期，这样他们就能创造出惊喜。

公司通常在季度利润报告发布日或临近该日发布手册。假设本季度净利润超过预期，同时手册预测下一季度和本年度净利润均高于市场预期水平。例如，公司可能说它预测下季度每股净利润将超过预期 0.1 美元到 0.12 美元，同时它也将年末的每股净利润预期较市场预测水平提高了 0.3 到 0.35 美元。公司不光在本季度打破了市场预期，它还有信心将这个好势头保持到下个季度。因为该公司对手册上的预测比较保守，我们知道只有管理层认为他们不光能完成该目标，还要打破该目标时才会做出上述举动。上面这些正是我寻找的：高于预期的净利润以及积极的手册指引。公司不光要做得好，还要战胜分析师们的预测。

依公司对商业前景或为积极或为消极的预测不同，股价的反应也会十分剧烈。有些时候，对于手册中内容的反应甚至要高于对实际公布的净利润的反应。通过跟踪比较公司所陈述的预测与事后实现的情况，你可以对公司手册中内容的质量有自己的判断。

如果你认为净利润预期并不能左右股价，看看当一个公司公布了低于预期的净利润，哪怕只是少了几美分，或是发布了悲观的手册后，股价的变化吧。Rosetta Stone 公司（Rosetta Stone Inc.）在 6 月的手册中提高了第三季度及 2009 财年的净利润预期。在一次快速的拉升后，在手册发布 4 天后，公司股票遭到抛售并且没能恢复。手册中的预测欣欣向荣，股价却表现得很不正常。但在几天之后，公司推翻了之前的陈述，又发布了较低的手册指引，之后股票遭到猛烈打击。如果公司的确发布了积极信息，股票被那样打压是完全不正常的。当时股价的表现证实了未来发生的事。公司在提高了预测后 11 个交易日就调低了该预测，是一个明显的危险信号。

图 8.6 Rosetta Stone 公司，2009—2010 年

Rosetta Stone 公司股价在其发布净利润概况之后被推高。11 个交易日后，公司又调低了预测。股价出现大幅度下跌。

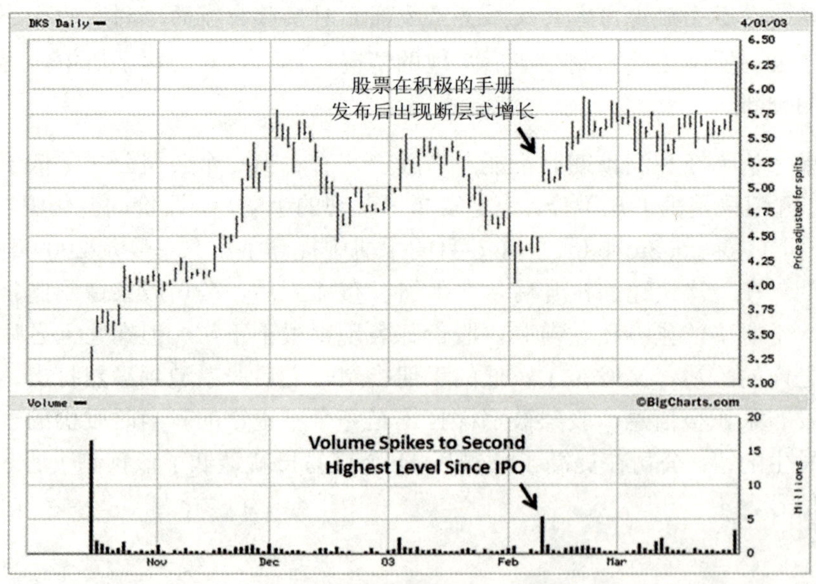

图 8.7 Dick's 体育用品，2003 年

在公司发布积极的指导手册后，股价从低点开始爆发式增长，当天交易量为公司上市以来第二高。

正如你从之前 Rosetta Stone 公司的例子中看到的，公司发布的手册会让股票飙升或遭受打压，两者具体的选择取决于投资者如何看待手册中的陈述。2003 年 2 月，Dick’s 体育用品（Dick’s Sporting Goods）在发布了积极的手册后，股价出现了正面的断层。猛烈放大的交易量表明，机构投资者对于这个信息十分满意。

长期预测

当不得不公布坏消息时，上市公司通常会想办法将坏消息模糊化。它可能在坏消息公布的同时宣布股票回购或者其他“积极”的消息，希望借此削弱坏消息带来的负面影响。但这通常不管用。其中一个无力的例子就是在发布坏消息的同时公布一个提高了的长期预测。在处理未来的净利润时，很重要的一点就是不要看得太远。成长股投资者脑海中更喜欢想“你之后能给我带来什么”。因此，仅仅专注于公司说的未来一个季度和本财年的内容。我投资的法则就是对于长期预测，看看就行了。*没有人能准确预测未来一年或两年后公司的成长速度，即使他是管理层*。如果他们说“今年的商业环境会比较严酷，但我们会在明年改观”，这不是积极的话语，这只是在混淆视听。

存货分析

回到 20 世纪 80 年代，我刚开始交易股票的时候。那时上市公司并不需要披露存货数据。但是今天，该数据已经随处可见。库存数据可以在公司公布的资产负债表上找到。同时，公司也会把该数据放在自己的网站上。此外，在证监会（SEC）的 EDGAR 数据库中，也可以找到该数据。

对于一个制造厂或零售商来说，存货和应收账款分析可以帮助你第一时间判断出公司的商业情况能否改善或者好日子是否就要结束。在 2003 年末到 2004 年，铜价达到顶峰。我知道这个原材料价格的快速上升很快就会被铜产品制造商传导至消费者那里。

通过检验若干制造商的存货数据，我找到了一个候选者：Encore Wire 公司。Encore 拥有巨量的铜储备，并且它的表现符合我的 SEPA 分析。我意识到，这是一家有潜力成为明星的公司。Encore 储备的原材料购买价格较低。随着铜价不断升高，Encore 产品价格也可以水涨船高，从而推高其产品的利润率。

图 8.8　铜价与 Encore Wire 股票价格，2003—2006 年

铜价还在低位时就进行了大量储备，Encore Wire 公司的利润率随着铜价上升而增加。

存货与销量比较

对于某些特定行业，比如制造业，比较存货与销量十分关键。特别的，我会将存货分成几部分考虑（成品、半成品和原材料），并分析各个部分之间的关系。将存货分开考虑对我分析销售同样有所贡献。比如说，销量的猛增可能看起来不错，但是如果公司存货增速高于销售，就是另一回事了。如果存货中成品部分比原材料或半成品增长快得多，可能意味着公司产品滞销。这种情况下，产出会逐渐放缓，因为公司已经有了堆积如山的成品需要处理。

如果库存的成品折旧速度很快——比如说电脑或某些特定的产品——麻烦就更大了。面对着堆积如山的、在不断折旧的产品，厂商通常要降价才能把它们卖掉。同时，这些陈旧的货物还有可能与公司新产品抢夺市场。这种情况会对公司未来净利润产生不利影响，从而迫使公司公布一个令人失望的季度报告。

记住存货自己并没有什么分析意义。存货变化趋势与销量涨跌百分比一起才能提供有价值的信息。

把存货看成待销的商品。大多情况下，与销售相似，存货也有自己的涨跌规律。管理层会尝试预测未来的销量和市场需求，并据此囤积货物。当存货增速远高于销售时，可能暗示公司销售遇阻，管理层判断错误或两者共同作用。以上情景很可能削减公司净利润。存货折旧越快，其剩余价值会越小。

戴尔对于存货的解决方案

在产品价格下跌的市场环境中，特别是在经济衰退期，对存货把控能力最好的公司最有可能超过其他对手脱颖而出。戴尔电脑（Dell Computer）通过其革命性的“订单制”模型提供了一种对存货问题的解决方法。该模型成功减少了库存，并就此降低了持有折旧速度较快的电脑而遭受损失的风险。自此，其他电脑厂商，甚至是其他行业的厂商都使用了这个概念。戴尔模型的依据是电话和网站上的订单数量。只有在接到订单后，产品才被生产出来。这显著减少了存货在仓库中的天数，并就此将存货周转率这个指标较同类公司提高了 3 倍。

这个独特的商业模型帮助戴尔获取了更高的利润率、更大的市场份额，并帮助它统治了 20 世纪 90 年代的计算机市场。这个概念如此成功的原因之一就是电脑是高速折旧的商品。事实上，戴尔所有的竞争对手都采用了一些或多或少依赖零售商的销售模型。当经济转差时，那些对手不得不持有大量存货，而那些计算机随着时间推移和科技进步不断折旧。为了不让产品像太阳下的水果一样腐烂，康柏、惠普和 Gateway 公司不得不将库存降价销售。这种情况通常会让存货中成品数量增速上升并高于销量和原材料价值。

并非所有库存上升都是坏事。有时可能公司正在为其新建的 20 家商店储备商品。当存货没来由地上升或者原因难以成立时才要警惕。如果你观察到公司有着没来由的存货上升情况，你应该给公司人员打电话询问或参加投资者大会，寻求一个合理的解释。

另外，如果原材料猛增，则可能预示着公司认为其商业环境转好。在这种情况下，销售应该在确定原材料上升源于对未来需求增长的预测以后显示出加速上涨的痕迹。

应收分析

除了存货以外，公司资产负债表中另一个值得我们注意的项目就是应收账款。应收账款是指公司拥有的对其已经销售的产品持有的权利。有些应收款的形成源于公司的正常运行：在发出货物与收到支付价款之间存在一些延迟是正常的事情。但是，如果应收款增长速度远高于销售，或者增速仍在加大，这可能暗示着公司在回款方面出现了一些问题。

如果应收款和存货都以高于销售的速度增长（两倍或更高，且没有合理的解释），这可能是双重麻烦。想象一下，我们从上文中知道，当存货（特别是成品）的上升速度高于销售时，意味着产品滞销。假设没有如新零售店开业这样的合理解释，则公司制造出的产品无法在当前环境下被卖掉。如果库存的商品折旧速度飞快，问题就更大了。当应收款同样上升时，证明公司无法正常回款。这两个问题一起预示着麻烦就在眼前了：消费者不买账，销售商卖不掉商品，自然没有钱支付给制造商。制造商拿不到价款，还要面对堆积如山的库存需要处理。

存货上升也有合理的解释，比如新生产线的引进和对不同行业消费者给予的更高的信用等级。可能订单还没有完成的原因是生产的搁置。不论原因是什么，都值得我们仔细研究，看看到底是不是如同解释的那么简单。

在下面的例子中，总存货增速是销售的 4 倍，应收款增速是销售的 3 倍。更大的问题是成品和半成品也较原材料上升明显。这可能证明公司有着不正常的库存。这些产品不断折旧，其价值随着时间流逝不断降低，从而侵蚀利润率并最终影响到净利润。这种情况一定要引起我们的注意。

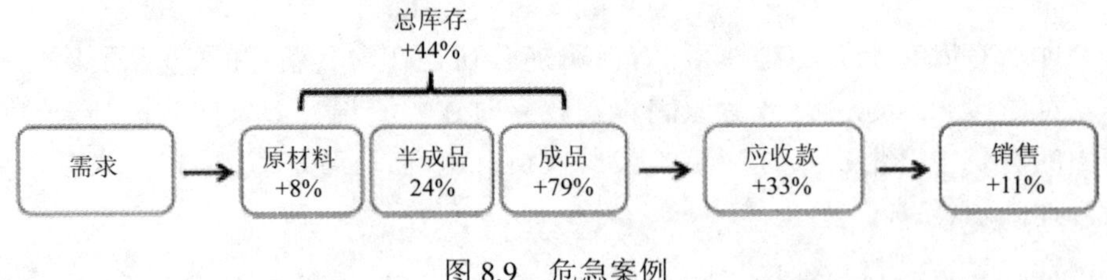

图 8.9　危急案例

存货上升，成品和应收款增速高于销售。

差别披露

当公司在一份文档中作出某种陈述，但在另一份文档中又是完全不同的版本时，你就遇到了差别披露情况。这种事情远比人们想象的更频繁。其原因很简单，给股东的报告面临的监管要求远比提交给证监会的报告要少。其中一个例子就是股东报告和税务报告。关注并根据报表附注和其他与税务相关的披露信息调整不同会计计量方法带来税费的差异。如果你发现差别巨大，就要注意。同样，如果公司净利润可观但税费很低，也要多留心。

全速前进：代码 33

如果公司销量增速仍在加快（25%然后是 35%，之后是 45%），这很好。更好的是，公司的利润率也在同步增加。两者共同作用会点燃净利润，推动股价出现爆发式增长。两者共同作用的效果远比单一效果要好。净利润全速增长最好的情况就是销售加速增长，利润率同步扩大。

寻找我称之为代码 33 的情况：连续三个季度在净利润、销量和利润率三个维度都在加速增长。这是一个潜在的盛宴。如果公司有着热销产品并且管理层也摩拳擦掌，一定会在销量和利润率方面有所体现。利润率应该随着公司生产率的提高而提高。销售应该随着公司市场的拓宽而扩大。如果这些事情还没有发生，可能最佳进场时间还没有到来。

	Q4	Q3	Q2	Q1
每股净利润	**-34%**	**+12%**	**+44%**	**+83%**
销售收入	-22%	+3%	+16%	+38%
净利润率	4.5%	4.9%	5.8%	6.6%

图 8.10　代码 33

每股净利润、销售和利润率连续三季度加速上涨。

图 8.11　Monster 饮料公司，2003—2006 年

Monster 饮料（曾用名：Hansen 天然饮料）显示出标准的代码 33 特征。从 2003 年到 2005 年，净利润、销售额和利润率均显著加速上涨，而这正是股票成为明星的必要条件。

第 9 章
追随领头羊

> 每个牛市都是由一些领头羊带来的。之前牛市的领头羊很少能成为下次牛市的先锋，所以要准备好看到不熟悉的名字。不到 25%的领先公司能继续成为下次牛市的领头羊。
>
> ——本书作者

一般在牛市刚开始的时候，大概前 12～18 个月，是赚大钱的好机会。但是，在股票指数向大家展现出确定的上涨趋势之前，很多好的股票早在几周前就开始进入上升通道了。问题就是怎样在上涨初期抓住机会，不被机会落下。其实答案很简单：追随领头羊。

有顶级表现的股票会在重要的转折点带领整个市场上涨。在熊市底部，领头的股票，那个最抗跌的股票会第一个扭头向上，然后领先道琼斯指数、标普指数几天、几周甚至几个月，向上冲刺。在指数还在低谷中挣扎的时候，这些领头者已经开始不断触及新高了。这时，整个市场环境看起来仍然比较惨淡，大多数新闻都还是负面的。不久之后，开始上涨的股票数量不断增多，从而推高了市场各个指数，而领先者们价格仍在继续快速向上。慢慢地，市场的情绪慢慢从恐惧走向乐观。只要对市场中领先者们更多一些关注，你就能在他们价格恢复的初期进入。对于那些精明的股票投资者来说不是什么新鲜的东西。传奇人物杰西·利弗莫尔通过在 20 世纪 20 和 30 年代买卖领头股票，积攒了大量财富。我 99%的利润也都来源于领头羊们。

市场领头羊们也会在市场进入下跌通道前率先折价。在牛市的后期，很多领头公司股价会停滞不前，但总的市场指数仍然在上涨。一般来讲，“次领头羊”们会用其可圈可点的表现掀起第二波上涨的潮水。资金从领头羊公司中撤出，进入那些反应较慢的，或者一直扮演追随者的公司中，例如医药、烟草、电力和食品公司，而这些公司就组成了市场的“次领头羊”。但是，这类股票很少能经历长期的、大幅度的价格上涨。这种资金流动的发生，可能就是市场进入牛市后期的信号。市场可能还可以在高点维持几周甚至几个月，但这种市场内部正在发生的变化应该引起人们的警示。

跟上节拍

大多数投资者的问题都是他们没办法注意到领头羊达到转折点的蛛丝马迹。为什么？因为投资者在之前的下跌中变得保守了。就在市场达到底部的时候，大多数投资者的投资组合已经因为没有及时止损而遭受巨大的损失。在市场自我纠正后，很多投资者都在忙着想办法挽回之前的损失，或者已经被损失打得落花流水，认为世界末日已经到来。总之，他们都有意无意地回避领头羊股票抛过来的橄榄枝。

同时，领头羊们的股票一般都看上去昂贵或估值较高，这让投资者更加望而却步。领头羊的股票在市场刚刚开始扭转向上的时候就已经率先打破最近一年的价格记录了。没有几个投资者敢于在股票价格仍处在高位时买入。大多数人都只关注市场总体情况而不是对市场中某个领头羊进行具体分析。所以，他们总是在较晚的时候买入股票，持有那些“次领头羊”或者对市场反应迟钝的股票。同时，新闻媒体的误导也会让他们更加分心。在市场处在底部时，他们认为世界末日就在前方；在市场到达顶峰时，他们又会认为此时买入任何股票都可以赚到大钱。如果你只是听取人们的意见而不去研究个股，会对未来越来越疑惑。超过 90%的明星股票都从熊市和市场自我纠正过程中开始出现。你要做的就是在市场下降时持续关注股票，随时做好准备在市场回暖的时候赚取超额利润。

2010 年 2 月 4 日，我购买了 Pharmacyclics 公司的股票，并将其推荐给我们的客户；那一天纳斯达克综合指数刚刚达到新低。但在后面的 48 个交易日里，Pharmacyclics 公司股票上涨了 90%，但同期纳斯达克指数仅仅上涨 18%。不仅如此，事实证明那 90%也仅仅是个开始。在后面的 33 个月中，该公司的股票又上涨了 1500%。

闭锁期

牛市开始时的几个月中，你会看到若干波股票上涨的浪潮，其中价格回调的次数会很少，最多也只有几次短期的、跌幅在 3%～5%的下跌。很多没经验的投资者会在这时等待市场回调，希望趁回调的机会购买心仪的股票。但是，这种事情很难发生，一般牛市一开始就会一发冲天。

一般来讲，市场早期从底部走出时都会伴随几次连续的闭锁期。在闭锁期中，很多投资者都在等待市场回调的机会，希望借机进入股市。但回调并不会发生。相反，强大的需求会推动股价进入稳定的上涨期。结果是，那些投资者就这样被锁在了市场外面。尽管经历了熊市的下跌，如果主要市场指出现超买情况，同时你的“领头羊”列表中公司数目不断扩张，你已经可以基本确定市场走强的时候到来了。如何确定这种上涨是否足够坚实？你应该能看到上涨日子的交易量明显放大，而在下跌的日子交易量明显缩小。更重要的是，你应该追踪领头羊股票价格的走势，从而判断出市场是否已经复苏。

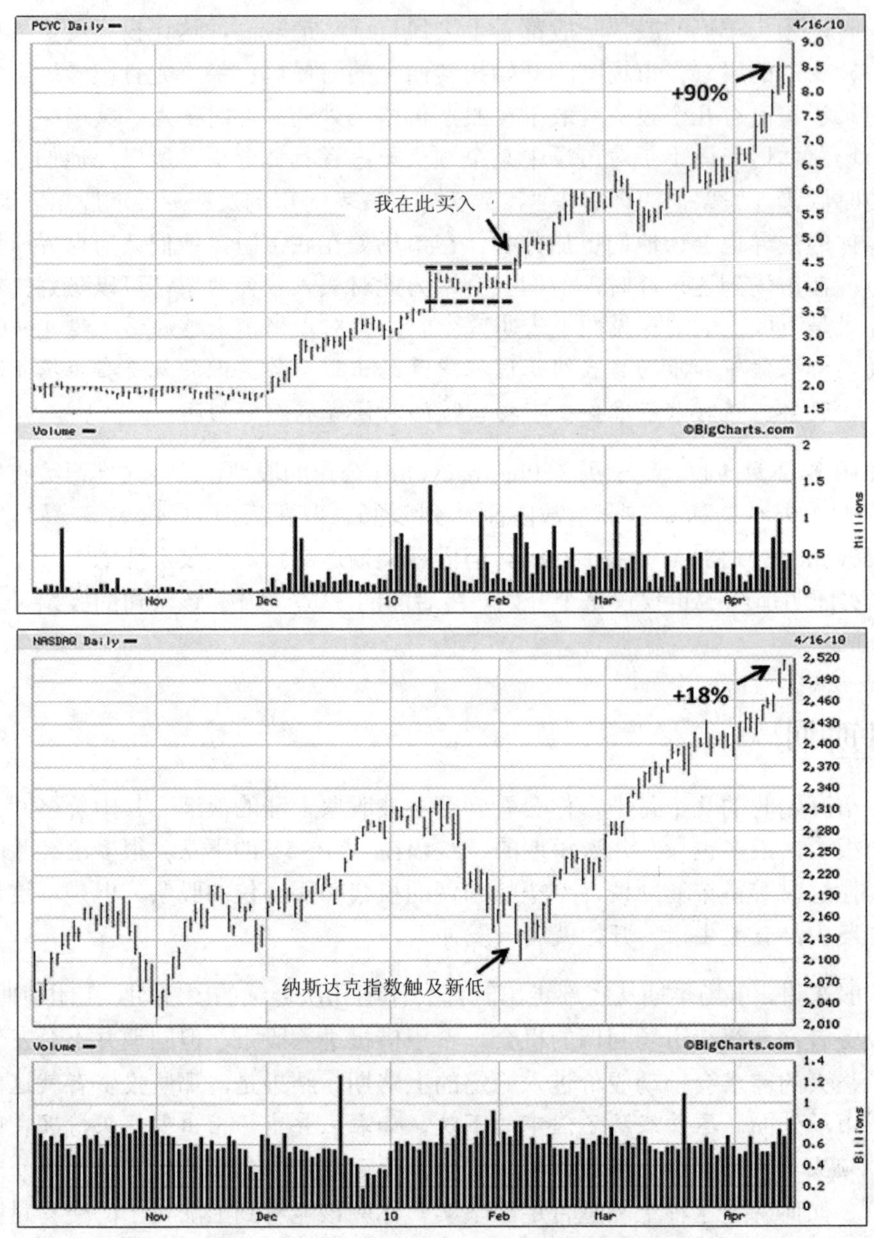

图 9.1　Pharmacyclics 公司与纳斯达克综合指数，2009—2010 年

市场领头羊 Pharmacyclics 公司在纳斯达克综合指数到达低点后开始上涨。它在随后的 33 个月里上涨了 1500%。

另外牛市开始的佐证就是股价创下最近一年新高的公司数量多于创下新低的数量，并且数量显著增加。在这时，你应该根据自己的交易标准选择合适的股票提高敞口。在市场走出底部的早期上涨中，专注于领先公司的股票是非常重要的。有时候你会进入得稍早一些。但只要恪守及时止损的理念，并且上涨的势头真的会出现，那么你只要对投资组合稍做调整就能把握住大部分的机会。

最好的股票率先走出低谷

要想在股市中赚取巨额回报，需要让股市的整体趋势站在你这边。市场趋势是你绝对不能挑战的东西。但是，如果你在选择购买股票时点时仅考虑大市场环境的情况，就会错过很多不断出现的绝佳购买机会。

真正的市场领头羊在上涨前会显示出强劲的相对价格优势。这类股票一般与整个市场的走势相关度较低，它们就像独狼一样自顾自地进入上涨阶段。搜寻这类股票时需要使用与传统的从宏观经济形势开始分析到行业再到某个公司的那种自上而下的分析完全相反的方法。正如我在本章展示的例子中说的一样，很多领头羊股票会在其行业中率先开始上涨，然后由行业带动整个市场进入上涨周期。尽管市场中的很多大赢家都属于某个行业，但以我的经验，他们的股价都在该行业变得热门之前就已经明显上涨。

在领头羊出现相对优势并出现上升趋势的早期，其行业整体可能并没有太多的价格变化。这是很正常的。通常，该行业或行业组中只有一两家公司股票价格会出现上涨趋势。因此，我们需要额外的技巧才能在早期准确地找到这些股票。随着率先上涨的股票价格持续升高，最终整个行业都会显示出强劲的势头。这时，率先上涨的先锋股票大概会有如下两种行为：它的价格可能会继续上升，并不断推高整个行业；或者，它会慢慢退出中央舞台，退到聚光灯后面消化之前所得，该群组会由新的公司带领上升。但是，因为它仍处在热门行业中，其股价上涨的势头仍不会结束。这类股票一般会具有高 Alpha 的特征。在找到明显信号之前，你不能妄下“上涨已经停止”的结论。

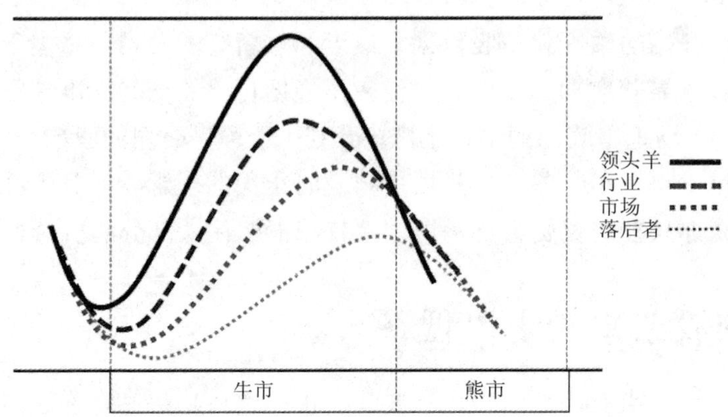

图 9.2　领头羊股票、其所在行业以及行业落后者的"跟随效应"

周期变换理论展示出领头羊、行业、落后者在牛市和熊市中的变换规律。

机会的窗口

市场领头羊是那些快速并且明显增加你的投资组合价值的股票，这些股票是超级业绩的来源。使用从下到上的分析方式找到牛市初期表现相对最好的公司，你已经向着市场大赢家迈出重要一步了。那些在牛市初期 4～8 周内价格不断上涨并屡破新高的股票才是真正的领头羊。绝对不能浪费任何购买机会。

领头羊在市场或行业走强之前率先上涨的例子数不胜数。例如 2001 年，亚马逊（Amazon）先于市场到达底部，给了投资者让资本在随后 12 个月中上涨 240% 的绝佳机会。

市场的领头羊在市场自我修正的中期或熊市的后期上涨速度最快。在股市进入底部的时候，要买入那些恢复速度快、反弹速度快的弹性十足的股票。在漫长的熊市后，试着寻找那些能在熊市中守住阵脚，甚至能逆流而上的股票。在市场不断打破新低时，公司不断将低点提高，成为潜在的领头羊。在市场下跌时仔细研究单个公司新发展新趋势和每股盈利至关重要。反弹最强烈和坚持最久的股票最可能成为下一只明星股。

业绩超常的明星股可以被几种因子触发，包括积极的盈利惊喜、行业监管的变化、政策变化、新合约或独一无二产品的推出。对于医药或者生物科技公司，食品药品管理局对新药或者医疗设备的批准对公司是巨大的利好消息。2009 年 7

月 20 日，一个小型医药公司 Human Genome Science（HGSI）价格在 1 天之内飙升了 270%，但这只是开始。7 个月之后 HGSI 公司股票又上涨了 165%。与 HSGI 相似，2009 年 4 月 19 日 Dendreon 公司股票也在其发布新药后飙升了 200%。11 个月之后，价格继续上涨了 117%。

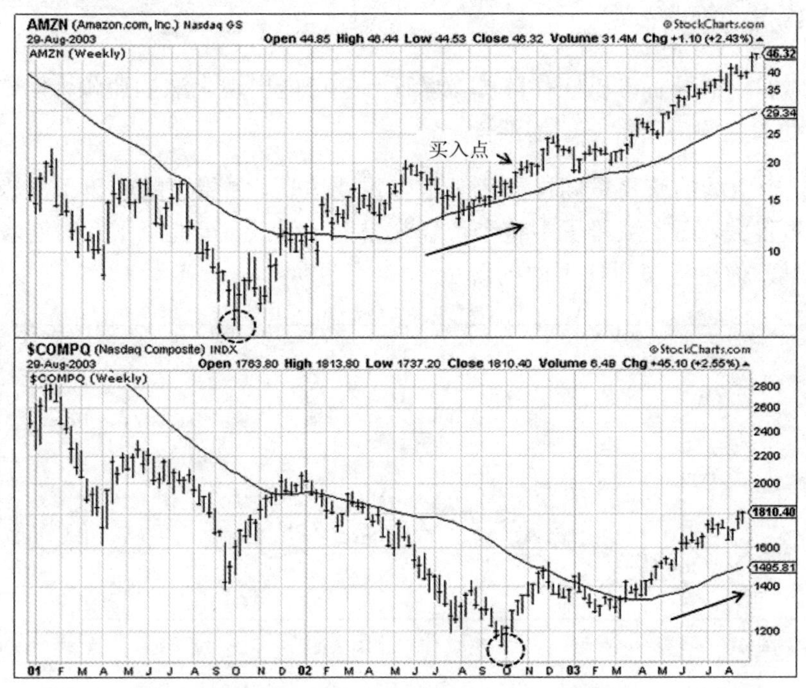

图 9.3　亚马逊公司（AMZN）与纳斯达克综合指数，2001—2003 年

亚马逊在市场转暖之前就进入了第二阶段的上涨，给了投资者足够的入场时间。在之后的 12 个月中，股价上涨了 240%.

1977 年 7 月至 1978 年 8 月间，Humana 公司股价趋势与当时总体市场价格走势形成了鲜明对比：Humana 公司股票已经进入了第二阶段，并刚刚刷新近期的价格记录；同期的道琼斯指数却还没能止住颓势。当整个股市从泥淖中走出来时，Humana 公司股价早已一飞冲天。在之后的 38 个月里，Humana 股价上涨了 1000%。

Humana 股票的一些微妙的迹象可以用来检测到熊市的底部。股市触及底部的信号如下：

1．第一波市场领头羊出现，用阶梯状的股票走势不断提高底部位置，就像Humana的例子一样。

2．振作起来的股票数量增加，原始领头羊进入喘歇期。领头羊一般会上涨15%～20%后进入休息阶段，在此阶段中股票价格有可能出现幅度为5%～10%的下跌。

3．大多数领导者可以守住阵脚。尽管有些可能出现上涨的瓶颈，但你不会看到大量领头羊价格的崩溃。

4．整个市场的交易量同样显示了很多重要信息。如果下跌的日子里市场交易量很大，而上涨日子中整个市场交易并不活跃，可能暗示此时进场为时尚早，你更应该攥住手中的现金。

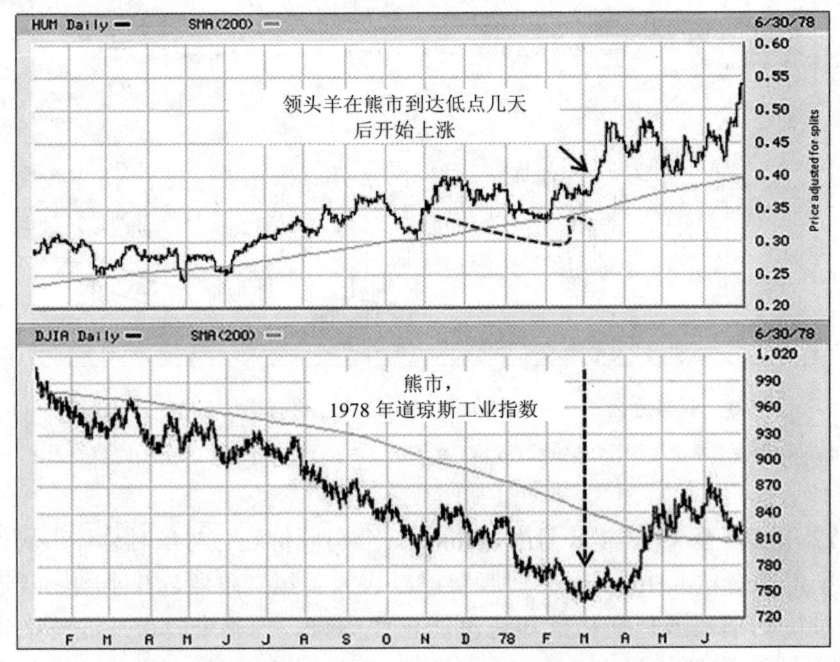

图9.4　Humana（HUM）与道琼斯工业指数，1978年

Humana（数据自1978年开始）给我们提供了一个经典的领头羊诞生的例子，股价在38个月上涨1000%。

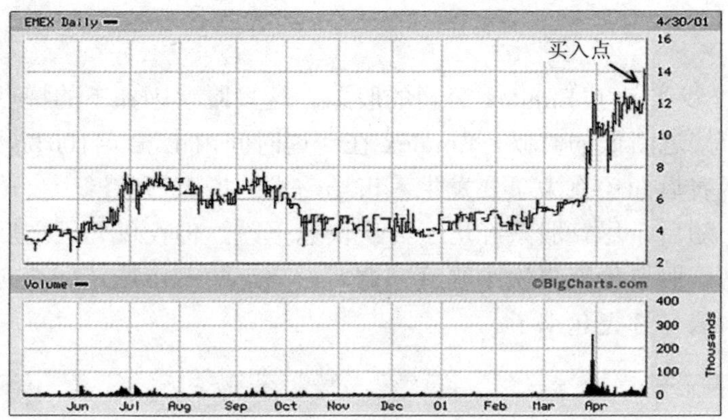

图 9.5　Emulex（EMEX），2001 年

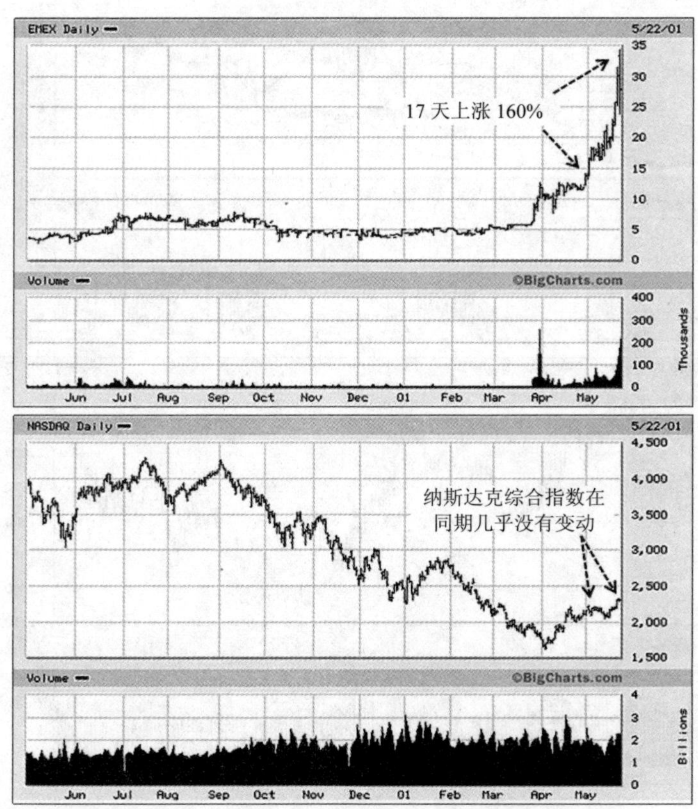

图 9.6　Emulex（EMEX）与纳斯达克综合指数，2001 年

从 Emulex 股价创下新高当天开始的 17 天内，公司股票又上涨了 160%。同时，纳斯达克综合指数在同期仅仅上涨了一点点，几乎可以被忽略。

Emulex

2001 年，我买入了 Emulex 公司的股票。这只股票因如下的特点吸引了我。首先，在股市接近新低的时候，Emulex 在一周时间内上涨了 100%。这种令人惊叹的顽强预示着后面还有大事要发生。市场需求的增大通常源于公司最近的正面消息的公布。随后，尽管股票经历了一次快速下跌，但仅仅几天之后就重新涨回到原来的价格。股票价格再次小幅度回调后，马上随着市场转好冲向新的高位。这时，买入的信号灯亮起来了。

图 9.7　WR Grace 公司（GRA）与纳斯达克综合指数，2004 年

W.R.GRACE（GRA）公司

我在 2004 年 8 月 26 日购买了 W.R.GRACE 公司的股票。那时纳斯达克综合指数刚刚完成自我修正，逐渐上涨。这只股票在随后的 13 天里上涨了超过 40%。44 天后，GRA 上涨了 110%。纳斯达克指数在同期则仅仅上升了 10 个百分点。

图 9.8　Panera Bread 公司（PNRA）与纳斯达克综合指数，2002—2012 年

Panerea 面包公司如火箭般上涨 1100%，但纳斯达克综合指数同期下跌了 80%。

老生常谈的成长周期

通常，在熊市中仍能坚持住的股票都在其盈利周期的上升阶段。这些股票可能受益于稳定的盈利和销售、新产品或者行业积极的变化。但是，股价上涨的趋势可能会被市场的低迷阻断。这会导致股价下跌，但不会出现如其他股票一样大的跌幅。这些股票一般都很有弹性，能很快从低迷中跳出，冲击新的高位。当熊市走到尽头时，处在利润增长周期的股票价格会出现大的爆发，快速上涨。

Panera 面包（Panera Bread）公司在美国股市最具破坏力的一次大熊市中，价格在 26 个月中涨幅达到了惊人的 1100%。同期，纳斯达克综合指数跌去了 80%。这里并非想让你在整个市场低迷时仍专注于某一只股票，Panera 公司明显是个另类。但是，该公司明显展示出利润周期的重要性。

市场领头羊的经典例子

在 1990 年的大熊市中，我观察到 Amgen 公司的股价很少处在其 50 日移动平均线以下。随着市场进入更陡峭的下跌中，Amgen 公司开始了原地踏步。这就是股票保持相对优势、防止剧烈下跌的方式。

每次道琼斯指数创下新低后，Amgen 都能找到价格继续升高的路线，所以它吸引了我的注意力。最终，1990 年 10 月，市场到达了底部。仅仅 22 天之后，Amgen 公司股价达到了最高点。纳斯达克综合指数和其他主流指数都缩水到之前最高点的 25%左右。但是，指数的低迷并没有让我放弃。我开始买入医疗保健股。这些股票仍保持着健康的盈利。市场在修正完毕后开始慢慢上涨，但不论市场如何，Amgen 公司股价都能持续升高。在随后的牛市初期，Amgen 在 14 个月中上涨了 360%。

寻找主题

市场周期中的每一个领头羊都有其独特的价格和交易量特点。但通常，总的市场主题是相似的：在市场下跌时显示出积极价格走势的股票数量不断增大，下一批领头羊就要出现，只等市场转暖。当你看到这种价格变化时，是时候走出媒体和流言的误导，专注研究市场的价格、交易量、利润、利润率、新产品、新趋势了。一只股票一只股票地分析，用你自己的标准寻找机会。大多数时候在一个行业中会有多只股票符合你的标准。你应该根据相对表现和盈利能力持有行业中最好的前几个公司的股票，观察股票在市场中慢慢扩散时股价的变化规律。这能帮你明白在当前的周期中什么策略最为有效。

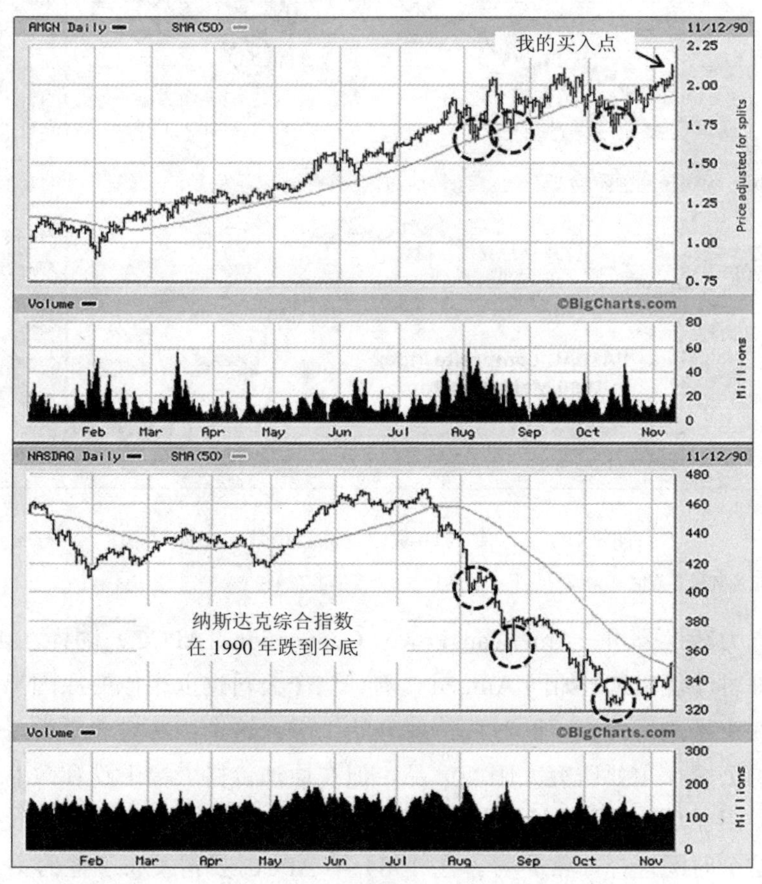

图 9.9　Amgen（AMGN）与纳斯达克综合指数，1990 年

Amgen 公司在整个市场下跌期间表现极为出色。

1990 年，医药相关股票一个又一个地成为市场领头羊。US Surgical，Amgen 这样的股票一马当先，带领着整个市场上涨。这其中的很多股票，在之前的熊市中都已经暗示了它们要在下一个牛市中大步上涨，为其投资者带来丰厚回报。

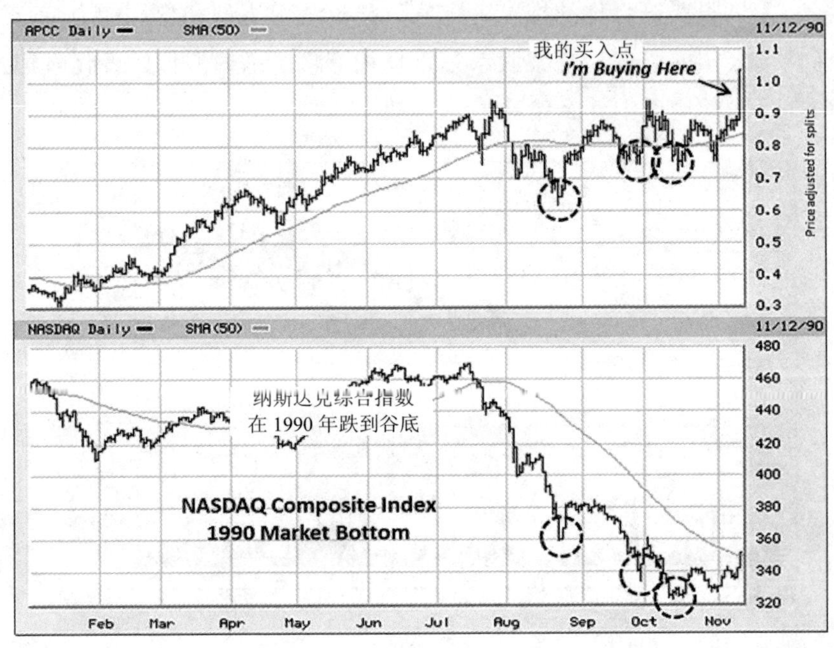

图 9.10　APCC 与纳斯达克综合指数，1990 年

APCC 在市场到达谷底时开始成长，并在随后的 50 个月中上涨 4100%。

美国电力转换公司（American Power Conversion，APCC）同样在 1990 年熊市达到底部时浮现出来。如同 Amgen 一样，这个公司也以相似的原因抓住了我的注意力：在市场刚一停止下跌时股价就开始上涨。这个由麻省理工学院毕业的工程师组成的公司，主要研究太阳能产品，但在原油价格大幅下跌和政府并未公开支持发展太阳能后，公司快速转型研究 UPS（不间断电源），为计算机及工作站提供服务。这个时间选择非常完美。在 1984 年 APCC 公司发布了他的第一个 UPS 模型时，正是微型计算机开始大行其道的时候。1991 年，APCC 发布了价格低于 200 美元的产品，而这第一次打开了个人电脑市场。

与 Amgen 几乎一样，APCC 股价在 1990 年熊市过后马上开始反弹。两只股票展现出几乎相同的价格走势，表明它们之前上涨的周期都受到市场环境的压制。1990 年 11 月 12 日后的 50 个月中，APCC 公司股价上涨了 4100%。

该先买哪只领头羊股票

当你备好现金、就要开买股票的时候，问题出现了：我该先买哪只股票？答案其实很简单，最先买最强的。从市场低迷中走出，我喜欢按照突围的顺序买入股票。你的候选股票中最先应该被购买的应该是第一个突出市场低迷的重围、爆发上涨的股票。让市场告诉你金钱的投向，而不是用你的个人观点帮你做出选择，因为你的观点很少能代替市场的智慧。与市场的判决相比，你的观点微不足道。最先呈现出牛市状态且公司实力强大的股票最有可能成为下一只明星股。

在 2007 年 8 月的低迷中，超卖现象主导着股市，让整个市场下跌到如 2002 年和 2004 年的水平。但我发现基本面走强的公司数量不断增加，某些行业的新股票打破了当前的超卖现象。

同时，之前一周很多市场重要指标也开始转好。市场情绪指数改善，多空比也向积极方向发展。纳斯达克指数涨跌交易量比例为 9:1，纽约股票交易所该指数甚至高达 21:1。

当时市场仍然有可能进入另一波卖出的大潮中。但是，我开始将越来越多的股票列入我的购买名单，并将之前卖空的仓位全部平仓。我的想法是即使市场进入又一次抛售状态，我仍然可以卖出股票及时止损。

当市场触底时，最好的公司股票价格一定被低估最多。当市场进入最后一次下跌时，领头羊会开始慢慢提高其价格低点。带着这个猜想仔细观察价格变化，并随时准备好在股价波动变得过大时砍仓止损。如果更多的领头羊出现并且市场已经开始总体走强，就要准备好将你的止损线设置得更激进一点。

正如后面的例子要展示的，你的目标是寻找最坚强的股票——在熊市中最后一个下跌甚至微微上涨的股票。

图 9.11　Lumber Liqudators 公司（LL）与纳斯达克综合指数，2012 年

Lumber Liqudators 在市场低迷时开始上涨，增幅达到 90%。同期，纳斯达克指数却在下跌。注意看四月和六月公司与市场的分歧。

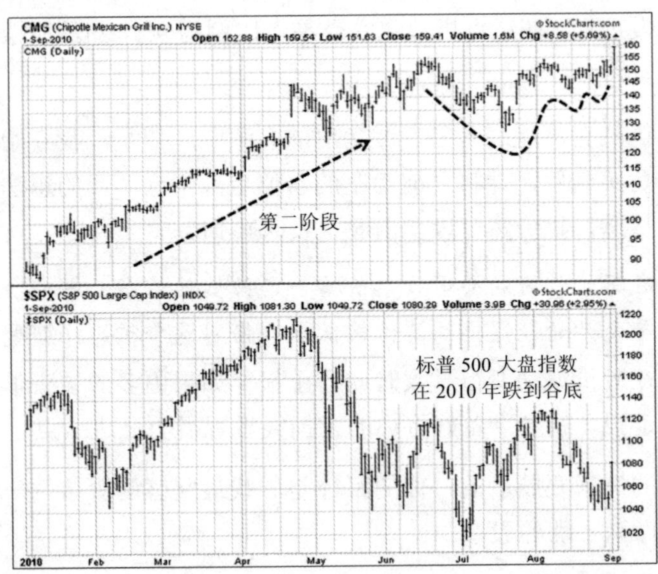

图 9.12　Chipotle Mexican Grill 公司（CMG）与标准普尔 500 指数，2012 年

2010 年 9 月，Chipotle Mexican Grill 不断创下新高，在随后的 20 个月里上涨了 186%。

图 9.13 苹果电脑（AAPL）与纳斯达克综合指数，2003—2004 年

我在 2004 年 3 月买入苹果电脑股票。很快，股票又显示出两个可供买入的机会，之后股价翻了一番。

图 9.14 沃尔玛（WMT）与道琼斯工业指数，1982 年

沃尔玛给了投资者两次购买的机会。他在 21 个月中所上涨了 360%

双刃剑

正如领头羊股价可以向上滚动一样，价格同样可能快速下跌。这是为什么？在一系列上涨或者牛市之后，市场真正的领头羊已经迈开了上涨的步伐。在前期已经进入的聪明的资金会在股价增速有放缓势头的时候就快速撤出。主导产业群的带头公司在上涨后开始的动摇是非常危险的信号，你应该集中注意力查看市场或某个行业是否出现了问题。

大多数股票在进入上涨阶段后都会经历一次相对严重的价格下跌。这是由于部分人取得足够回报后退出或者对未来增速放缓的预期。各项研究及我的亲身经历证明，明星股票将大部分甚至全部的上涨退回给市场的可能性很高。你必须提前制定好遇到这种情况的卖出方案。历史显示约有三分之一的明星股票将其上涨收益大部分甚至全部退回给市场。总体来讲，它们股价跌幅在 50%～70%。在如 1929—1930 年和 2000—2003 年的“后泡沫时期”，很多领先股票跌幅达到了 80%～90%。股票经历这类下跌后很难恢复。即使能成功恢复，也需要 5 到 10 年甚至更长的恢复期。

领头羊能预测未来的麻烦

在股市上涨的最后阶段，相同的领头羊会警示你它们所在的行业群和整个市场已经开始走弱。你的投资组合是你最好的测量仪器。你的股票候选观察名单会在市场步入牛市时带领你进入股市。但早晚，随着股票一只只进入衰退期，或陆续暴露出各种问题，或进入市场衰退前的最后疯狂，你会慢慢卖掉股票从而被迫退出市场。领头羊股票一般会在市场进入分配期的同时到达价格顶峰。一定记得做到“见树而不见林”。

牛市有时候会慢慢形成，但市场底部通常在一次突然下跌中结束，继而开始强劲上涨。当市场指数开始上涨到某个时刻时，领头羊可能会放慢脚步，并逐渐从视野中淡出。新的领导者会冲出重围。随着领头羊表现的转变，指数有时可能会继续上升或者开始剧烈波动，因为在市场中的资金开始慢慢流动到落后的股票中。指数可能因为这些资金的流动成功保持在原有位置甚至能继续上升，但你已经需要非常小心了。当这种情形发生时，真正的投资机会已经过去，盛宴就要结束了。

大多数投资者并没注意到这些微妙的信号，他们已经被牛市中的上涨蒙蔽了眼睛。他们认为，只要道琼斯指数继续向上，少数股票的崩盘不是什么大事。但他们大错特错了。

牛市总会被至少一个行业群和若干子行业统治。在引领牛市的行业中，又只有很少几家公司会吸引机构投资者的资金。机构及市场的极度乐观将这些公司股价推至远高于其实际价值的位置。这样带来的结果就是公司在随后的熊市中更容易出现暴跌。对于持有这些公司时间过久的投资者，最终的结果可能是毁灭性的。

其实，如果无法正确把握进出场时间，买入领头羊公司的股票是风险很高的行为。这些公司在上涨时会一飞冲天，但同样也能极快地跌入谷底。如果没有一个合理的退出计划，你的投资回报很可能会在后面某个时候遭受重创。在乐观时期进入股市，你可以从中攫取巨额利润，但如果你已经错过了最佳时机，就要十分小心了，同样一只股票可以把你带到天堂，也能把你送入地狱。

例如，引领 1998—2000 年大牛市的科技股在 2000—2002 年的熊市中是最失败的股票，即使经历了 2003—2007 年的牛市，价格也仅仅恢复到原来的一半左右。历史上有很多例子都表明一次牛市中的领头羊很少能成为下次牛市的领先股票。金融和地产股是 2003—2007 年牛市的带头者，但在 2008 年，两者都遭受了重创。因此，如果以史为鉴，本次周期中的领导者应该在随后的熊市和下一个牛市中被我们从候选名单中移出。这里需要特别说明：如果领头股票或者行业是在牛市后期转向熊市的时候形成的，它们在有些情况下仍能成为下次牛市的领头羊。总之，下次牛市的带领者通常来源于那些看起来最不可能的领域。跟着领头羊进入股市，你会从这些最让人兴奋的企业中得到不可估量的回报。

学习买入领头羊并避免购入落后者

真正的市场领导者会一直显示出不断提高的相对力量，特别是在市场自我纠正过程中。你应该频繁更新自己的观察名单，将不合格者剔除出去并根据自己设定的标准加入新的候选股。更新你的观察名单不光可以让你随时知晓当前的市场趋势，也能让你对整个市场健康程度保持更敏锐的感知，帮助你专注于最好的公司。随着市场指数开始触底反弹并慢慢步入牛市，激动人心的事情会接连发生。

此时，应该将注意力集中在“最近 52 周新高”名单。很多市场最大的赢家都会在牛市初期出现在这个名单上。同时你也需要关注在股市下跌中表现仍然可圈可点的公司并接近最近 1 年价格最高点（距离在 5%～15%左右）的股票。也要每天打印出一份需要避免买入的股票名单：最近 52 周新低名单。强烈建议远离名单上的每一只股票。

1996—1997 年间表现最佳的股票 95 只股票只要 5 周价格就能上涨 20%。事实上，它们的平均涨幅是 421%。在这 95 只股票中，21 只在仅仅 1 周之内就能增长 20%。这 21 只股票在随后的平均增幅为 484%。1999 年，那些最好的股票很多一周之内价格即上涨 20%，甚至有些在 3 天之内就能完成。所有的这些股票在价格飙升前都曾显示出明显的相对力量优势。

如果市场确实逐步步入底部，越来越多的股票会经历价格纠正并显示出强烈的价格优势。一般来讲，一个健康的股票从最高点可能下跌 25%～35%；在更大的熊市中，跌幅可能高达 50%。超过 50%的下跌一般会被认为是过度纠正。

随着市场下跌，你的观察名单需要有更长的时间跨度。好的股票会在市场继续走低时开始达到新高，而这预示着市场可能已经触底或很快就要触底了。这是一个很重要的猜测。每个牛市都是由一些领头羊带来的。之前牛市的领头羊很少能成为下次牛市的先锋，所以要准备好看到不熟悉的名字。不到 25%的领先公司能继续成为下次牛市的领头羊。尽早熟悉新兴的公司和行业，记得听从股市告诉你的事情，而不是媒体的言语。这些将是你最好的预警系统。

关掉收音机

在市场下跌时，市场上总会充斥着各类预测市场崩盘、世界末日来临的言论。悲观的情绪不断蔓延。不可避免，另外一群被称作专家的人们会开始预测市场底部就要到了。但是，他们从来没能正确预测转暖的准确时间。人们使用各类复杂的理论和技术指标分析市场。恐惧的蔓延和自相矛盾的建议可能麻痹你对即将到来的上涨的预感。更糟的是，媒体的狂轰滥炸可能会让你分神，无法专注于工作。

关掉电视机和收音机，专注于自己的候选名单，等待下一个市场领头羊的出现。将你的注意力放在事实上，并跟随市场中的领头羊。我保证那个带来新产品新科技的公司早晚会出现。历史显示每个牛市中，新的领导者都会出现，取代老的领导者。准备好对市场的快速反应，不要让机会与你擦身而过——记得，准备的时候请关掉收音机。

第 10 章

价值百万的图表

尽管猎豹是世界上速度最快的动物，并能在平原上抓住任何动物，但它在完全确定能抓住猎物之前会一直潜伏等待。它可能在树丛中藏身整整7天，等待正确的时机出现。它在等待一直幼小的羚羊，或者生病或跛脚的羚羊；只有在那时，在它不可能错失猎物时，才会发起进攻。对我来说，那就是职业交易的缩影。

——Mark Weinstein

有效市场假说的支持者认为股票市场因具备了“信息有效性”而可以为参与其中的股票完美定价，或至少接近完美定价。换句话说，他们认为股票价格已经反映了所有已知的信息，并能对新信息的到来一次性快速调整到位，从而使得知道信息的人不具有任何其他人没有的优势。因此，根据该假说，使用市场已知的信息并不能让你的投资业绩高于他人。但是，另外的人则对该假说嗤之以鼻，因为通过价格和交易量分析，投资者确实可以获得部分优势。不必说，我并不同意这个假说。我和其他很多交易者的亲身经历证明了有效市场假说是一个有瑕疵的理论。大多数赞成这个假说的人都没买卖过股票，更不用说什么业绩超常了。可能这个假说只是业绩平庸人的借口，因为他们做不到，所以声称那不可能。但是，成功的投资者都知道，市场并不是有效的。

最终下达买卖命令的是人。但自我、恐惧、贪婪、希望、无知、无能、过激和其他人们常犯的错误都导致我们可能在机会面前做出错误决定。好在，当我们面对机会时，可以使用供给需求图表这个价值连城的工具帮助我们做出正确的决定。图表让我们能看清在股市中买家与卖家间正在发生什么。图表同样帮我们剥去自己的情绪、猜想与冲动，让我们拥有更清晰、更干净的视野。如果你带着这种觉悟使用图表，你会惊喜地发现这些图片描绘了人们做出的所有决定，无论是买家还是卖家。只需要一眼，你就能清楚地看到某个时点市场上正在发生些什么。

用图表帮助分析并没有什么新鲜的。人们几个世纪之前就知道使用图表了。比如，很久以前船长就知道可以通过描绘星座位置找到航行的方向。很多投资者都试过使用图表，但几乎没有人知道如何正确地使用它。正如我之前阐明的那样，人们认为过去的信息无法预测未来。但如果你相信这种理论，你就无法通过联系历史明白当前的事件。

有人认为人不能有效地把握市场机会或股票机会。所有为之付出的努力都将白费，即便是你掌握了更优秀的知识或更及时的信息。我可以用我的亲身经历告诉你，我的成功很大一部分来自于在图表的帮助下我对股票买卖时点的精确控制。很多最好的投资者都使用图表分析。我自己从不会仅仅因为一个想法就做出买卖股票的决定，除非我的想法已经通过图表被证实。首先，我是用表格描绘当前股价的走势。换句话说，我对自己观察名单上的股票使用了技术分析法。然后，我用图表找到最佳的进场时机。

图表能帮助你成为明星投资者吗

图表能给你预测股市未来的能力吗？当然不能。但幸运的是，如果只想在股票市场中成功，你并不需要太多对未来的预测。那些认为需要精准预测股价才能成功的人，大错特错了。老练的投资者将价格和交易量分析作为决定买卖时机的分析工具，他们管理风险，提高盈利的概率。很多最成功的交易员知道股票图表的价值。他们的成功与预测毫无关系。其实，他们依靠的就是对市场足迹的解读和控制自己风险敞口的能力。

将图表当作工具

一般来说，对股票图表的分析（也叫“技术分析”）有三种主流的观点。第一种是最纯粹的方法，仅依赖于对价格和交易量变化的分析。纯技术分析者坚信所有你需要知道的仅仅是这张表格；他们实际上将基本面数据当作没用的信息，认为这些信息早就已经被包含在股价变动中了。第二群人持有另一种极端的观点：纯基本面分析师认为你需要分析的仅仅是公司基本面数据。对他们而言，曲线、柱形图都是没用的。这些人并不屑于分析图表中的数据。

第三群人是技术—基本面分析师。正如名字中显示的那样，这些人将技术分析和基本面分析结合在一起使用。我认为我自己就是他们中的一员。我既使用基本面数据，也分析价格和交易量变化。在做出是否买入股票的决定前，基本面和技术面两者都是需要考虑的重要内容。将两种观点有机结合起来，投资者成功的可能性将大大提高。

结果与原因

很多图表的基本走势规律都是在大萧条时期之前被发现的。你可能会问，如果这些规律在遥远的过去是有效的，那么经过这么多年的重复使用，这种方法不是应该被逐渐淘汰，慢慢走到边缘么？答案其实很简单：图表规律并不是事情发生的原因；它们是结果。供给和需求图形无法指导市场；人们的行为才可以，而人们的行为并没改变，并且在未来也不太可能改变。因此，图表分析仍然是用来分析购买时机的强有力的工具。

现在，信息流动的速度比以往任何时候都要快，交易只需要轻点一下鼠标就能立即完成。但是，这并没有改变人们的本性。本章中我介绍的图表分析法就如本书中的其他内容一样，都是基于我在 30 年的实际操作中所看所想，不断精炼得出的。这些技术不仅可以应用于今天，历史显示它能在未来几十年中继续保持有效。例如，如果我们回到 1927 年，当 RCA 公司就如今天的美国在线（AOL）一样如日中天时，其股价在 18 个月中增长了 721%；或者在 1934 年，当可口可乐公司作为市场领头羊出现后，其价格火速上涨了 580%。股票在进入超长业绩时期之前露出的线索与今天没什么不同。所以，你还能否认价格规律是亘古不变的吗？

我奉献了自己大半生研究明星股票。我能告诉你的是相同的元素，希望与恐惧、繁荣和恐慌，驱使着微软（Microsoft）和美国在线（American Online）股价的波动，让其在 20 世纪 90 年代成为市场的领头羊。实际上今天股价波动的规律与那时一样。对于一个愿意花时间研究的投资者，图表分析与基本面分析一样，都是珍贵的工具。带上所有的工具并将它们结合起来，你在通向明星投资人的路上都会用到它们。

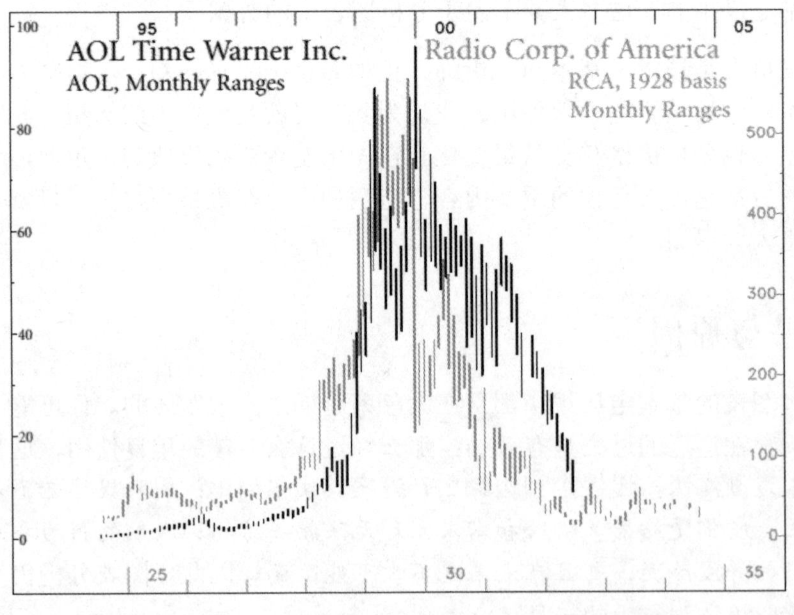

图 10.1　美国在线（AOL）（1995—2005 年）与美国无线电公司（RCA）（1924—1933 年）

趋势的火车是否正点

这些年来，不断有人走进我的办公室，盯着我的电脑屏幕问道：“你怎么知道这些线条的意思？它们看起来太让人费解了。”答案是因为你知道自己在其中正在寻找什么。当我走进医生的办公室并拿到自己的心电图时，我也被这些线条弄得一头雾水。但是一个受过训练的医生通过这张图表就能获得有关你心脏是否有问题的重要信息。同理，在检查股票价格和交易量的图表中，我们也在分析股票是否处在正常状态或者为我们关心的事情分析原因。因此，图表为我们提供了宝贵的线索和很多特定的信息。

价格和交易量分析可以帮助你判断某只股票是否处在积累阶段或者分配阶段（被大量购买或抛售）。它可以提醒一个精明的图表阅读者所出现的极端危险，也可以显示在何时潜在的盈利可能性比较高。但只有一小部分人能有效利用图表这个工具，只有很少的人知道把注意力放在哪里才能取得出色的投资业绩。市场所有最根本的因素都是供给和需求。如果你学会了区分不同价格行为，就能把图表作为一种过滤器，帮助你筛选候选股票，从而提高成功的可能性。*关键就是你不必精确知道股价后面会如何波动，但你需要知道它最终应该走向何方。之后，只需要判断趋势的火车是否能按时正点到达了。*

假设你每天早上乘坐 6:05 分的火车上班。一般火车会在 6:00 到 6:10 分之间进站。但今天，当你低头看表时发现已经 6:15 了，但火车还没有来。你并不会认为有什么异常，可能你会对自己说火车只是有些晚点了。但如果 7 点钟了，火车仍旧没有进站呢？你一定会想一定是路上发生什么异常的事情了。随着时间流逝，你认为发生异常的可能性逐渐提高。你能做出这种合理猜测原因就是你知道什么样是正常，什么应该发生。

当某人识别候选明星股票的特点后，风险就逐渐清晰了。如果股票没有按预期行动，就需要特别注意。但毕竟，股票已经符合了我们之前设立的条件，并且已经表现出了强劲的增长势头。如果这只股票表现得不尽如人意，就意味着哪里出现了问题。有了预期，我们就能知道股价当前行为是否合理或正确。因为你知道它们应该如何表现，当它们并没有按照预期变化时，也能更容易下达卖出的命令。

当务之急

我见过股票新手在使用图表时都在犯着同一个错误：见树而不见林。图表给我们第一个也是最基本的信息就是股票当前的大趋势。我们能在图表中看到股价上涨或下跌的趋势（比如前面提到的，第一阶段至第四阶段）。一旦我们观察到股市已经建立起长期上涨的趋势（第二阶段）并看到某只股票的表现已经开始吸引大众的注意力，不论它是市场领导者，还是刚刚从泥淖中脱离出来，我们都要更加关注这只股票，寻找最佳的购买时机。那时，我们希望找到正确的时刻点击鼠标建立仓位。此时，我们就需要得到图表的帮助。

对于股票图表，我的第一个建议是你需要将它与其他信息相结合。我依据的图表大多数都是以存在并持续的趋势为基础。如果你想将收益最大化，就需要处在上涨行动已经开始的地方，并充分利用它。你应该将自己的选择限制在那些已经显示出有机构投资者支撑的股票上。你并非要做第一个跳上船的人；反而，你要找的是势头已经起来、失败的风险已经较低的股票。为了找到确切的入场时间，我会寻找价格稳固的时机。那时股票上涨出现短暂的暂停，或者股价正从之前的上涨中成功找到喘息机会。但是，投资者经常仅仅因为其图表上显示了很好的价格根基就选择某只股票，他们却没能看到该根基已经暗示着股价即将进入下跌通道中。

仅仅因为图表中的价格根基好而买入一只长期看会下跌的股票，就如同某人在患有毒症时，仅仅因为自己的胆固醇水平较低而认为自己健康一样。尽管胆固醇的指标看起来很好，但他已经病入膏肓了。当前图表中规律需要与股票的长期趋势相结合。如果太早，你就在冒着股票重新回到下跌趋势的风险。如果太迟，在人人都知道该股票并已经买入后，你就要承担股价进入后期之后的下跌风险。正确选择交易的时机，你才能成功把握住获利的机会。

我从不会违抗长期的趋势。我买入处在第二阶段上升通道的股票，并卖出处在第四阶段的股票，就是这么简单。为了能让成功的可能性持续维持在高位，你需要一个系统的方式运作。下面我会一步步教给你具体的流程。流程的第一部分是根据个股图表中显示的当前价格形势过滤出符合条件的股票，并在它们还没被太多人发现前找到价格稳固的时机并买入。但是，图表自己的说服力并不够。因此，不要忘了考虑更长期的画面。俗话说，趋势是你的朋友。如果你违抗它，趋势就会变成你最可怕的敌人。为了增加成功的可能，专注于确定在上涨的股票。

如果股价处在长期下跌中，决不能动一丝买入的念头。

找到稳固期

一旦你识别出一个处在第二阶段上涨期的股票，下一步就是找到能加速股价继续升高的条件：一个适当的根基。注意这里我说的是“适当的基部”，而不仅仅是“基部”那么简单。任何人都能看到股价正在升高，但你需要精确地知道自己在寻找什么。股票稳固的时期开始于休息或者消化阶段，此时前期买入的部分投资者正在卖出股票，将上涨带来的收益变为现金。他们的行为让价格达到一种均衡或纠正模式。好的股票会让纠正期的下跌维持在较小的幅度。之后，股票会继续休息并在之后结合着长期的上涨趋继续上升。大多数时候这种情况或多或少都有迹可循。依据个股最近 3 日甚至多至 60 周的价格历史走势，你会看到很多细微的变化，从而让你有充分根据做出买入或卖出的决策。

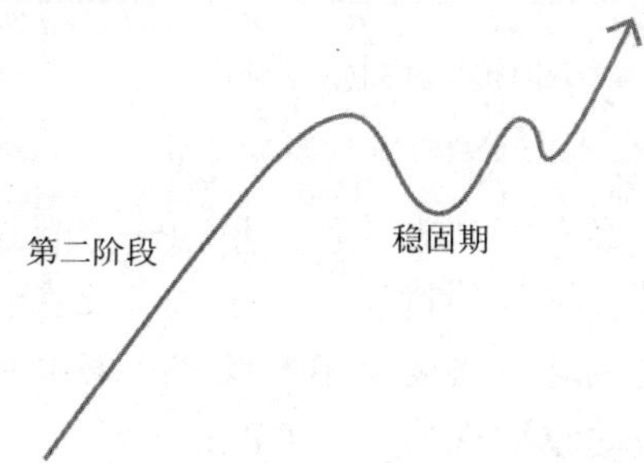

图 10.2　在阶段二中找到适当的价格稳固期，此时是买入的好时机

注：坚持只买入处于第二阶段上涨期的股票。正确的买入时机应该是股价刚刚从稳固期中走出，价格开始上涨之时。

波动收缩规律

大多数投资者都无法抗拒自己的冲动，从而在错误的时间买入股票。我一直被各类人问道是否喜欢这只或那只股票，99%的时候我的回答都是：“我不会在此时买入”。我如此回答的原因是我有一套非常严格的标准，从而让我只有在某些特定的时刻才会买入股票：收益可以弥补风险的时刻。我是怎么找到这些时点的？

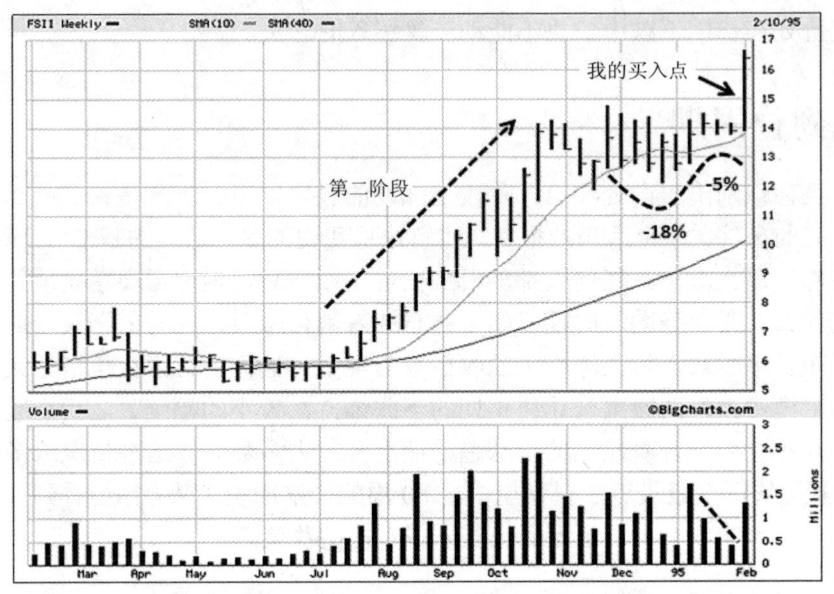

图 10.3 FSII，1995 年

1995 年 2 月，我买入 FSII 股票。它显示出经典的 VCP 规律。之后 7 个月，股价上涨了 130%。

如果我将自己的投资圣经一一列出的话，里面一定有这个词：波动收缩。这是一个我在每一次交易中都在寻找的特质。几乎所有处在积累期的股票都有一个共同的特点，那就是在稳固期其价格波动不断收窄，同时伴随着交易量明显的收缩。我将这种现象称为“波动收缩规律”（VCP）。

VCP 的此处部分显示了市场的供给和需求。它扮演的主要角色是找到精确的进入点。几乎在所有我使用的图表中，我都在寻找波动从左至右的收缩。我想要看到股票的波动性从图表的左侧开始随着时间推移向右不断变小。

收缩次数

1995 年 2 月，我买入了 FSI 国际（FSII）的股票。股票显示出完美的 VCP 特点，并且已经明显进入第二阶段。稳固期持续了 10 周之久，并在该时期出现 18% 的纠正幅度，最后波动性收缩到只有 5%。同时需要注意的是交易量也在那些日子里大幅收缩。我在第 11 周买入了该只股票。之后，其价格上涨了 130%。

在 VCP 中，你通常会看到一系列大概 2～6 次收缩，股票会从开始的高点出现较大幅度的下跌，比如 25%。然后，股价上涨一点，但随后又下跌了 15%。再往后，买家重新回来，股价会被向上推高，最终股价又下跌了 8%。价格波动的逐渐减小，并伴随着交易量的收缩，最终稳固期慢慢结束。

作为投资的第一法则，我希望看到每次价格收缩的幅度都在前一次的一半左右，波动性在第一次收缩时就达到最大值。随后随着卖家数量的减少，价格下跌的幅度会较前一次有所减少，波动性也随之下降。一般大多数 VCP 会由 2～4 次收缩组成，有时也会达到 6 次。这种价格行为构成了一个固有模式，我将其称为 T 型收缩。

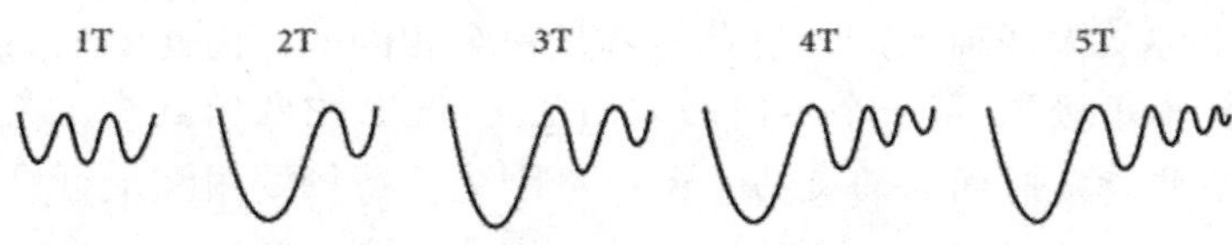

图 10.4　T 型波动收缩的例子

图 10.5　WR Grace 公司（GRA），2004 年

2004 年，WR Grace 公司经历了 3 次 T 型收缩，并在之后价格快速上涨。它在 55 天内价格升高了 147%。

并非所有价格模式都会展现出经典的 VCP 的特征。这里有一些它的变形形式，例如达瓦斯方盒模式或平基底模式。平基底模式中，收缩的幅度并不会有太大的紧与松的变化，其从高点到最低点的上涨、下跌幅度都保持在 10%～15%之间。另一种模式中，股票会经历连续几次的稳定期，并在每次中都经历不同程度的收缩。例如，从 25%纠正到 10%，之后是 5%。这其实就是最经典的 VCP 过程。

技术的足迹

每只股票在经历稳固期时都有其独特的记号。与指纹相似，它们看起来都差不多，但如果你放大仔细观察，没有两者是完全相同的。由此带来的结果我称之为股票的“技术足迹”。第一个不同的方面就是 VCP 中收缩数量、在稳固期的相对深度和在某些特定时间点的交易量大小。因为我每周要跟踪上百只股票，我发明了一个只需要快速回顾我随身的笔记本和每只股票足迹的缩写就能对股票有直观了解的方法。这种方法由三部分构成：

- 时间。股票进入稳固期已经有多少天或多少周了？
- 价格。最大一次纠正中价格下探的幅度有多大，最小的跌幅又是多少？
- 对称。股票在稳固期中经历了几次 T 型收缩？

正如如果我告诉你一个人有 1.7 米身高，体重 70 千克后，你就会对这个人有一个大体印象一样，股票的“测量值”给我其足迹的视觉印象，并帮助我在没看到图表的情况下对其某些关键特征有了初步了解。让我们看 Meridian Bioscience（VIVO）公司，它处在第二阶段中期，其价格在稳固期中波动性不断收缩。Meridian Bioscience 在股价一飞冲天前经过 4 次 T 型收缩。

下面的图表显示了其 4 个波动收缩时期的具体表现，其中虚线分别表示 4 个根基。第一个时期发生在 2006 年 4 月，股价从 19 美元下跌到 13 美元，价格纠正幅度为 31%。股票之后有所恢复但又再次下降，从 17 美元跌到 14 美元，跌幅 17%。这是波动收缩的第一个信号。在第二次下跌后，股票重新上涨。在刚刚超过 17 美元后，股价再次跌到 16 美元以下，但此次跌幅收缩到 8%。此时，我开始对该股票产生了兴趣。

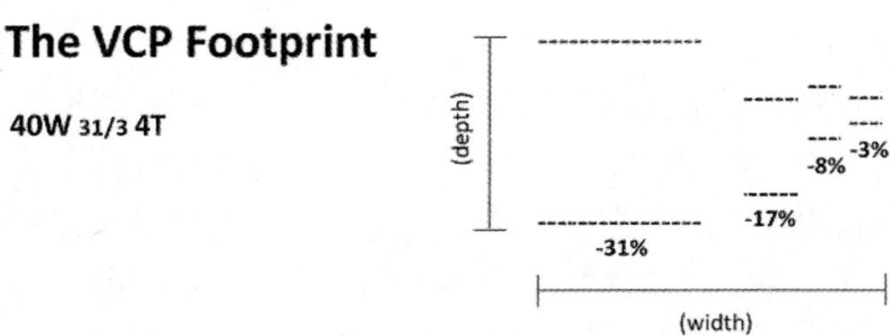

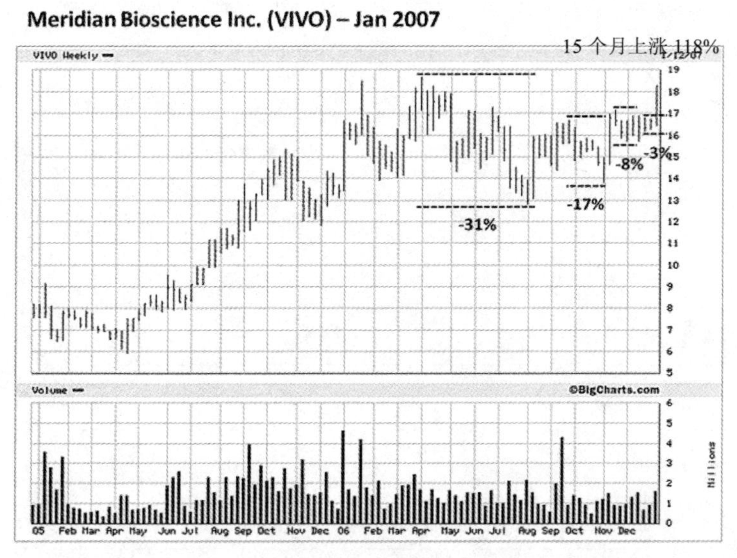

图 10.6　VCP 足迹图及该图的缩写：40 周 31/3 4T

最终，伴随着低交易量，在股票经历短暂的、轻微的、幅度仅为 3%的下跌后，形式开始扭转。这告诉我卖出的投资者已经很少了。在经历 4 次幅度不断减小的 T 型收缩后股价重新被大家的需求推高。2007 年 1 月，我在其刚刚转入上涨模式、交易量开始放大的时候选择了买入，其在随后的 15 个月中涨幅高达 118%。

波动收缩告诉我们什么道理

如果股票处在积累阶段，价格的稳固期代表强大的投资者正在替换弱小者。一旦它们被清除干净，有限的份额供给就会在强烈的市场需求下把股价不断推高。

这种情况被称为“最后的阻力”。每日每周逐渐收紧的价格波动一般被认为是积极的。同时，这段时间应该也伴随着交易量的显著缩小。在某些情况下，交易量会被榨干或者达到自股价上涨以来的最低点。这是一个很积极的事情，特别是当它发生在纠正期或稳固期之后，它在暗示市面上该股票的供给正在减少。处在积累阶段的股票几乎都会显示出这种特点（价格波动收紧，交易量萎缩）。这就是你该开始购买的时候了，我们称这类情况为买入的转折点。一般来说，你的购买行为都应该发生在转折点出现的时刻之后。

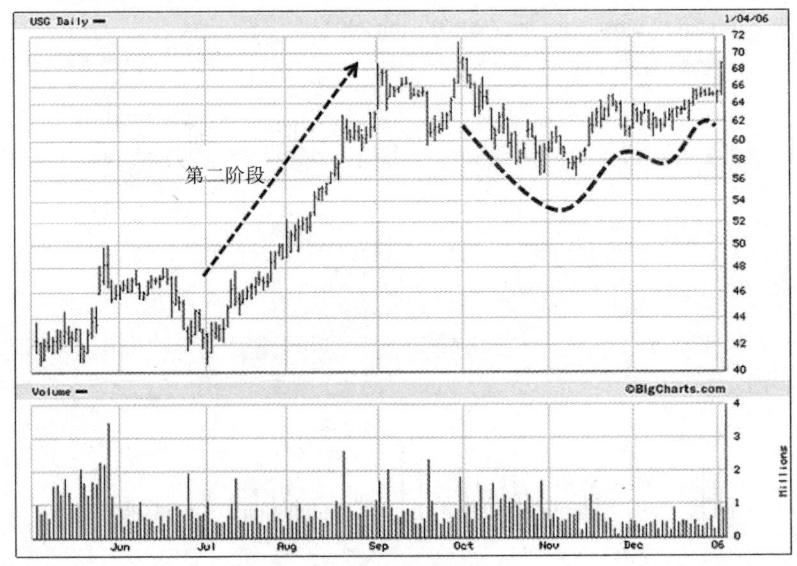

图 10.7　USG 集团

2006 年，USG 集团从之前的上涨中进入稳固期，并形成了 VCP 节奏。

这是一个能让你借助现有趋势成功选择买卖时点的关键概念。在最好的情况下，伴随着波动性的不断收紧，交易量也在某些特定时刻明显收缩。

VCP 概念源于我看到很多人依赖价格表现出的规律买卖股票，但很多人因为忽略了某个重要的元素导致不断失败。我向你保证你经历的几乎每个失败的根基选择都或多或少源于对某些特点的忽视。很多书籍都仅肤浅地介绍了技术规律。如果你并没理解供求力量的影响与关系，简单寻找规律的训练会将你引入歧途。让我们更深一步观察供给和需求的本质和其力量，理解究竟发生了什么吧。

寻找供给

在股票纠正并且价格向下时，不可避免地会圈住一些在前期高点买入股票的投资者，让其经受损失；他们被损失吓坏，满头大汗，寻找价格回升的可以让他们抛售离场的机会。随着他们损失的加剧和时间的流逝，很多投资者的愿望变成仅仅能盈亏平衡。这就造成了过多的供给：投资者都在寻找盈亏平衡点；他们只想在价格回升至原来购买时的高点附近就赶快把烫手的山芋扔掉。

供给另一个来源是另外的一群买家，他们不像被套住的投资者那样经受损失只想找个机会离场。这些人很幸运，在股票还在底部时就已经买入，现在已经积攒了可观的收益。随着股价重新回到高点附近，那些被套牢的买家开始逐渐盈亏平衡，这些已经获利的投资者同样急不可耐地要卖掉自己手中的股份，将收益变现。这些力量都会重新让价格下跌。但如果该只股票的确已经被机构看中，此次价格收缩幅度会较上次减小，部分供给被这些更大的玩家吸收了。当股票划出 VCP 的形状，经历一系列收缩时，这仅仅是供求关系的作用。你应该等到股票成功从弱小的购买者手里过渡到更强大的投资者的过程完成。作为一个需要止损的投资者，你也十分弱小。但成功的关键就是要做最后那个弱小的持有者；你希望在你买入之前其他的弱小者都早已离场逃跑了。

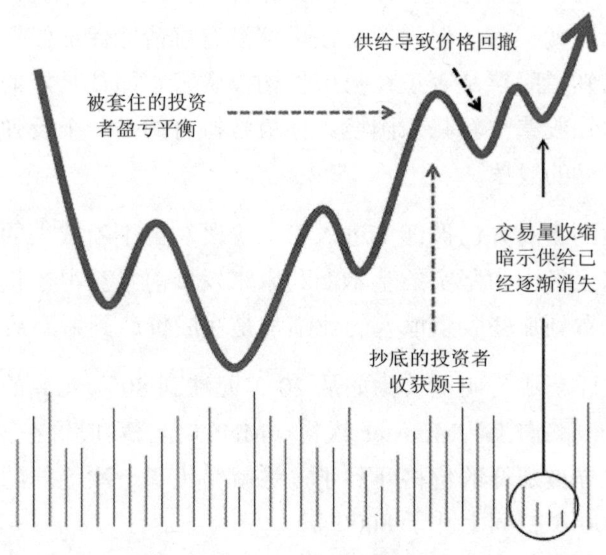

图 10.8　供求动态变化的案例

交易量下降与价格波动变窄一起暗示供给已经逐渐消失。

供给停止继续涌现的迹象是市场交易量明显萎缩，股价变得安静起来。股票的这种属性可以帮助你避开嘈杂的交易，让股票远离公众的视野，从而增加你成功的可能性。如果价格和交易量并没有在稳固期后期安静下来，大量供给继续出现，股票风险升高的可能性在大大升高。

为什么在价格新高附近购买

股市中人们听到最多的一句话应该就是“低价买，高价卖”了。这句话也成为大部分投资者投资行为的写照。当然，很明显你卖出的价格必须要高于买入价，这样才能获利。但是，这并不意味着你必须在价格处于或接近历史低点时买入。市场纠正的频率远比人们想的或预期的要高。一只刚刚创下最近一年价格纪录并处在在新牛市初期的股票可以在婴儿期就成为明星股票。相反，一个处在年内价格最低点的股票也能被不断涌入的供给进一步冲垮。创下价格新高的股票并不需要担忧供给。它会对市场说：“嘿，各位，我这有很多好东西，人们都围在我周围呢”，而创下新低的股票则明显是一个落后者，人们已经对其失去兴趣。

有些人会说：“我不想等到股票符合第二阶段的特征后才购买”。你想早在股票刚刚从低点走出时就买入。但问题是在早期没有事情能保证股票可以成功进入第二阶段。你怎么知道股票是否正在吸引机构投资者？即使是好的开头也会因为基本面不够扎实而让股票重新陷入困境。你最终持有的是一个反弹失败的、待在第一阶段，甚至崩盘的股票。

当股票价格达到新高并已被证实进入第二阶段，由不断放大的交易量支撑起上涨的势头时，它已经因为坚实的基本面和未来发展前景获得了机构的青睐。在后面的例子中你能看到那些股票惊人的业绩都是在股价达到新高后发生的。

唯一能让某只股票成为明星（比如从 20 美元涨到 80 美元）的方法就是该股票反复突破新高，一路向上。Monster 饮料（MNST）公司股价在 2003 年末达到历史最高位。如果你被那样的价格吓到了，你就错失了一次绝佳的机会；该股票在 2003 年末到 2006 年初间上涨了 8000%。

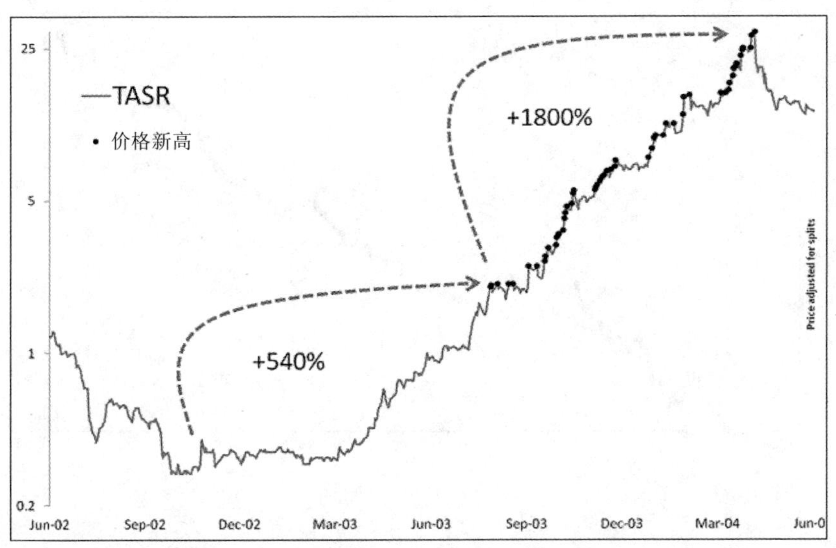

图 10.9 TASER

TASER 上涨 540%达到价格新高后，继续上涨了 1800%。

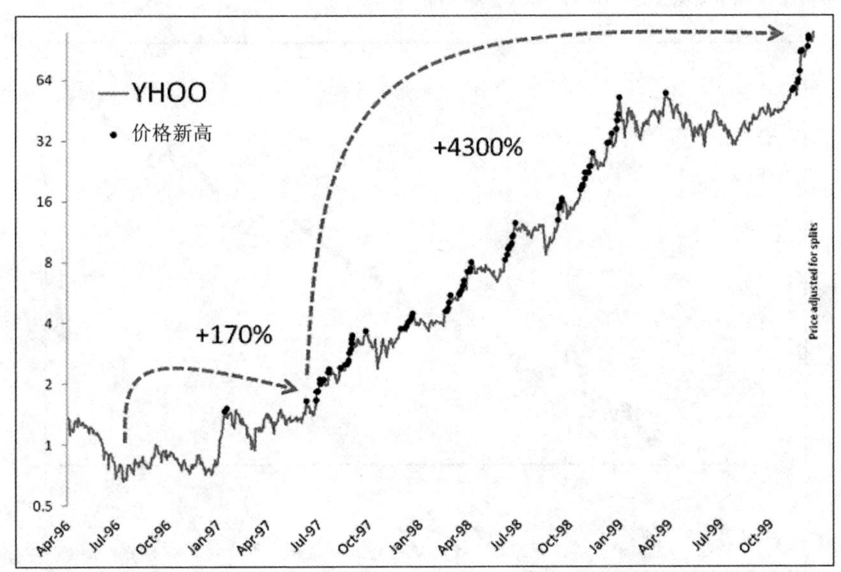

图 10.10 Yahoo

Yahoo 上涨 170%价格达到历史新高，之后持续上涨了 4300%。

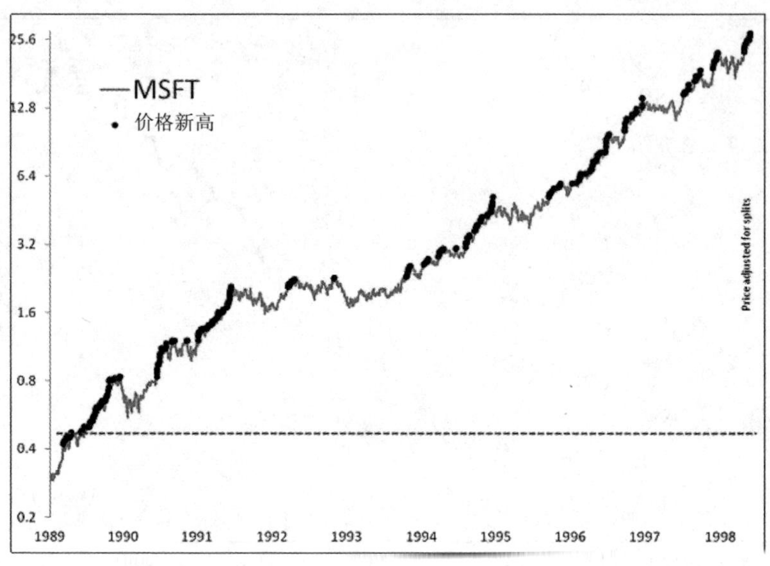

图 10.11　微软公司

从 1989 年股价创下新高开始，微软股票翻了 54 倍。

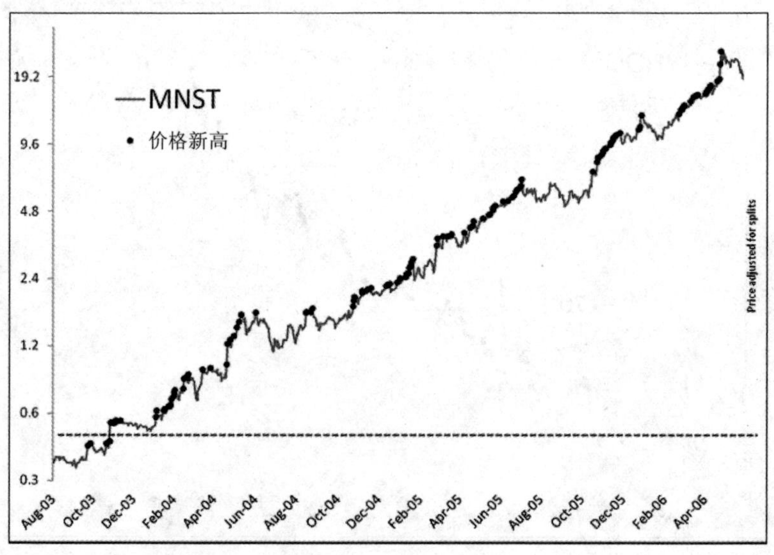

图 10.12　Monster 饮料公司

Monster 饮料公司自 2003 年 8 月以来股价上涨了 8000%。

深度纠正模式——失败的前兆

当股票快速下跌时，很可能暗示着公司或者行业出了某些问题，甚至可能新的熊市就要到来。你不能在此时因为股价从最高点下跌 50%甚至 60%而认为股票价格便宜值得购买。首先，这种下跌很可能意味着公司基本面出现了某些问题。其次，即使目前基本面状况尚可，股票被抛售一定会导致大量的供给：股价下跌得越多，被套牢的投资者越多。最后，股价跌幅越大，潜在的准备在价格上升后将投资收益变现的人会越多。在主要的熊市的下跌中，有些公司股价跌幅高达 50%，并且仍有继续下跌的趋势。*我几乎从不购买价格下跌超过 60%的股票；如此剧烈的跌幅一定暗示公司有了某些严重问题*。如果你专注于纠正幅度最小的股票，你会更加成功。一般的，我们应该对下跌幅度超过市场跌幅 2 到 3 倍的股票敬而远之。

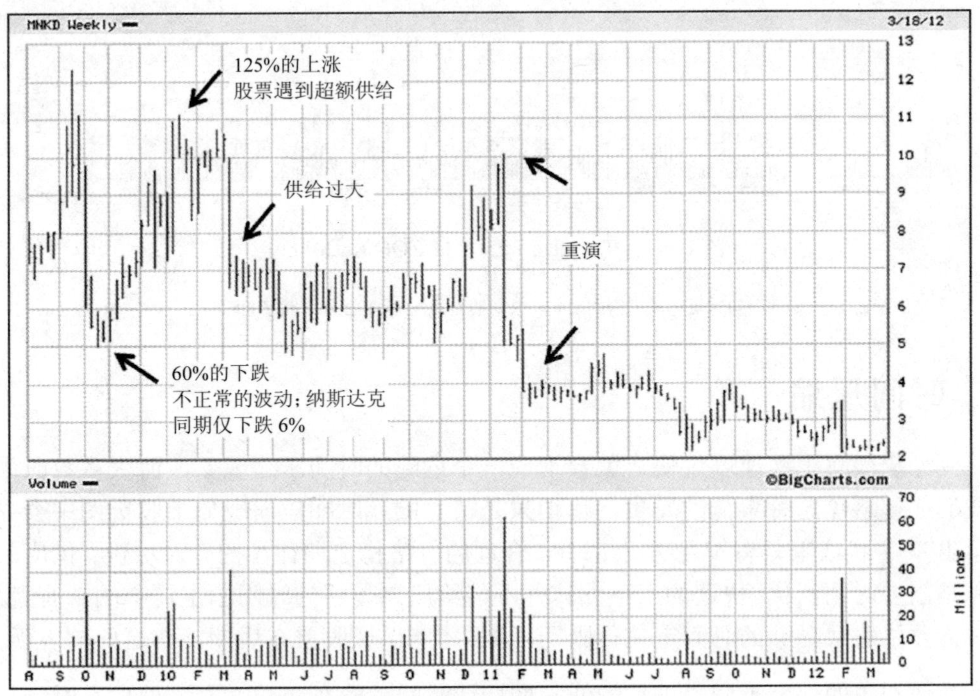

图 10.13　Mankind 公司（MNKD），2009—2012 年

Mankind 公司连续上涨并回到原来的高点后遭到大幅抛售，股价快速下跌。之后的一年，同样的事情又发生了。

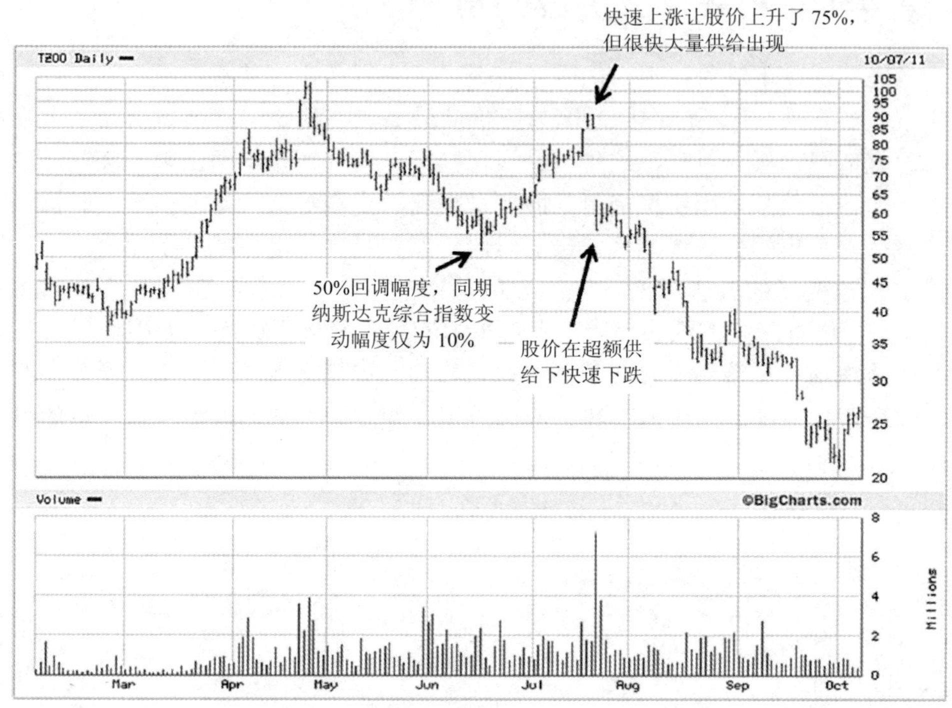

图 10.14　Travelzoo 公司（TZOO），2011 年

巨幅纠正让 Travelzoo 公司饱受超额供给的影响。公司股价在随后的 12 周下跌了 80%

时间压缩

如果股票上涨速度过快，就会形成一个危险的时间压缩现象，而大多数时候我们应该避免这种事情的发生，哪怕只是暂时的。时间压缩现象中股价图中会显示出 V 字状或者只有 V 字左半部分。合理的价格稳定期往往拥有对称性；供应的积累需要时间消化。快速的上下回转并不能给股票足够的时间驱走弱小的持有者。你需要给股票足够的时间走完稳固期，这样才能保证股票在后期能有更好的表现。

依纠正的深度不同，正常的低谷期持续时间可能在 3 周左右，但也有时能长至 65 周。使用 VCP 的理念看待价格走势，你找到供给正在逐渐消失，价格就要稳健增长股票的概率将大大增加。

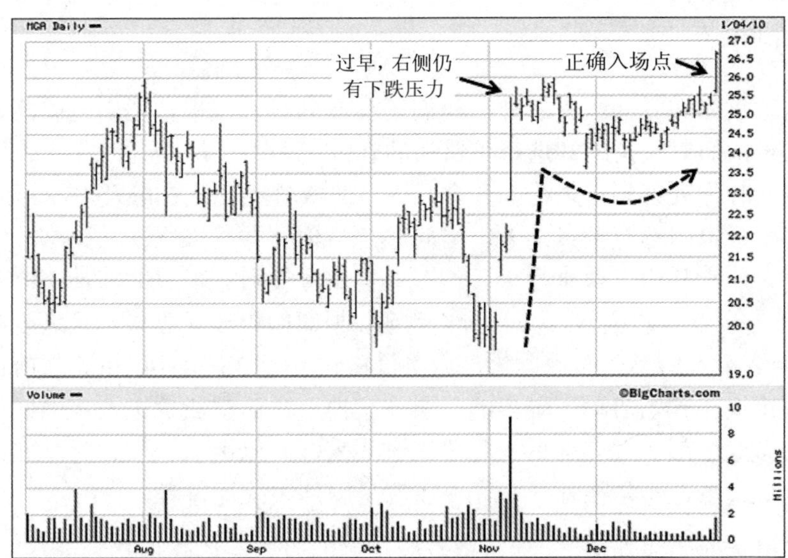

图 10.15　Magna 国际（MGA），2010 年

2010 年 11 月，Magna 国际股价在下跌后经历了一轮快速上涨，但上涨之后又等了若干天，最佳购买时刻才到来。之后 3 个月，价格上涨 140%。

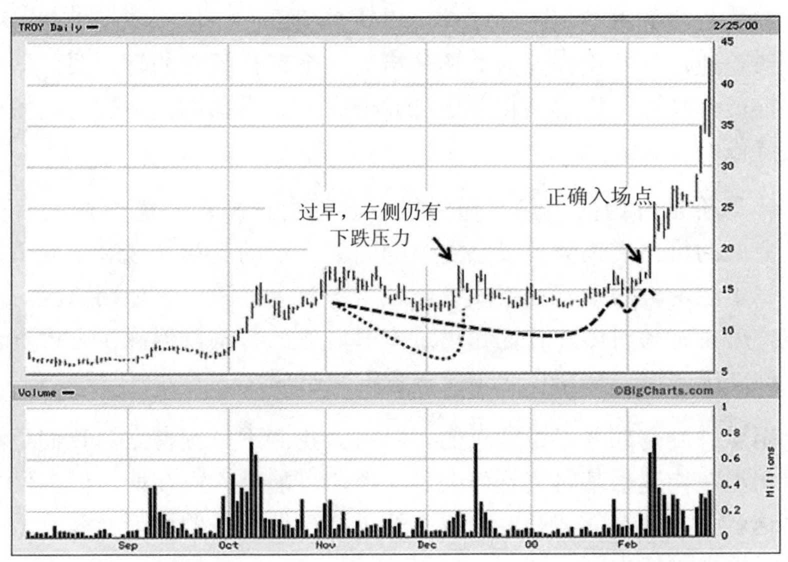

图 10.16　Troy 集团（TROY），2000 年

Troy 集团需要一段时间走完稳固期。之后，其股价在 14 天中上升了 146%。

震荡期

除波动收缩和时间压缩之外，我们还会看到股价在根基期出现震荡。我们经常一次又一次面对震荡期却选择了错误的仓位。假设在40美元时你买入了一只股票。在买入时你观察到在之前的几个月中，股票曾经几次在触及35美元后反弹。可能在那个价位附近有护盘的人。但问题是，你并非是唯一注意到这一点的人。时刻记得，你看到的东西市场中其他人也都能看得到。最可能的是，所有人都在35美元下方设置了止损线，一旦价格跌破35即抛售该只股票。该只股票在你以40美元价格买入后不久即遭抛售，这次价格跌到了35美元以下。之前你和其他人设置的止损线开始启动，更多的股票被卖掉，从而将股价进一步砸低。之后，当卖出的命令全部执行完毕后，股票扭过头来，开始上涨。但此时，你已经不在船上了。听起来是不是很耳熟？你现在就是震荡中的受害者。

为了提高你的成功概率，你希望看到更多的股票在构建根基时价格不断震荡。因为震荡期同样可以赶走很多弱小的投资者，从而能让后期的上涨持续更久。记住，作为一个需要使用止损来控制风险的人，你自己也是一个弱小的投资人。换句话说，你可能在价格稍有下跌的时候就卖掉股票，以防其价格进一步回撤，造成更大的损失。我并不是想让你放弃止损这个原则，止损制度是十分必要的。但是，不可避免地，好的止损习惯会让你错失某个正在震荡的好股票。但只要你在买入股票前做好功课，了解到相关信息并研究了该震荡期，你被扔出船的可能性就会大大降低。

那些懂得价格行为的消息灵通的投资者都会选择观望震荡期之后再买入股票。根基完成的价格震荡会使股票更为稳固。主要的支撑区域对于业余投资者来说貌似一目了然，但对于职业投资者，这里却布满了陷阱。如同雷区，这里布满了止损线，准备好随时爆炸。这超出了本书讨论的范围，但确实有投资专家擅长让股价跌破支撑区域，从而将业余投资者剔除出局。

不要困惑；震荡期并不是购买的好时机。我们不是预言家，我们是翻译者。如果股票明显在构建根基时突然失去了支撑，可能进入震荡期，但也可能从此持续下跌。这就是为什么你需要看到震荡结果后再做决策的原因。震荡后股价可能开始上升，但也可能出现下降。

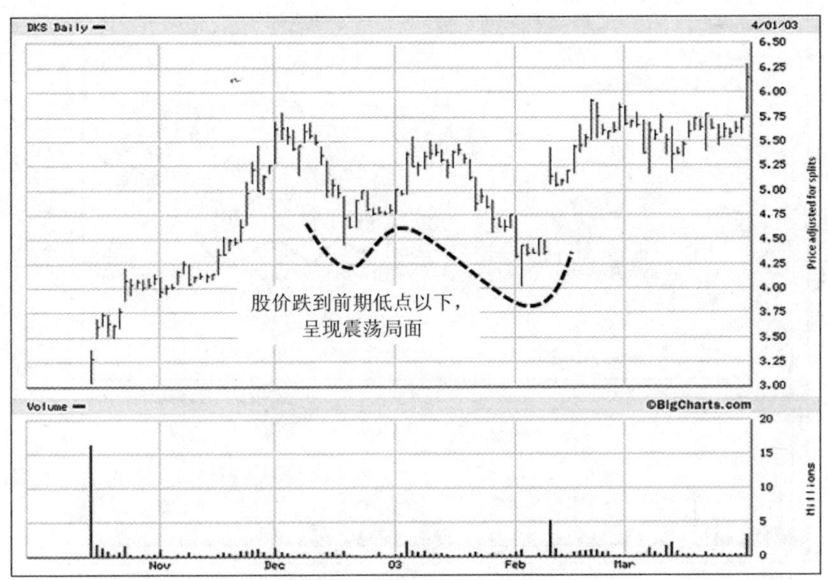

图 10.17　Dick's 体育用品（DKS），2003 年

2002 年 12 月至 2003 年 2 月，Dick's 体育用品公司经历了剧烈的震荡期。

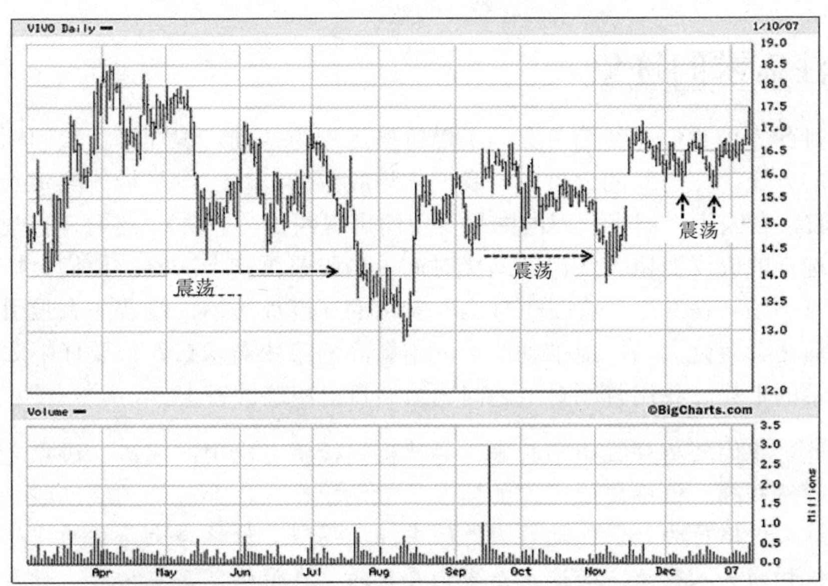

图 10.18　Meridian Bioscience（VIVO）公司，2007 年

Meridian Bioscience 公司出现了几次震荡期。

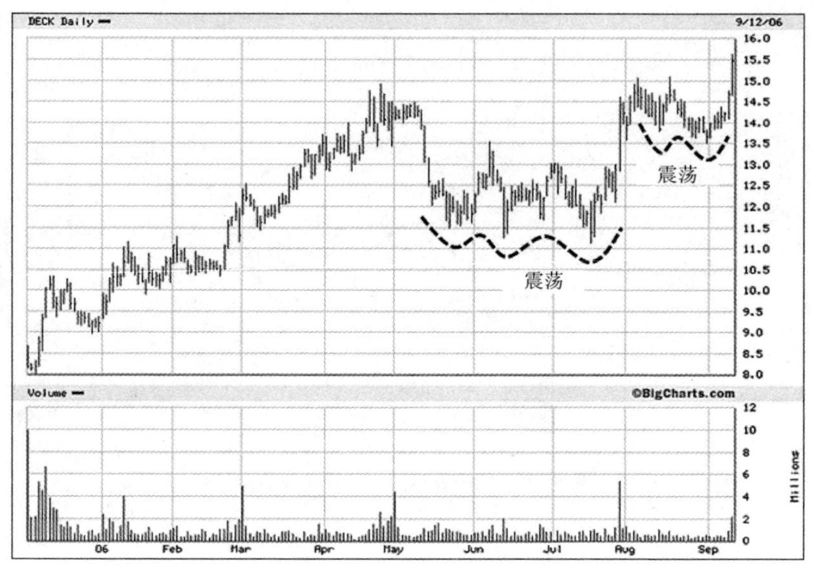

图 10.19 Deckers 户外用品公司（DECK），2006 年

Deckers 户外滑落到低点并在谷底和谷底右侧不断震荡。

关注需求的迹象

到目前为止我们已经简单介绍了以价格足迹为基础，识别符合我们标准的候选股票的方法。在之前的分析中，我们知道股票的第二阶段是最佳的买入时机。之后，股票会因为人们将获得的回报变现而出现纠正（下跌）。这时，有些人会因为时机选择的失误而错过卖出的最优时间。当股票再次上涨时，他们会抓住下次机会脱身离场。在此之后会发生什么？卖出的速度放缓后，股票还有吸引力么？抛售之后还会有强大的，能推动股价冲击新高的市场需求么？只要仔细观察价格和交易量的走势，我们就能对上述问题给出自己粗略的答案。

在此，我们要将视线集中起来，寻找机构投资者出现的痕迹。迹象之一就是价格的骤然升高。价格拔地而起的情况一般发生在纠正期股价的底部或是纠正期后期。这类价格行为一般伴随着突然放大的交易量。价格与交易量的突然升高通常暗示机构的买入行为，而这正是我们寻找的。在价格震荡完毕后，股票交易量重新不断加大释放出良好的信号。

一只股票价格可能会经历几次猛然提高，在价格图上留下一个个断层。价格断层描述了股价突然明显并连续高于或低于前期价格。它很容易在开盘时被观察到，但那些交易并不活跃的股票，在交易时间内也偶尔会发生。断层发生时经常伴随交易量的增大。向上的价格断层可能源于正面的新闻，比如高于预期的利润或行业利好消息。最好的是，断层产生自公司基本面转好从而带来的巨大购买需求。很多时候，价格断层也会出现在每周价格图上。你要做的就是判断股票是否已经被机构投资者购买。

后面的价格图显示了 Meridian Bioscience（VIVO）股价在一开始时不断走低，并在 5 月达到一个低点。在 7 月，该低点再次被突破，价格进一步下跌。但在那之后，股票重新上涨。在一次短暂的回调后，出现了一个明显的价格断层。断层的发生伴随着放大的交易量，反映了走强的需求。随着 9 月的抛售触发了另一次价格震荡后，股票在 10 月进入了整理模式。注意整个价格结构是如何不断变窄的：巨大的需求产生了价格断层，之后是伴随着低交易量的价格回撤，随后在底部出现几次震荡，最后价格的收缩显示了股票又进入了新的积累期。尽管随着价格波动趋窄，股票还是又经过两次不明显的震荡，为后期上涨打下更坚实的基础。记住，未来价格持续升高是很多因素组合在一起共同作用的结果。

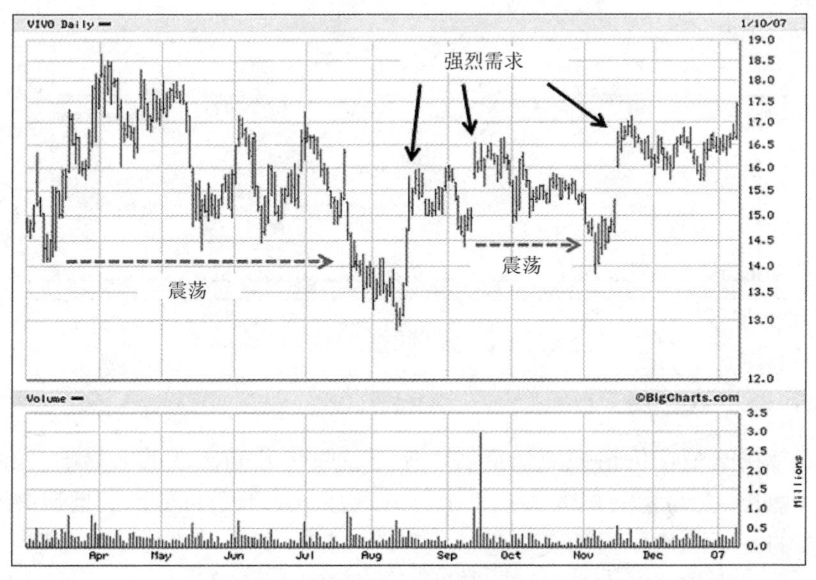

图 10.20　Meridian Biocsience，2007 年

Meridian Bioscience 在强大的市场需求下冲破低点，并在右侧构建基底。

伴随着交易量高涨，价格的突然升高预示着机构正在大规模买入。同时，你也会看到股价突然下跌的情形不断减少。换句话说，上涨日子的交易量必须远高于下跌的日子。

在经历了 12 月份的价格低谷后，Dick's 体育用品公司的股票重新开始上涨，交易量也猛增了很多。注意在 2 月价格断层出现时，股票交易量也达到了自公司上市以来最高。但是，这些行为仍不能支撑我们做出购买的决定，因为股票还没有经历完 VCP。但在后面，一旦 VCP 完成，股票就可以成为我们的购买候选了。Dick's 体育用品股价在此之后不久开始升值，价格在 54 个月中上涨了 525%。

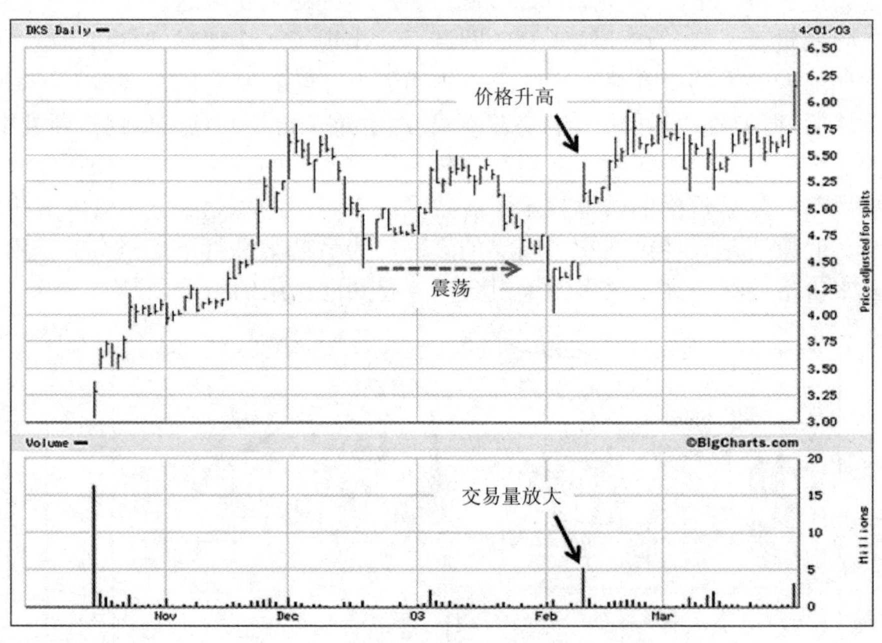

图 10.21　Dick's 体育用品（DKS），2003 年

在摆脱 12 月的低点后，Dick's 体育用品在巨额交易量支撑下复苏，明显有机构支撑。54 个月，股价上升 525%。

我们寻找的是在价格突破低点后，伴随着股价升高出现的明显的、高于平均的交易量增长。交易量突然放大几百个百分点甚至上千个百分点的情况并不少见。我们需要的是上涨日子里的交易量放大频率与次数高于下跌日子。上涨日或上涨星期总交易量增长，并在价格回撤日中交易量收缩，这是另一种股票正在被机构买入的信号。在你买入股票前，最好能确定该股已经有了这种特性。

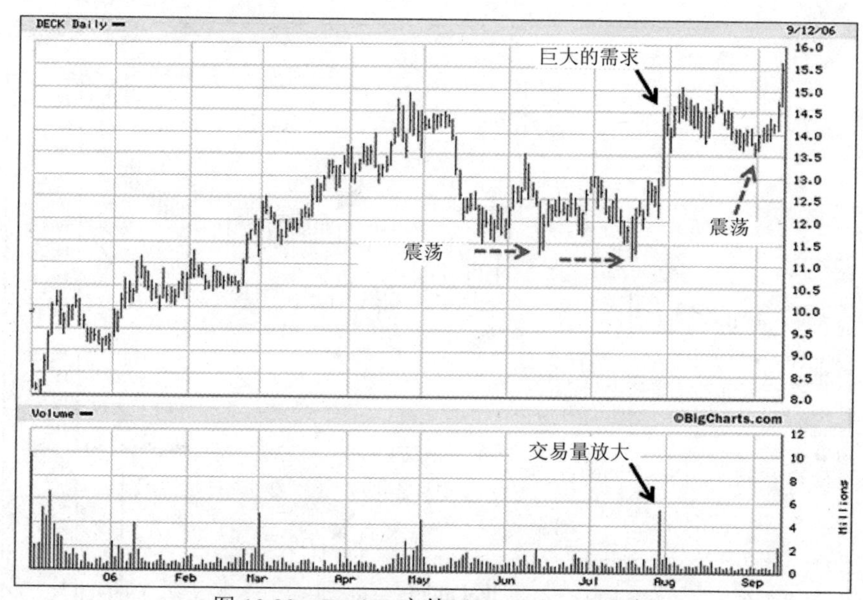

图 10.22　Decker 户外（DECK），2006 年

在低点震荡两周后，价格与交易量同时开始放大。

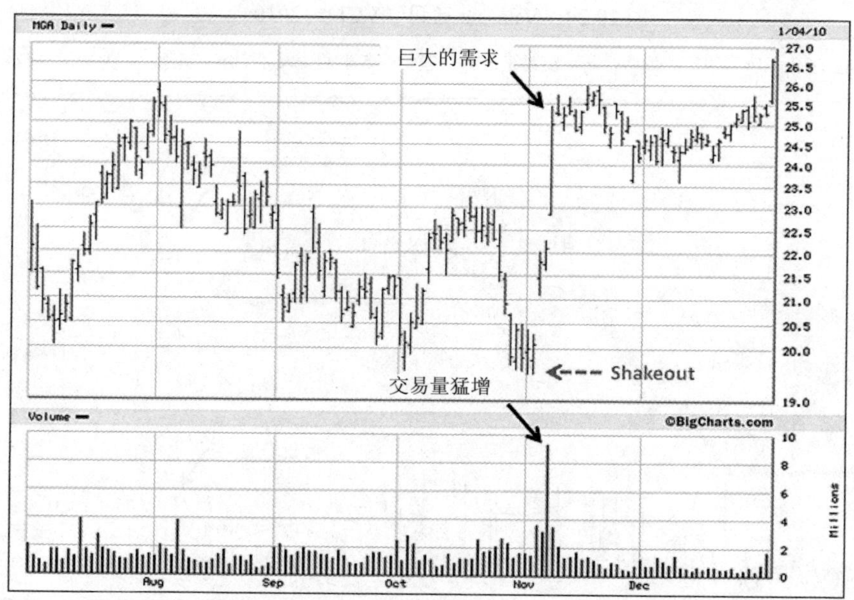

图 10.23　Magna 国际（MGA），2010 年

在 2006 年 11 月震荡期发生后，公司股价伴随激增的交易量，暗示股票已经在被机构逐渐买入。股价在随后 3 个月中上涨 140%。

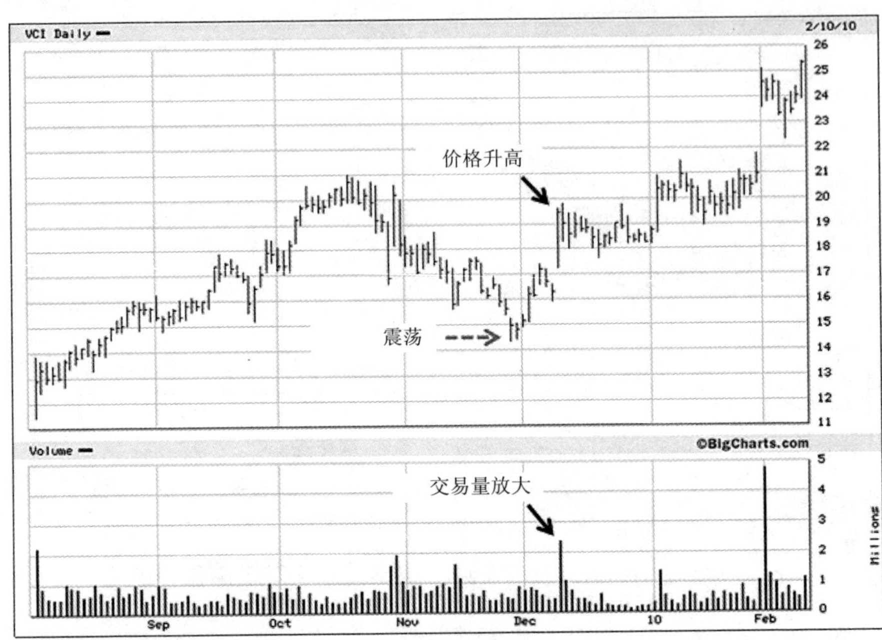

图 10.24　Valassis 通讯（VCI），2010 年

Valassis 通讯经历了明显的价格升高与交易量放大。股价在 5 个月上涨了 80%。

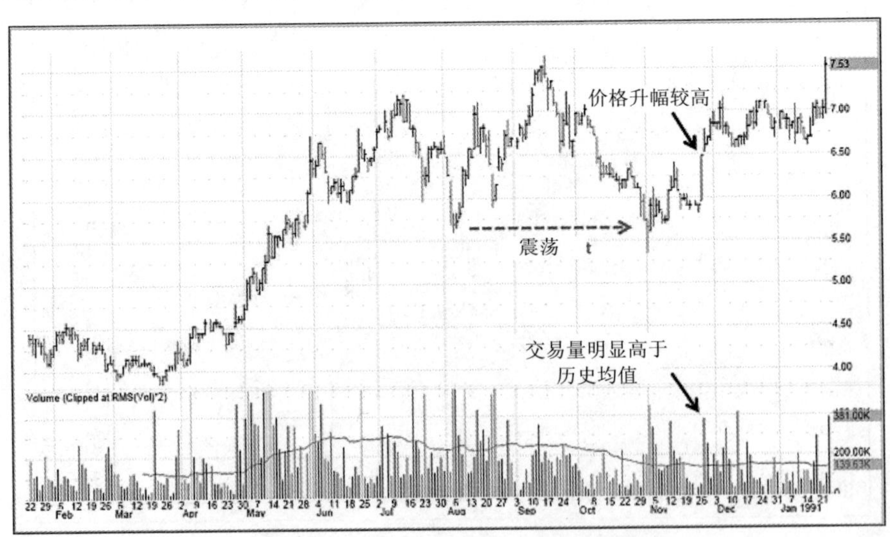

图 10.25　Elan PLC（ELN），1991 年

Elan 在从价格底部冲出后，交易量明显升高。其在 12 个月中价格增长 152%。

稳固期前价格的突然升高

通常在股票进入纠正期或稳固期之前价格会有一次突然的升高。有时它会伴随着新闻到来，并让股票在此之后进入长期的回撤期（下跌）。在市场纠正期间，这种事情尤其容易发生。Cirrus Logic 提高了其下季度净利润的预测，将数值提高至稍高于公众预期的水平。这让股票价格突然升高了一下。但在随后的几天，整个股市开始了自我纠正。这让 Cirrus 公司股票遭到暂时的打压，价格从最高峰下跌了 23%，这个跌幅为市场跌幅的 2.3 倍，但仍在我们可承受范围之内。市场一到达底部，Cirrus 股价马上开始升高，并成功构建了根基。Cirrus 公司在股价重回年内最高点后，依旧保持上升，在随后的 4 个月中又上涨了 162%。

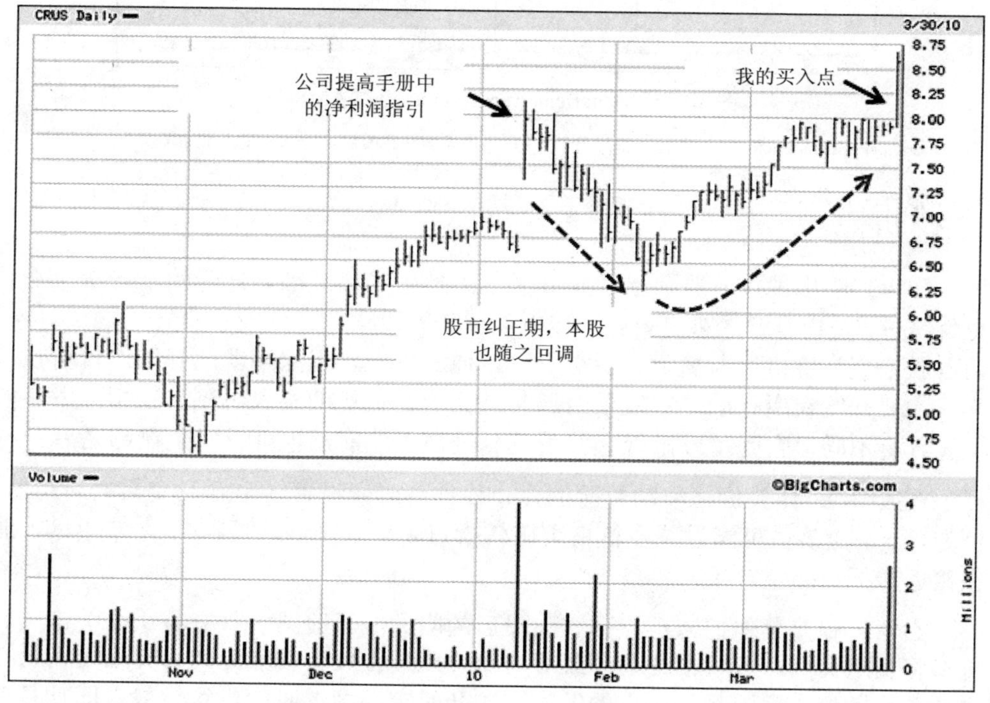

图 10.26 Cirrus Logic 公司（CRUS），2010 年

Cirrus Logic 公司提高了手册中净利润预期，但股票很容易出现回调。随着整个市场纠正完成，该股成为新的领头羊。

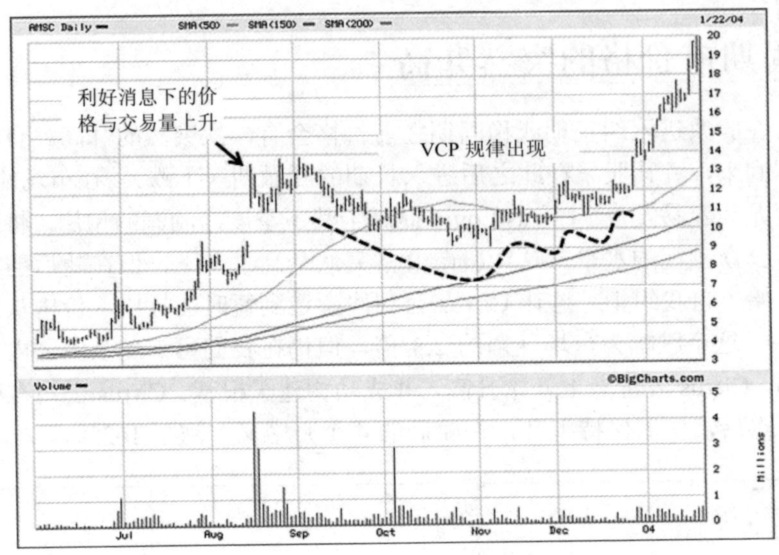

图 10.27 American Superconductor（AMSC）

American Superconductor 公司经历一番经典的 VCP 消化了利好新闻后，进入长期上涨通道。

转折点

转折点的出现代表股票已经完成了稳固期，并已经准备好开始下一次上涨。也就是说，在根基已经被打好后，转折点意味着股票已经变成了良好的购买对象。随着股票交易价格逐渐高于转折点价格，通常下一轮上涨期就此开始。转折点呼唤我们要开始有所行动。它发生时通常被认为是最优的买入时刻。转折点发生的位置各有不同，它既可以出现在股价达到最高点之前，也可以发生在那之后。

在股票稳固期，价格波动暂时的停止让你有时间设置一个开启交易的启动器。例如，一个交易员可能设置在价格突破转折点时买入 1000 股股票。你希望尽可能在接近转折点的位置买入股票。

杰西·利弗莫尔把转折点形容为最后的阻力线。股票一旦突破这个关键点，价格将飞速升高。*当股票突破了最后的阻力线后，股价在短时间内大幅升高的可能性是最高的*。原因是转折点的发生表明此时市场中该股的供给较低，即使是一点需求都能将股价推高。

下图为 Mercadolibre 公司（MELI）的股票价格表，我把这个表简化为 6W 32/6 3T，意思是该股票已经在价格底部 6 周了，并且以 32%的波动幅度开始纠正，最终震荡幅度缩减到 6%。在 11 月，股票经历了震荡期并且震荡幅度不断缩窄。同样需要注意的是，最后的收缩完成时股票交易量已经缩小很多。在经历转折点短短 13 个交易日里，股价就已经升高了 75%。

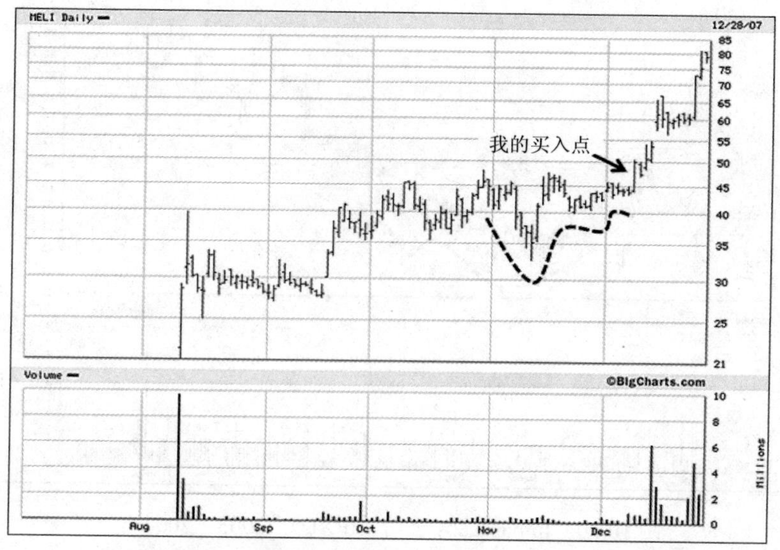

图 10.28　Mercadolibre 公司（MELI），2007 年

2007 年 12 月，Mercadolibre 公司出现转折点，股价在 13 天内上涨了 75%。

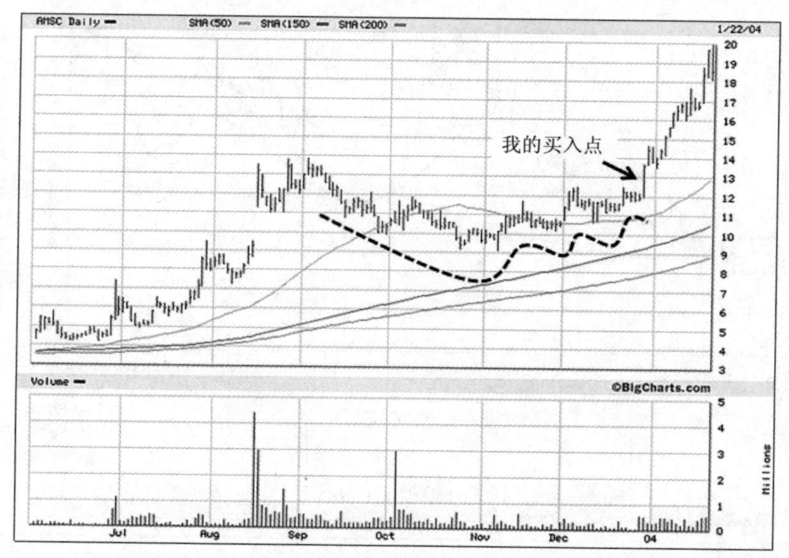

图 10.29　American Superconductor（AMSC），2004 年

American Superconductor 经历一番经典的 VCP 模式并从最后的阻力线中突破出来后，在 17 天内上涨 60%。

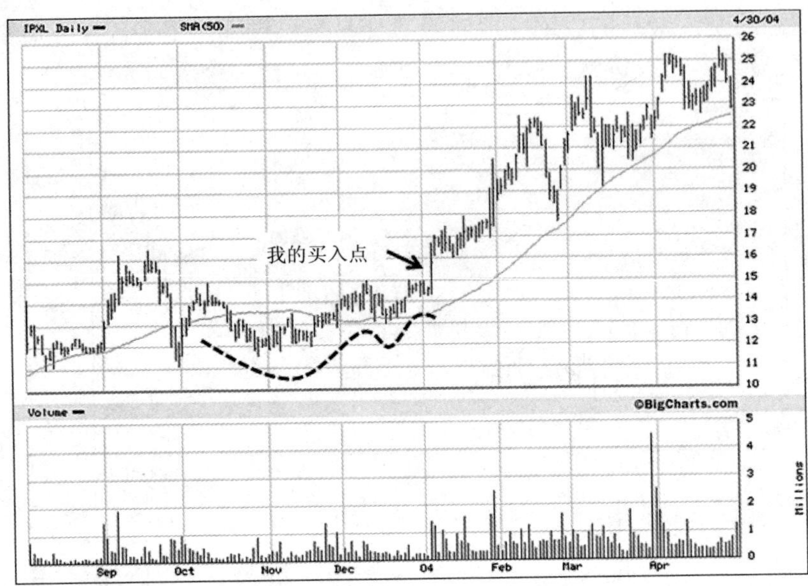

图 10.30　Impax Labs 公司（IPXL），2003—2004 年

2004 年 1 月，Impax Labs 从转折点突破出来后，在随后 3 个月中上涨 70%。

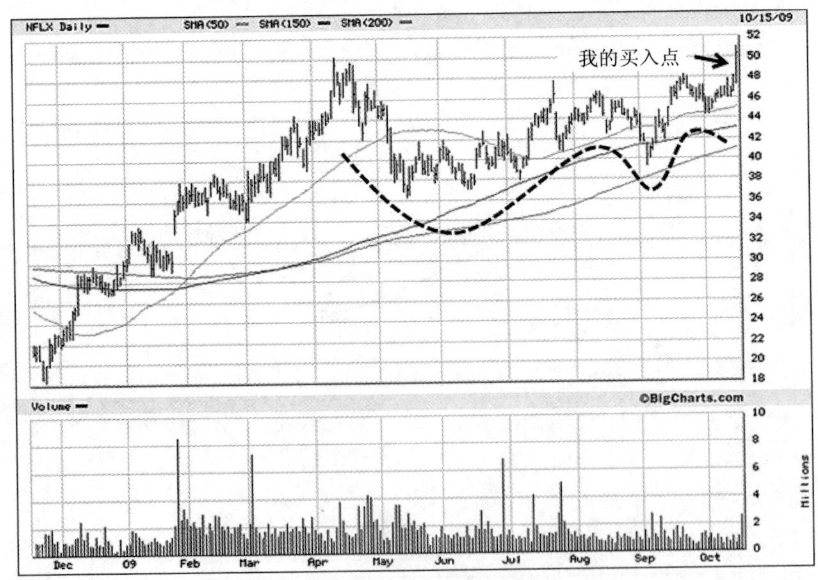

图 10.31　Netflix 公司（NFLX），2009 年

2009 年 10 月，Netflix 经过经典 VCP 阶段后价格回到之前的高度。在随后的 21 个月，股价上涨 525%。

转折点时的交易量

每个正确的转折点发生时都伴随交易量的萎缩，通常低于之前的平均水平，并且至少有一天萎缩明显，甚至出现零交易。事实上，我们想要看到的是最后收缩期时交易量低于 50 日平均水平，并有一二天交易量极低。对大型公司，这类事情可能很难发生，但对于小公司来说，交易量很可能被抽干，也就是我们常说的缺少流动性。尽管流动性不足是投资者的大敌，但此时这正精确描述了股票正要开始大幅上涨前的情景。为什么？因为交易量的降低意味着股票已经不再源源不断供应给市场。随着供给的减少，即使是一点购买都能将价格快速推高。

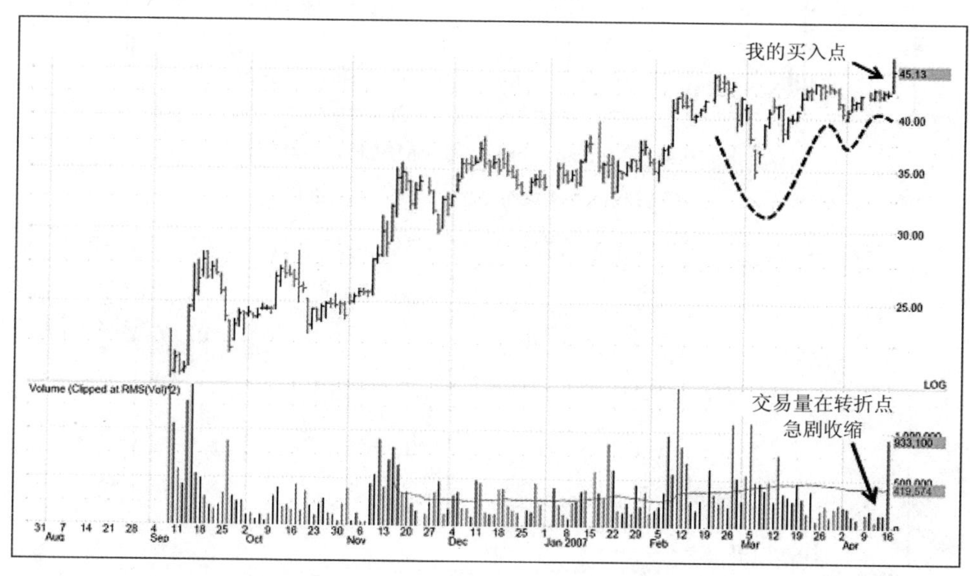

图 10.32　新东方教育（New Oriental Education，EDU），2007 年

该股在 2007 年 4 月形成 VCP。注意看价格和交易量在转折点处出现的急剧收缩，还有支撑线的存在。股价在随后的 7 个月里上涨了 105%。

在稳固期流动性最紧的时候（转折点），交易量也应该收缩明显。例如新东方教育（New Oriental Education）的例子。首先，我的笔记本上该公司股票的足迹记录为：8W 22/2 3T，意味着公司已经在稳固期 8 周了，并且纠正幅度从 22%缩紧至 2%。最后一次价格的收缩幅度不仅是最小的（2%），同时交易量也同样贫瘠。转折点的交易量明显低于平均值。这是非常有利的标志。现在，交易量升高并推高股价，正是买入股票的最好时机。自转折点出现后的 7 个月中，新东方教育的股价上涨了 105%。

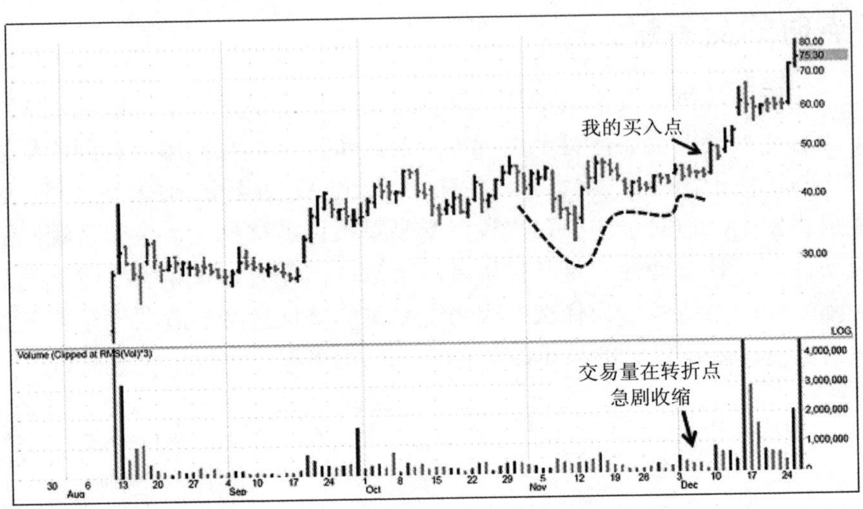

图 10.33 Mercadolibre 公司（MELI），2007 年

在公司股价飙升前一天，交易量达到该股历史最低。之后 17 天，其价格升高 75%。

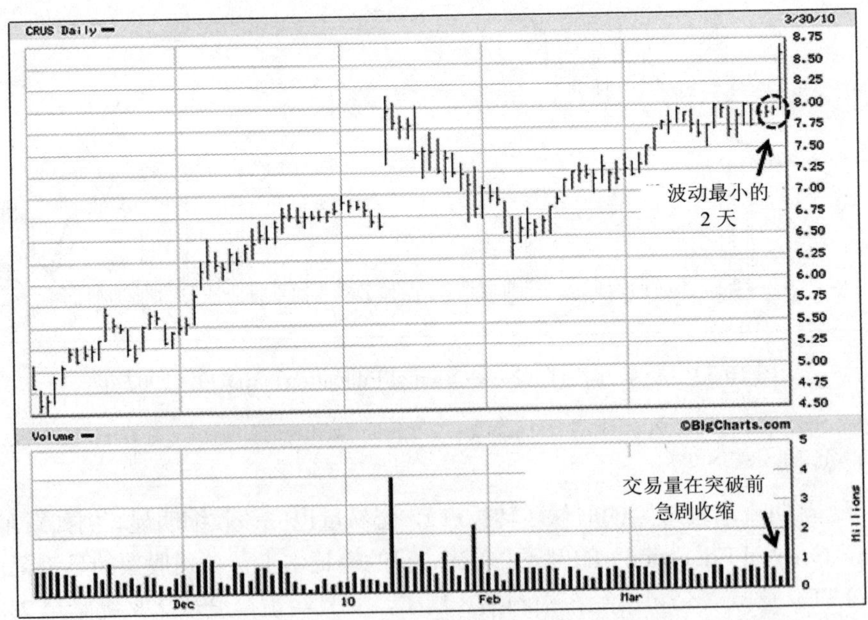

图 10.34 Cirrus Logic 公司（CRUS），2010 年

突破发生前，Cirrus Logic 经历了极低的交易量，价格波动也被限制在很小的范围。2010 年 3 月 30 日，我买了这只股票并把它推荐给 Minervini Private Access 公司的会员。在之后的 4 个月中，股价上涨了 163%。

日内交易量判断

在 VCP 模式中最后一次价格收缩发生后，完美的情况下你会看到交易量上行并且不断走强。例如，某只股票正常日交易量是 100 万股。在交易日开盘后两个小时内，50 万股——正常情况下交易量的一半——已经换手并且价格开始上行。距离收盘还有 4 个半小时。此时，你可以很容易地推断今天的交易量较往常会高出 300%～400%。只要价格走过了转折点，你就可以放心下达购买的命令了。

一定要等到转折点

有些投资者会尝试在股票到达转折点之前买入，这样就能趁价格还未升高时省下几美分。“股票能突破转折点”是非常危险的假设。如果转折点很难突破，并且没有实质的利好事件，你会最终竹篮打水一场空，并承担很多没必要的风险。让股票自己证明可以打破转折点的禁锢吧。转折点只是整个价格组织的一部分，但也是最重要的一部分，因为它是我最终选择买入的最后决定因素。

并非所有稳固期都有转折点。在平基底模式（见图 10.4）中并没有真正的转折点。投资者此时可以在价格突破基底最高点并且纠正幅度不超过 10%或 15%时买入。在其他一些结构中，转折点可能在价格走过最高点后，在股价下跌过程中出现。

这个手把手的方法会帮助你尽可能精确地把握买卖时间，找到风险与收益最佳的结合点。如果你使用上述技巧，你的交易会更精确并且更具理性。这并不意味着股票价格不会下跌、你永远不会遭受损失。如果你的分析是错的，或者你尝试在熊市中通过做多股票获利，寻找转折点的方法可能同样让你失望，甚至让你遭受巨额损失。转折点方法是否成功取决于股票根基是否已经打好。

深蹲并逆转恢复

有时股票在突破转折点后，却突然出现下跌。这种情况我称之为“深蹲”。当其发生时，我并不会马上跳下船，我会至少再等一到两天，看看股票是否能进入“逆转恢复”阶段。在牛市中，这种等待显得更为重要。有些时候，恢复可能要等到长至 10 天才会发生。但是，这并不是一个硬性规定，有时你可以再多等一小会儿，但有时你就必须跳下船。

当然，如果深蹲的幅度已经大到触及我的止损线，我会卖掉股票。如果深蹲让股价跌到 20 日平均价格以下，其在后期能恢复的概率将大大降低，在这种情况下，我同样会卖掉股票。但是，只要价格仍然在我的止损线以上，我仍会试着给该股票更多的时间。

如果价格波动趋紧并且交易量萎缩，情况可能会好转，你可能只是比最优情况更早地买入了股票。Affymax 公司的情况正是如此。我是在 2012 年 8 月 20 日买入该公司股票的。当天收盘时，价格就出现了下跌，并且跌势持续到第二天。在随后的几个交易日中，价格波动幅度不断收窄，交易量也重新萎缩下去。此时，我选择继续持有股票。我买入该股 10 天之后，价格重新恢复高位，我在此时又买入一部分该股，加重了仓位。在之后的 42 天，Affymax 公司股价升高了 61%。

图 10.35　Affmax 公司（AFFY），2012 年

在经历 10 天的深蹲后，Affymax 公司股价成功恢复到高位，并在之后 42 天内股价升高了 61%。

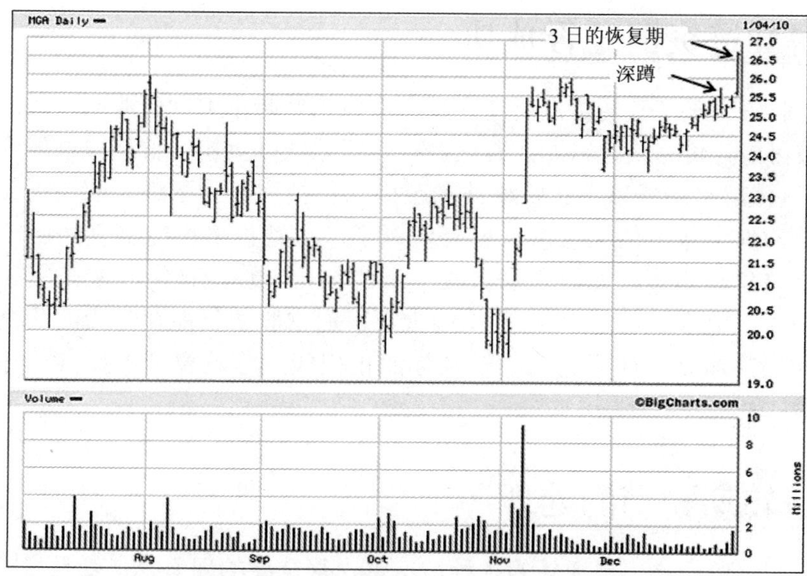

图 10.36　Magna 国际（MGA），2010 年

Magna 国际公司用了 3 天从深蹲中恢复，并在之后 3 个月里价格升高了 140%。

图 10.37　Amazon（AMZN），1997 年

Amazon 公司在上市后 4 个月内价格在升高过程中经历了一系列的逆转恢复，它在 16 个月内上涨了 170%。

如何知道突围是否成功

一旦股票突破了其转折点所在区域，注意那些暗示突围失败的痕迹；一个失败的突破可能让价格快速跌回到谷底。一旦股票成功突围，价格应该能连续保持在其 20 日移动平均线以上。价格波动范围（包括增长和下跌）应该不会很大。上涨很好，但大幅度的涨涨跌跌就有问题了。尽管价格可能略有回撤甚至经历深蹲，不要急着妄下“此笔交易失败了”的结论。你应该给股票恢复的机会。如果下跌后，价格仍然在 20 日平均线上下，通常股票仍能在随后的几个交易日中恢复回去。但是，如果它已经触及你的止损线，你就要马上抽身离开并重新评估该股。

对逆转期初期的处理

在突围阶段价格出现逆转的各种情况里，最重要的现象之一就是日内逆转。它发生在股票在上午上涨，但在中午左右重新跌回到突破点的情形中。这种情况发生时，试着将股票持有到当日交易结束吧，除非深蹲幅度太大，已经触及你的止损线。你不该对此感到惊慌并仅仅因为中午的下跌而匆忙宣布此次突围失败。这种事情经常会发生。股票甚至可能会跌到你的买入价格以下。坚持你之前制定的准则和止损线。在一个健康的市场中，股票通常会在下午恢复到高位并在收盘时快速上涨。

融会贯通

1995 年 3 月，我买入了 Kenneth Cole Production（KCP）公司股票，因为它符合了后期会上涨的特点：完美的 VCP。Kenneth Cole 用健康的销售收入和利润抓住了我的注意力。其价格和交易量看起来很好，并且整个股市也在从上一次纠正中慢慢恢复。

注意其波动是如何在图中从左到右发展的。股票价格出现纠正并且幅度逐渐从 32%到 14%，最后到了 3%。VCP 暗示了明显的买入时点和股票成功的突围。这些都是波动性收缩的完美案例。股票之后在 8 个月中上涨了超过 100%。

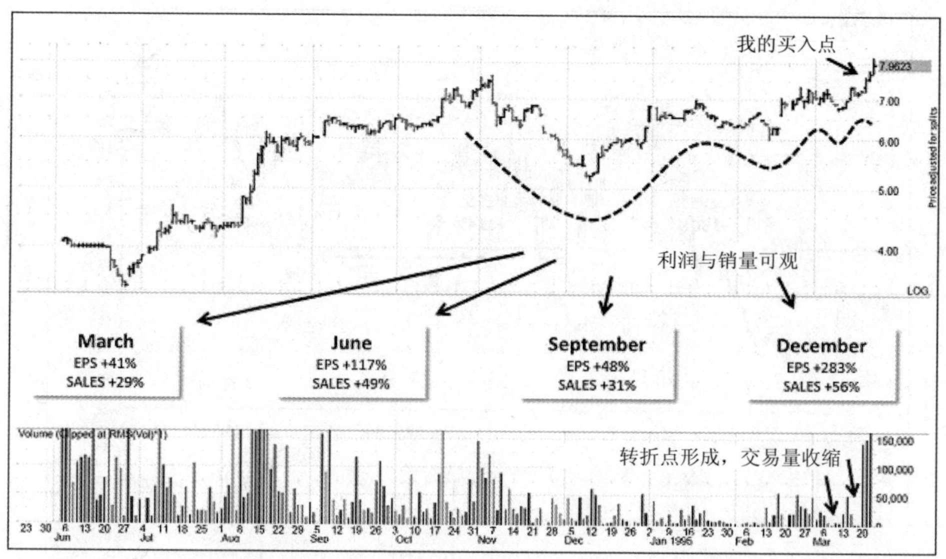

图 10.38　Kenneth Cole Production 公司（KCP），1995 年

1995 年 3 月，我买入了 Kenneth Cole Production（KCP）公司股票。在基本面强劲的支持下，VCP 发生后股价 8 个月中上涨了超过 100%。

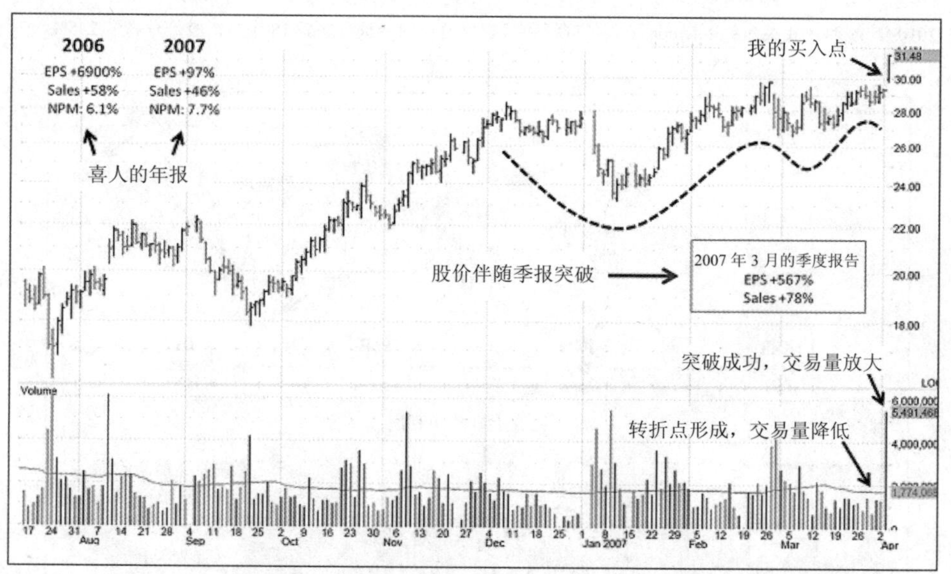

图 10.39　Foster Wheeler 公司（FWLT）2007 年

2007 年 4 月，我买入 Foster Wheeler 公司股票。当时股价刚刚因净利润的公布而经历一次断层。注意突破期交易量的猛增和该天收盘时价格的增长。从图中最右点开始的随后 9 个月中，股价升高了 180%。

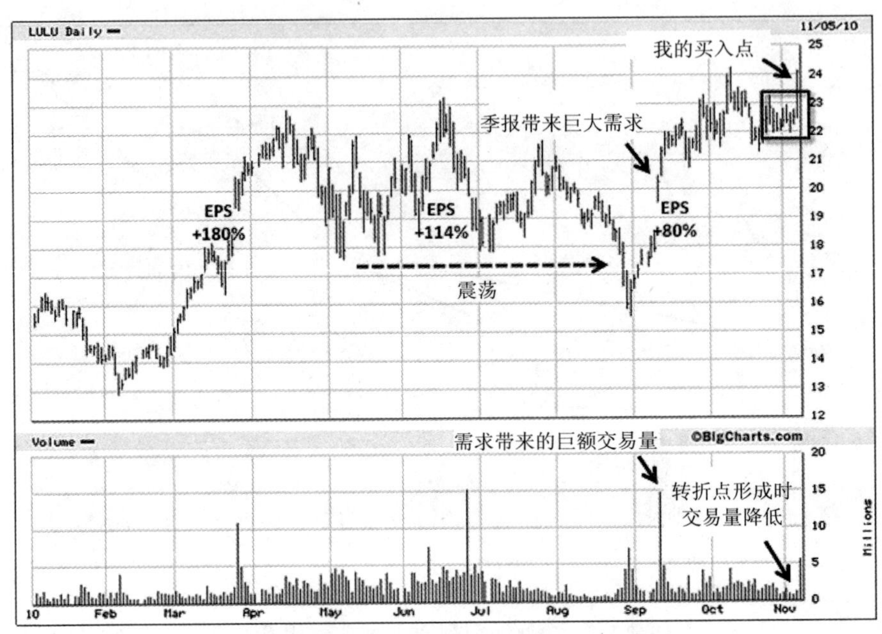

图 10.40　Lululemon Athetica 公司（LULU），2010 年

2010 年 11 月，我买入 Lululemon 公司并同样将其建议给我的会员。之后 18 个月，股价升高了 245%。

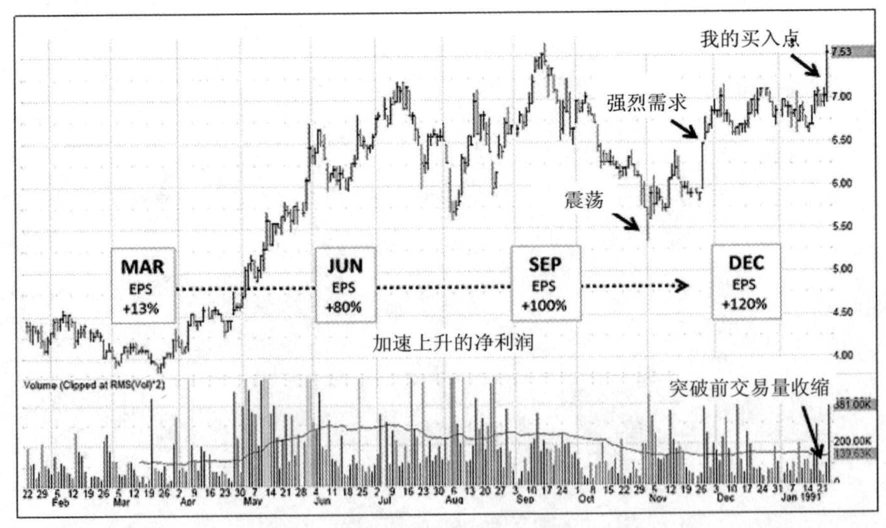

图 10.41　Elan PLC 公司（ELN），1991 年

利润加速增长和技术的革新让公司成功突围，并在之后 12 个月中价格升高了 152%。

有序的清单

成功的重要元素之一就是你能多有效地组织你的想法和分析。很多交易员都会有其自己的分析方法，但大都无法坚持到底。提前准备好交易计划可以让你在研究股票时不受外部因素的影响。我自己几乎在每晚的同一时间进行研究。在第二天 9 点 30 分股市开盘钟声敲响前，我已经知道哪只股票最有潜力以及大概的买入价格。我自己使用某种速记方法记录股票走过的足迹。该速记系统让我只看一眼就能对股票有直观的了解。

注意图 10.42 中有些股票被画上圆圈，有一个加了下划线，有些在后面标注了星号，还有一个标注了“pb”。当然，你也可以使用自己的符号标注。圆圈、星号和“pb”是我使用的标注，标记出哪只股票已经开始行动，哪只股票仍有待观察。

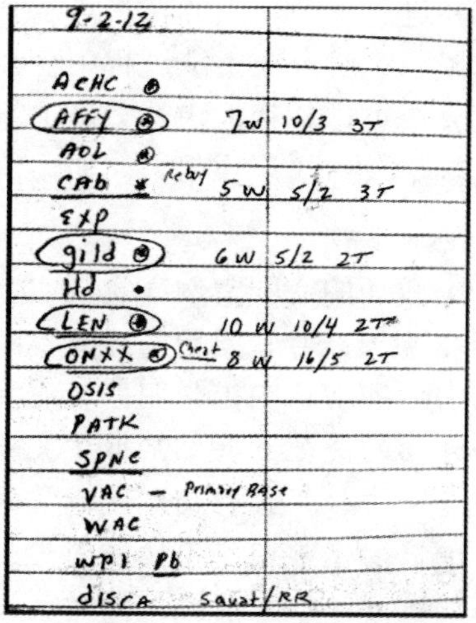

9-2-12
ACHC ⊛
AFFY ⊛ 7W 10/3 3T
AOL ⊛
CAB * Rebuy 5W 5/2 3T
EXP
gild ⊛ 6W 5/2 2T
Hd •
LEN ⊛ 10W 10/4 2T
ONXX ⊛ Cheat 8W 16/5 2T
OSIS
PATK
SPNC
VAC — Primary Base
WAC
WPI pb
DISCA Squat/RR

图 10.42　我 2012 年 9 月 9 日的手写笔记

如果我真的喜欢某只股票，我会圈出来。如果股票很有潜力，我会在下方画上下划线。如果股票已经形成了转折点，我在后方加上星号。如果转折点已经到了可以买入的时候，我会在星号外画上圆圈。如果股票会出现回撤，我在后面标上“pb”。你同样会在右面看到我对感兴趣股票标注的技术足迹。

之后，我会将圈上的或者标注了星号的股票放入“跟踪股”的屏幕上。那些标有下划线的仍需要更多时间的检验。剩下的则继续留在我的候选名单中有待观察。我将它们分为“观察”、“值得注意”和“可以购买”几类。随着时间推移，有些股票会开始行动。有些在候选名单中的股票会升级（从“值得注意”升到“可以购买”），有些则会降级。一旦我有了自己的股票名单，我就能观察其在交易日内的表现。当股票突破转折点并到达我的心理价位时，我就能及时加仓。

自然反应和网球行为

20 世纪 80 年代，我沉醉在 Berger 基金的发起人 William M.B. Berger 发明的股票分析方法中。Bill Berger 是一个伟大的基金经理。他的 Berger 基金有着令人印象深刻的记录，并且一直都能将市场中不断变化的领头羊收到自己的投资组合中。Bill 对于价格回撤的观点影响了我几十年。他说价格的反应和回撤让你可以检验你的股票是网球还是鸡蛋。他希望能持有网球。我现在将这则金科玉律传授给大家。

一旦股票经过稳固期并进入一个适当的转折点，就到了我们应该仔细观察该股票价格下一步走势的时候了。股价在上涨过程中会经历短期的价格回撤。如果股票是健康的，回撤幅度会很小，并且很快就会碰上将股价推高的力量，价格会像网球一样反弹起来。这就是自然的反作用力。如果价格出现了不自然的行为，你就要多加小心了。

Netflix 公司展示了一个成功的突围案例。它从 27W 27/7 3T 的 VCP 中走出。你能看到回撤分别是 5 天和 7 天，并且股票随后就不断冲击价格新高。交易量在突破和第一次正常反作用力后的增长中扩张明显。通常，股票会从转折点中浮现出来，之后价格回撤到一开始的突破点甚至略低于突破点。只要股价能在之后的几天甚至一两周内快速恢复回去，股票就仍然是正常的好股票。交易量在价格回撤时应该收缩明显，并在随后的上涨日子里快速放大。同时，在开始的上涨期和第一次及第二次正常的反应期间，交易波动不应该太大。小的反作用力或者价格回撤十分正常并且一定会在价格增长过程中出现。最好的股票会快速反弹。如果股票有这样的特点，就值得买入。

一旦你已经买入了从 VCP 中成长出来的股票，就要寻找如下迹象：

- 在开始的价格移动中，交易量应该在若干天内较大。
- 价格通常会快速上涨并且不会有太大阻力。
- 一个正常的反作用力会发生：交易量变小，价格呈现出与之前上涨相逆的势头。
- 几天内或者长至 2 周内，反弹开始，交易量重新放大，价格恢复上涨趋势。

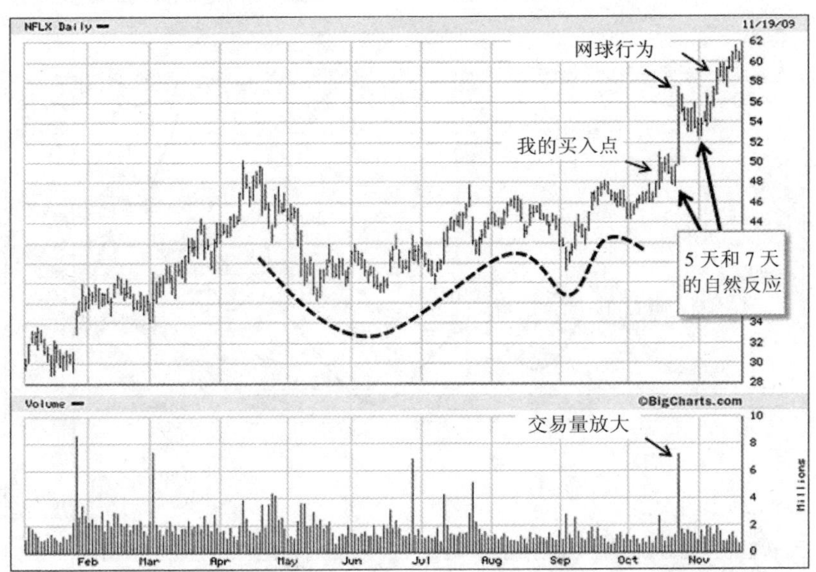

图 10.43 Netflix（NFLX），2009 年

Netflix 首次突破失败，但 5 天后在巨额交易量支撑下成功突破上涨：这就是经典的网球行为。

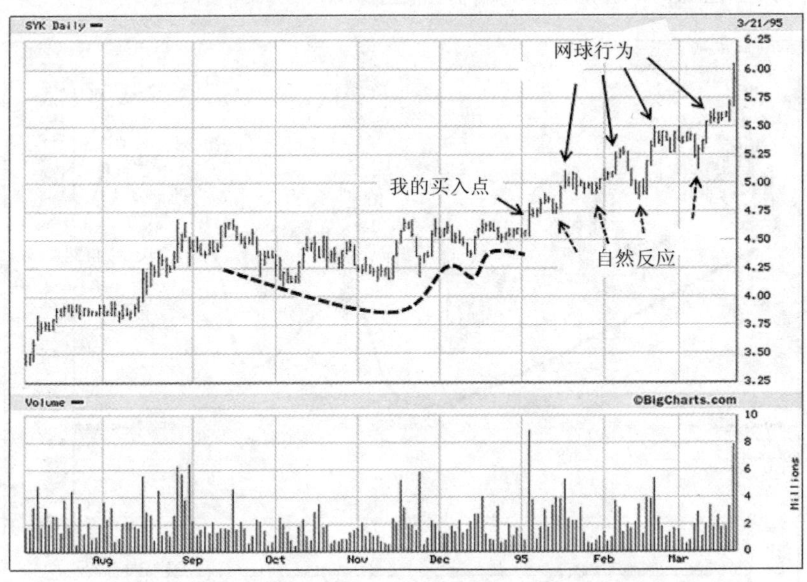

图 10.44 Stryker 公司（SYK），1995 年

1995 年 1 月，我买入 Stryker 公司股票，因为它刚刚从 VCP 稳固期中成长起来。在之后的几个月中，每次价格回撤都能快速地恢复并将价格推向新高。

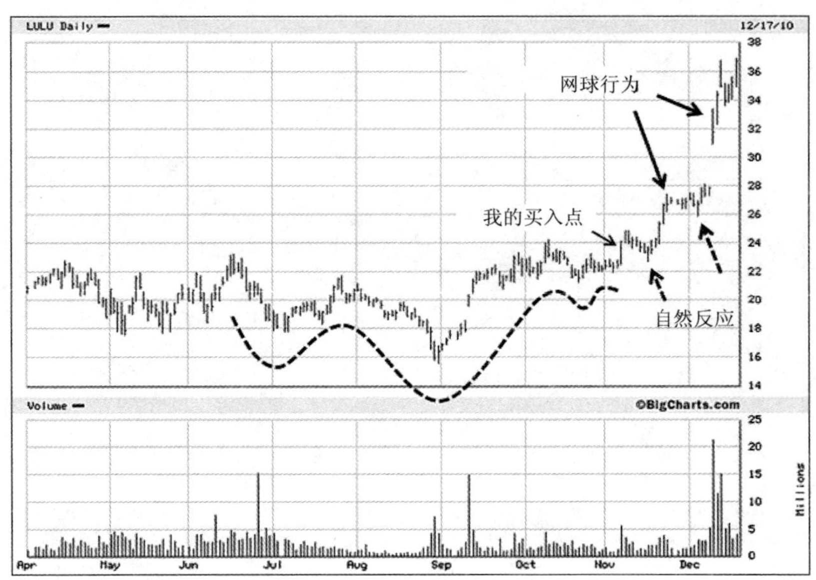

图 10.45 Lululemon Athletica 公司（LULU），2010 年

2010 年 11 月，Lululemon 公司出现台阶一样的上涨图像，每次的回撤幅度都很小。

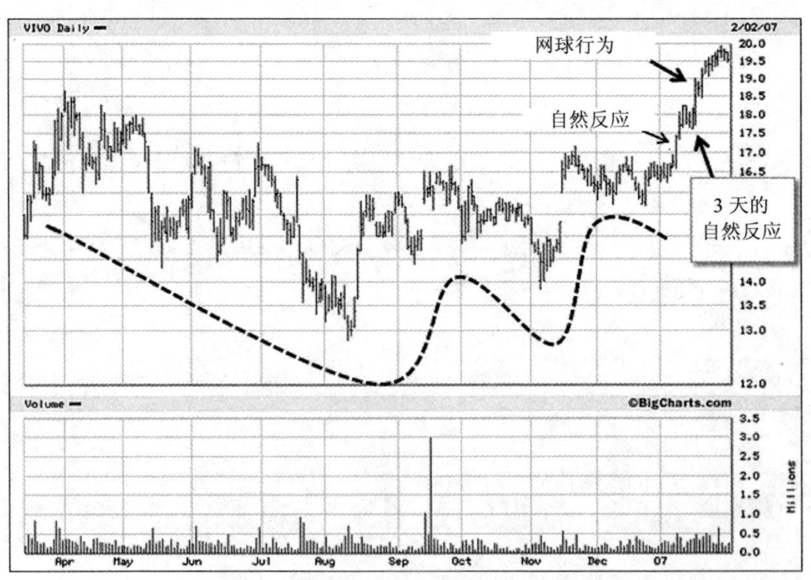

图 10.46 Meridian Bioscience 公司（VIVO），2007 年

成功突破 2 天后，在再次上涨之前，Meridian Bioscience 公司出现为期 3 天的幅度为 3.5%的回撤。

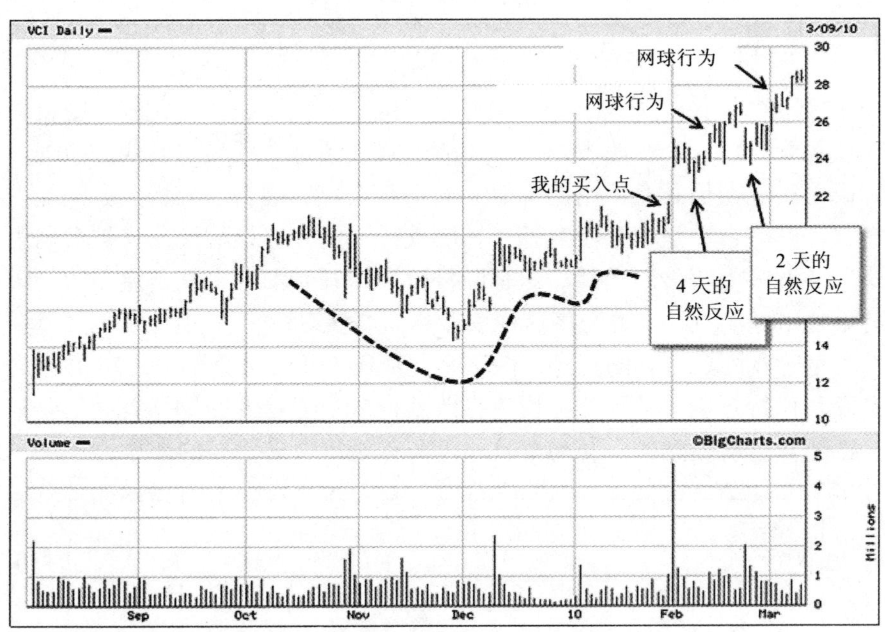

图 10.47　Valassis 通信公司（VCI），2010 年

Valassis 因利润利好价格出现断层，并在小幅度回撤后不断冲击新的价格高位。

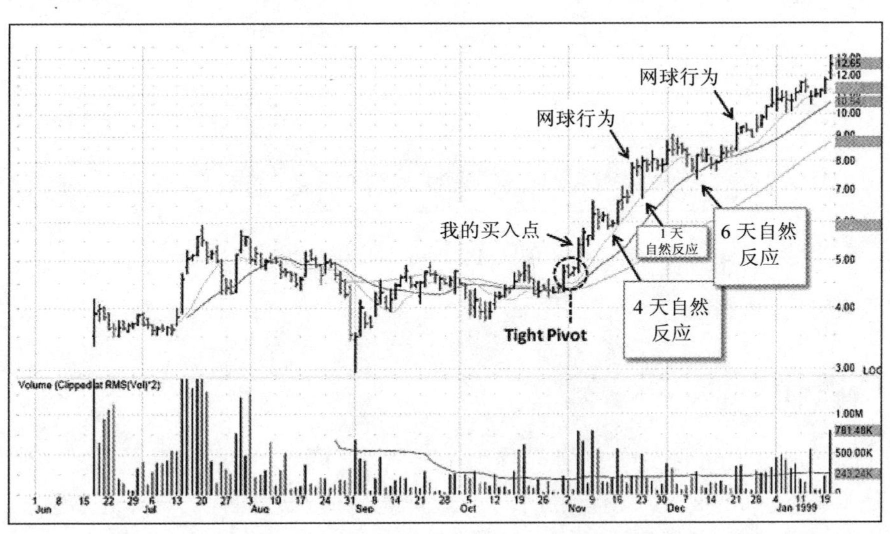

图 10.48　Bebe 商店（BEBE），1998 年

1998 年 11 月突围后，股票的每次回撤都能及时遇到支撑力量，并随后开始更快地上涨。很有力的价格移动。

杯碟规律

20 世纪 60 年代，威廉·吉勒撰写了一本名为《图表如何在股市中帮助你》的书。在我看来，吉勒在图表规律方面的研究已经走在了当时时代的前列，并且其研究成果在现在仍具有很高的价值。如果有人想提高自己分析图表的能力，我会首推这本书。吉勒是第一个发现“杯碟规律”的人，该规律后来被命名为“杯柄模式”并被广为流传。无疑，这是明星股票在开始疯狂上涨前遵循的最可靠且最容易重复出现的规律。吉勒将这种规律称为“梦幻规律”，由此可见其重要性与可靠性。尽管我同意吉勒的观点，但这个发现还是被部分误解了。VCP 概念和对交易量及其他特定现象的寻找能快速打败其他分析方法并帮助你找到下一只明星股票。正如我之前提到的，交易量收缩是所有规律中最重要的现象。

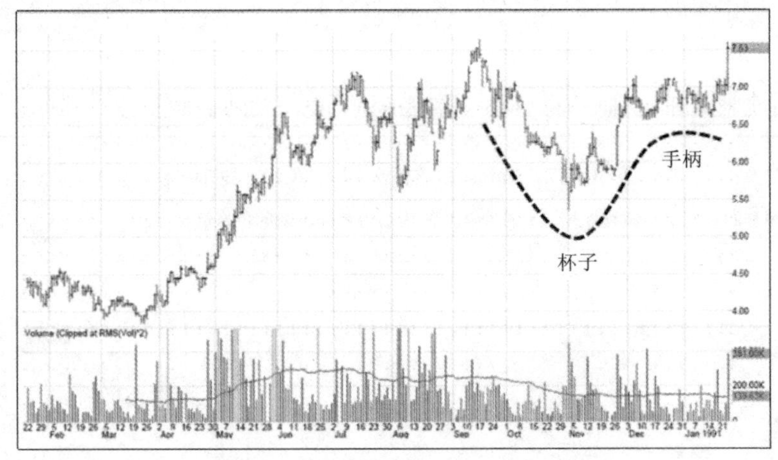

图 10.49 Elan PLC（ELN），1991 年

Elan 形成了“杯柄规律”。

3C 规律

“cup completion cheat”或者简称为 3C，描绘了一个持续调整的形态。它的发生时刻是你最早应该买入股票的时间点。关键是要识别出何时股票已经探底并找到何时新的上涨趋势就要开始，也就是第二阶段的开始时间是什么时候。3C 给了你可观察的转折点，并让你成功的概率大大增加。

当杯柄形成时，其位置往往在整个杯子的上三分之一的位置。如果它在杯子中部形成，你可能会有超过一次的购买时点。

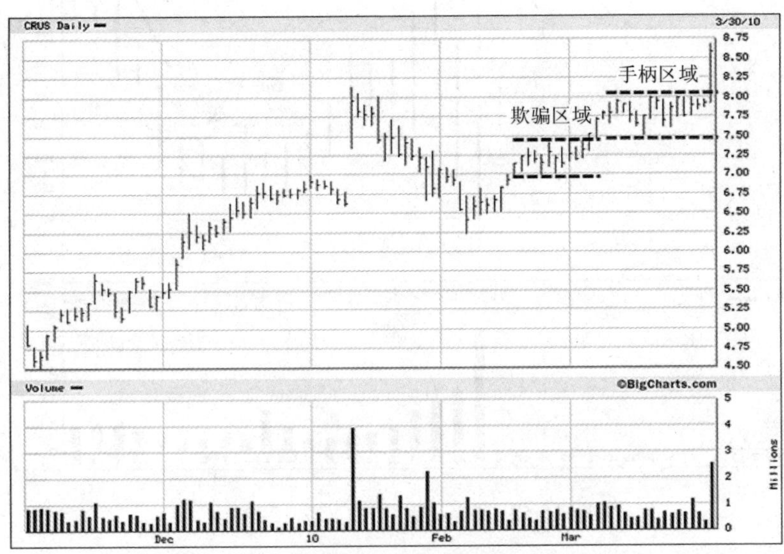

图 10.50　Cirrus Logic（CRUS），2010 年

2010 年 2 月，Cirrus Logic 形成了 3C 转折点，并在 3 月进入杯柄部分。

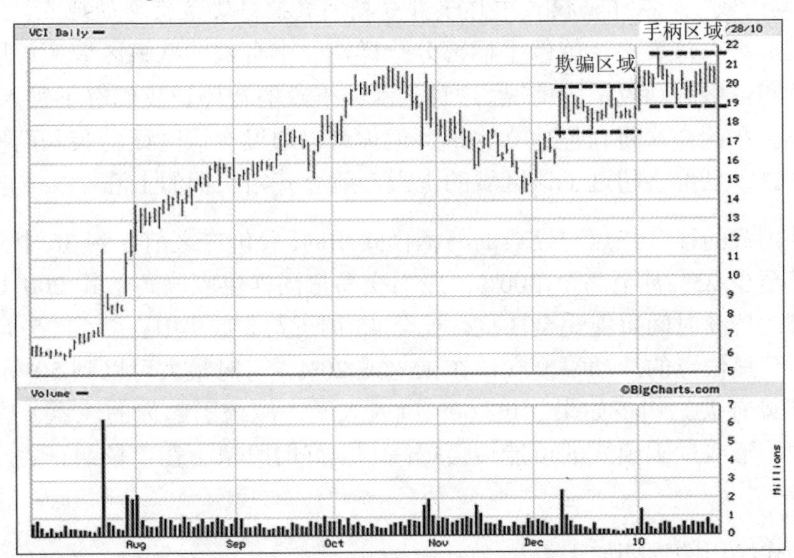

图 10.51　Valassis 通信公司（VCI），2010 年

2010 年 1 月，杯柄在“欺骗区域”内开始形成，两者都是宝贵的买入点。

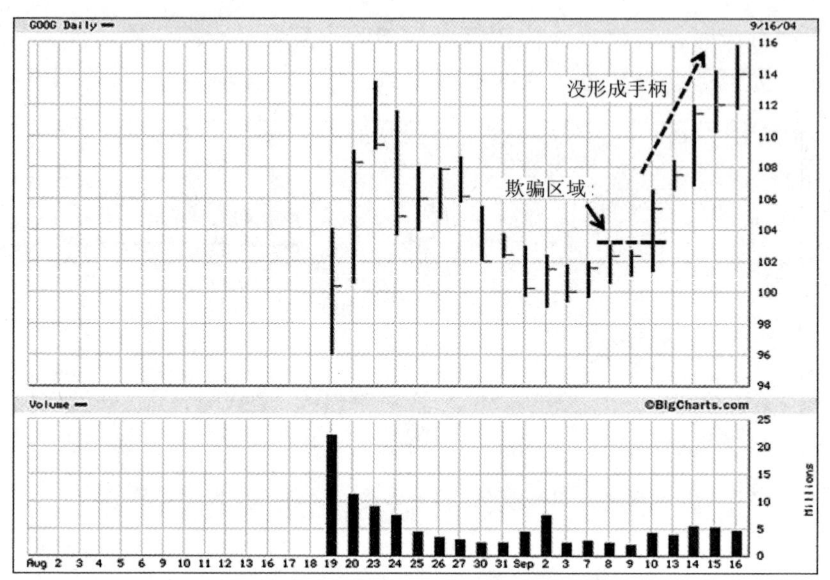

图 10.52 Google（GOOG），2004 年

2004 年 9 月，Google 公司的股票形成一个罕见的黏着点。其股价在随后 38 周上涨了 600%。

“欺骗区域”是在杯柄模式中杯子部分期间我最早尝试交易的地点。你并不应该在此之前买入该股票。就像手柄部分一样，一个有效的欺骗区域应该展现出交易量收缩和价格波动收窄的情况。这种上涨或下跌的暂停让我们有了买入的机会。也许你不会在此一次将仓位建立完毕，但你可以通过在该区域的买入而不断降低平均成本。一旦价格超过了该区域的上限，就会开始长期的上涨。

这种模式的很多特点与经典的杯柄模式相同。股价在之前 3 到 36 个月应该已经上涨了至少 25%甚至高至 300%。股票交易量同样也应该高于其 200 日均线。这种模式的持续时间可能短至 3 周，长至 45 周（大多数集中在 7 到 25 周）。从价格最高点到最低点的波动幅度应该在 15%或 20%，有时最大可以到 50%，这与整个市场环境有关。纠正如果超过 60%就太大了，应该引起你的注意。在股市纠正过程中，形成欺骗模式的可能性会很高。但好的股票会在市场纠正完毕后开始上涨。

该模式经历的周期如下

A. 下跌：股票会在总体处在第二阶段的时候经历一次期限适中的价格纠正。

这次下跌时间可能长达几周甚至若干月。其中可能出现价格猛然下跌并伴随交易量的增长。

B. 上涨：价格会尝试打破下跌趋势回到上涨状态中。此时购买为时尚早。在这个时候，价格走势和交易量都不能保证股价已经触底。价格通常会开始上涨，并涨到下跌发生前一半的位置。但是，前期下跌带来的股票供给很可能会再次带来回撤或者上涨的暂停。

C. 暂停：价格上涨发生几天或者几周的暂停，价格波动被限制在 5%～10% 之间。此时，股票已经准备好上涨。最好的验证方法就是检查价格波动幅度和交易量的变化。

D. 突破：随着股票价格不断冲高，你会下达购买的指令。此时股票已经进入上涨通道。

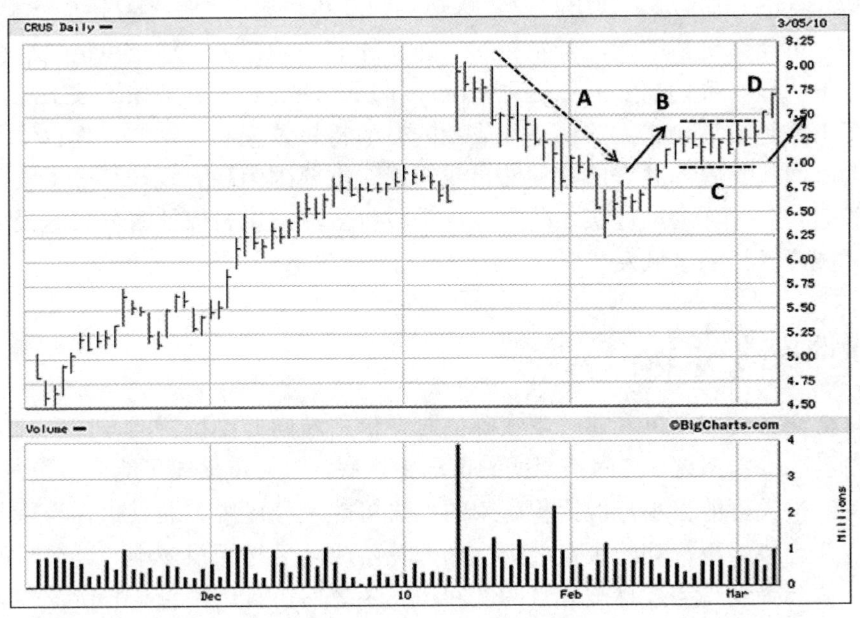

图 10.53　Cirrus Logic 公司，2010 年

2010 年 3 月，Cirrus Logic 公司的股票在欺骗区域后面股价转头上涨。

为什么要等待股价转向

当股价持续向一个方向移动时，我们可以通过连接每日最高价格或最低价格画出一条趋势线。一般对此的解释是只要股价不突破趋势线——在下跌的时候高过趋势线或在价格上涨时价格低于趋势线——趋势会持续下去。之后，当趋势线因价格变动方向发生改变而被“打破”后，新的趋势会出现。为什么不在价格突破趋势线时买卖？打破趋势线不是意味着新的趋势开始了吗？问题就是尽管趋势线被打破了，这可能只是暂时的现象。可能现有的趋势很快又会出现，之后可能波动会更大。

这就引出了另一个问题：你怎么知道新趋势是否到来了？答案就是等待股票转向。交易中最危险的时候就是股票尝试触底的时刻。这时股票可能波动剧烈。当股票寻找底部时，它会快速地不顾一切地上涨下跌。此时尝试抄底可能会让你付出巨大成本。通常股票会用暂停下跌趋势的方式让自己看起来好像已经触底了，但势头很可能会重新改变，开始新的下跌。随着波动变大，这种事情可能会反复发生。很明显，我们需要避免这种情况。如果你能等到股价开始连续上涨，明显结束了下跌趋势后再买入的话，你成功的概率将显著提高。这样，你也给了股票更多的时间找到底部并完成前期的自我纠正。不要因为趋势线被打破了就买入。等待股票转向。你的最佳买入时机应该是股价上涨发生暂停的时候。这最可能在欺骗区域或者杯柄区域发生。

利弗莫尔系统

传奇交易员杰西·利弗莫尔在确信股票价格转向并维持新的方向变动后才会启动自己的买卖系统。在尚不明朗的市场中抄底，你的止损线可能会被反复触发。虽然每次损失可能很小，但累积起来的损失可能十分可观。通过执行等待并确定价格的新趋势后再行动的买卖准则，利弗莫尔成功避过了很多小的、暂时的逆势反弹。他会等到趋势被打破并且两次回撤发生之后再行动；直到股价反弹第二次突破高点后，他才会买入股票。利弗莫尔使用这个方法在那个时代赚取了丰厚的投资回报。

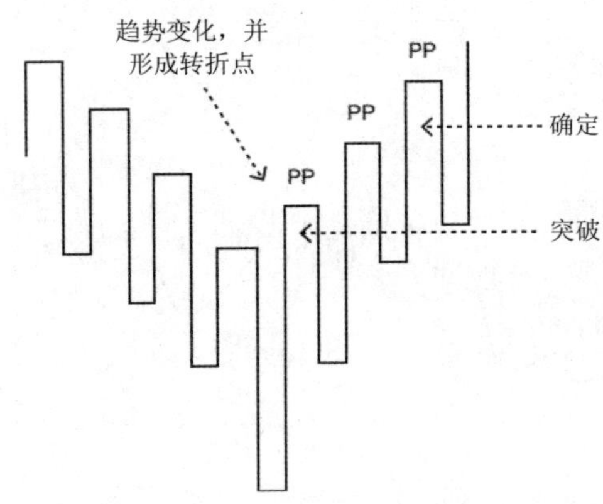

图 10.54　利弗莫尔的交易系统

杰西·利弗莫尔使用转折点（PP）代表进入点。他从不在最低点买入，而是会等到趋势形成后再趁着趋势下达交易指令（也就是说，关注自然行为后形成的价格高点）。

失败后的复位

当你止损卖出股票时，并不一定意味着公司基本面很差，你可能只是震荡期的受害者之一。如果我被某只股票剔除，我仍会将该股票放在我的雷达范围内，观察其能否复位。有时我会观测到公司各项状况不断转好，甚至好于我第一次购买时的样子。我在震荡期被剔除在另一方面也意味着公司已经构建了更加坚实的上涨基础。这种情况我称之为“失败后的复位”。它包含两种情况：“基础失败”和“转折点失败”。前者意味着股票需要构建新的基础才能上涨；后者则表示股价很快就会恢复回去。

我有些成功的投资就曾出现过这种情况。当然，并不是所有的失败都能成功复位。

2010 年 10 月，Mercadolibre 公司（MELI）从股价新高中脱颖而出，出现了第一个基底（自上市以来第一个可以购买的基底）。9 天之后股价下跌了 15%，跌幅足以将很多交易员驱逐出去。但是，如果你仍旧关注它，你会看到它在 2010 年 12 月重新复位。此时买入你会在后面收获颇丰，就如我一样。不要因为股票将你剔除出去就遗弃它。如果公司基本面仍然漂亮，要持续关注它。

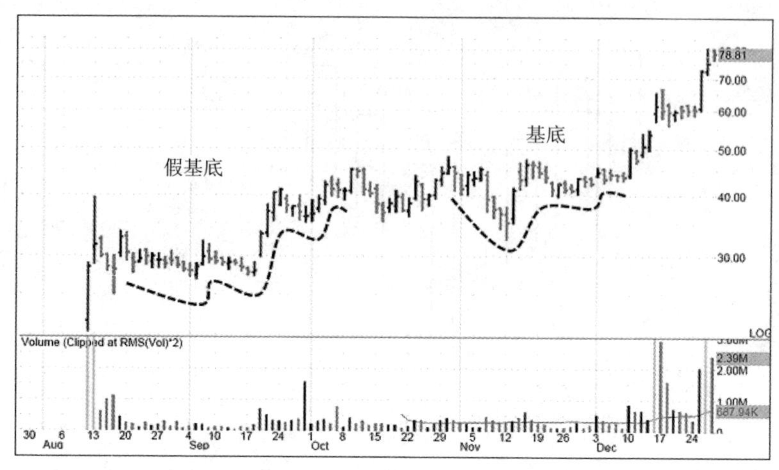

图 10.55 Mercadolibre 公司（MELI），2007 年

尝试在 2007 年 9 月构建基底但失败后，2007 年 12 月，Mercadolibre 公司重新并成功构建了价格根基。

失败（转折点）复位

转折点失败复位与基础失败相似，只是它发生在进入点形成之前。转折点失败并不会马上导致失败，相反它会在很短的时间内，通常只需要几天，就能重新恢复成进入点。

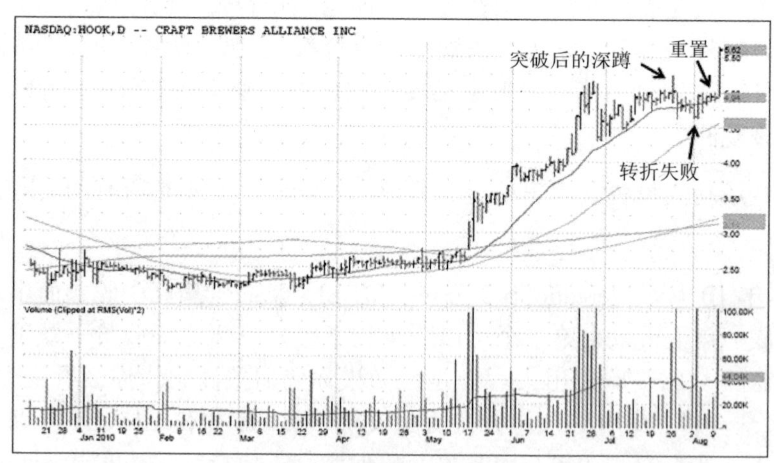

图 10.56 Craft Brewers Alliance 公司（HOOK），2010 年

2010 年，我买入该公司股票。但不久之后它就开始下跌。好在股票很快就恢复了，并在之后不久的日子里成功突破。

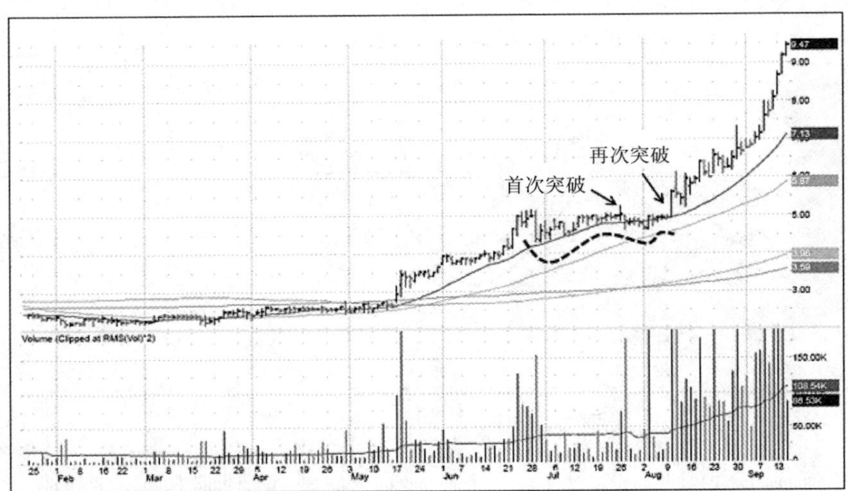

图 10.57　Craft Brewers Alliance 公司（HOOK），2010 年

Craft Brewers Alliance 形成了一个转折点失败复位，并在之后 26 天里价格上涨了 90%。

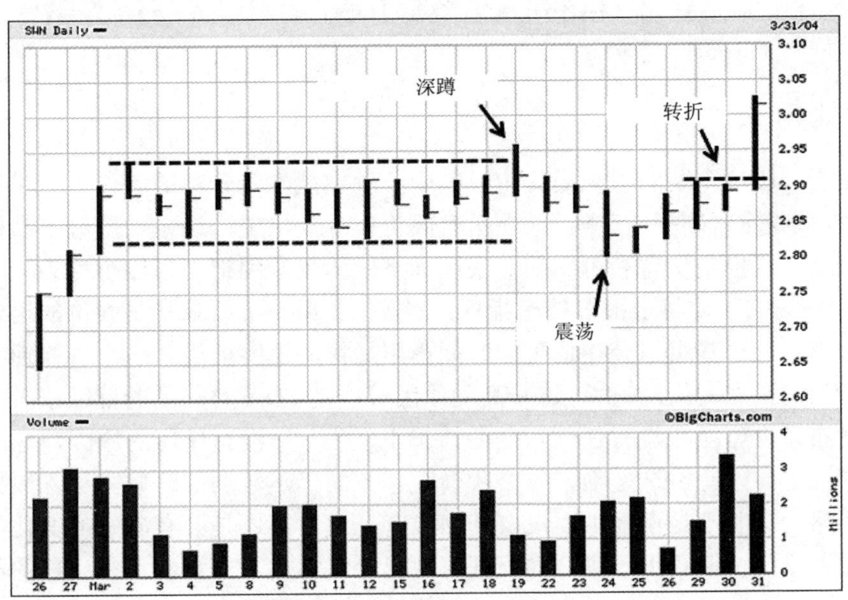

图 10.58　Southwestern Energy 公司（SWN），2004 年

2004 年 3 月，Southwestern Energy 公司尝试在杯柄位置突围，但失败了。之后它在该位置开始震荡。在 5 天之后，震荡结束，股票重新恢复回去。

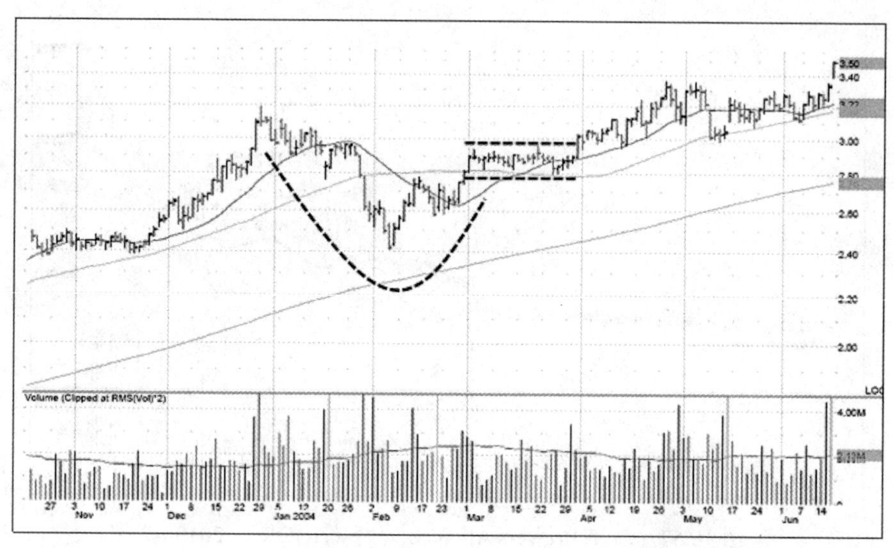

图 10.59　Southwestern Energy 公司（SWN），2004 年

2004 年 3 月，Southwestern Energy 公司的股票在经历杯柄模式后成长起来。在一次转折点失败复位后，其股价在随后的 53 个月中上涨了 1400%。

力量比拼

在所有股价重要的组织模式中，其中一种你能学着分辨的叫作“力量比拼模式”，也被叫作“高扬的窄旗”。在所有股价技术规律中，这无疑是最容易被误读的。但是，这也是最有利可图的。我因如下的两个原因把力量比拼称为“速度规律”。第一，它需要符合很多技术指标；事实上，第一个要求就是股价的迅速升高趋势。第二，这些组织会在最短的时间内用最快的速度前进。这个规律通常预示公司前景的剧烈变化。股价迅速升高的原因可能是 FDA 对药品的批准或者是新产品的发布，也可能在没有任何新闻的情况下发生——没有任何的原因，它就自顾自地走强了。因此，这是唯一一个我会在基本面仍然较弱的时候就买入股票的情况。当然，这并不是说基本面没有任何改善。通常，还是会有向好的变化的。但是，在力量比拼模式下，股价的疯狂表现已经告诉你，尽管看上去当期的利润和销售并不让人欣喜，但可以肯定某些积极的变化已经发生。在该模式下，尽管我并不强求基本面具有可见的变化，但我还是会分析 VCP 特性。尽管是力量比拼，也要通过适当的股票供给和需求才能实现。

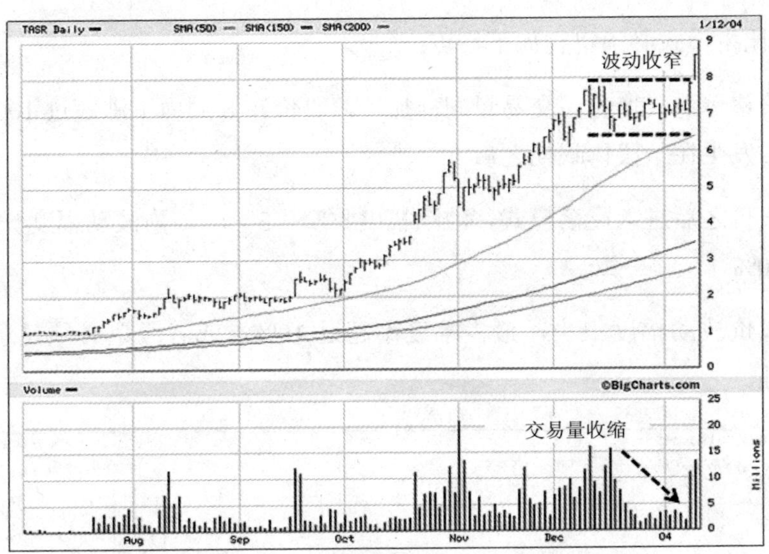

图 10.60　TASER 国际（TASR），2004 年

快速的上涨，被束缚的价格波动，以及在上涨中同样爆发的交易量，大多数投资者可能会认为价格过高过于危险，但它在 16 周内上涨了 329%。

图 10.61　Quality 系统公司（QSII），1995 年

1995 年 9 月，Quality 股票伴带着经典的 VCP 特点形成了力量比拼模式。其净利润不断加速增长。股价在 66 天上涨了 127%。

力量比拼模式必须符合如下特点：

1．价格爆炸式增长，交易量同样加大，股价在 8 周内上涨超过 100%。这通常发生在一段休眠期之后。

2．股价之后进入震荡模式，波动幅度收窄，3～6 周内波动幅度一般不大于 20%。

3．股价波动幅度很小，最大幅度不超过 10%，或者股票必须显示 VCP 特性。

图 10.62 1997 年 12 月我买入 Best Buy 公司股票

注意在股价突围前交易量收缩到了很低的位置，价格波动也被限制住。之后 19 个月，股价涨幅高达 947%。

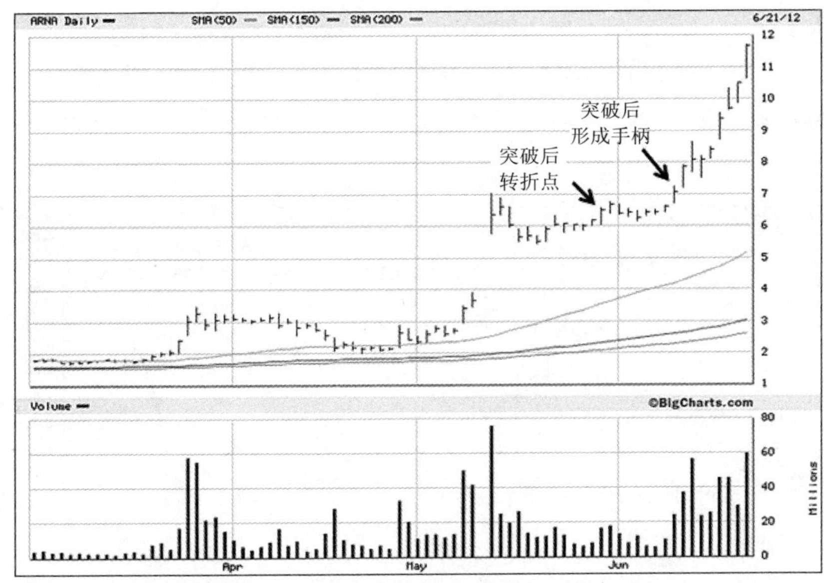

图 10.63　Arena Pharmaceuticals 公司（ARNA），2012 年

该公司给了我两个购买点：第一次在转折点，第二次在杯柄位置。9 天内该股价格上涨了 70%。

基本面强劲 vs 价格强劲

公司符合所有基本面标准并不意味着你就要马上冲到电脑边买入该公司股票。即使你的基本面分析非常准确，要想赚取高额回报，仍需要精准地找到最佳购买的时间点。通常公司仍处在纠正期或稳固期时就会有一到两个季度报告表现出很好的利润。股价可能上涨了几次，但仍然需要时间消化，或者可能整个市场的纠正状态会拖累价格的上涨。静下心来等待机会。把股票放在你的雷达范围内，等待价格和交易量出现向好的变化。*成功的诀窍就在于你需要公司有好的基本面，但同样需要能支撑公司价格上涨的势头和市场环境。*你需要等到所有的力量都在你的背后推动你前进：基本面、技术面和市场。股票可能基本面很好，但股价还没做好准备，也就是供求变化还没突破最后的支撑。一个好的公司不一定有好的股票，你一定要牢记这一点。

你怎么看某只股票并不重要。重要的是机构们怎么看，因为他们才是股价真正的推手。因此，你的工作就是找到机构们认为具有价值的股票。

Dick's 体育用品发布了积极的预期，价格猛然上涨的回应让我将它列在观察名单上。一旦预测的利润成真，并且技术面强劲，我就会把它放在购买名单上。但几周后，价格的表现让我不得不继续等待。直到它突破了稳固期，我才下单购买。

图 10.64　Dick's 体育用品（DKS），2003 年

第 11 章

不要只买你知道的股票

假设一只股票在两三年前才上市交易，其最高价格是 20 美元，并且价格已经在此固定了很久。如果公司与发生的某些好事情有关，价格会开始上涨，通常在价格创下新高后买入仍然很安全。

——杰西·利弗莫尔，1930

交易员的信条之一是你必须在最短的时间内找到上涨幅度最大的股票。你应该在足够多的有利因素聚集于此、股价就要一飞冲天的时候买入该股。在这些因素中，我认为“年轻”一定要占据一席之地。很多让人热血沸腾的交易都发生在那些刚刚进入股市的公司身上：那些在最近几个月或一两年才上市的新股。事实上，历史显示大多数明星股票都在上市 8～10 年内就崭露头角。当然，只有年轻还不够，我还需要其他角色。除坚实的基本面外，我将另一个重要的角色称为“第一根基”。

第一根基

每个牛市中都会出现一些刚刚上市的领头羊股票。一般来讲，股票在刚刚上市时都会经历一次强劲的上涨，这次上涨有时能持续数月之久。之后，通常会出现投资者卖出股票变现的情况，这会导致股价纠正回撤。新发行的股票必须在股市中经历几个月的交易证明自己后才会引起我的兴趣。证明的方式就是形成第一根基：公司上市后出现的第一次可以购买的根基。根基由一段长约 3 周的纠正期和此后价格不断冲高两个时期组成。

在重新收复失地的恢复期中，股票会借着机会占领新的高地。在它们的长期上涨过程中，领头股票可能经过若干根基或者稳固期。在这些日子里，股票会将那些准备落袋为安的投资者剔除出去，然后轻装上阵向新高冲击。第一根基正是股票经历的第一个牛市。从第一根基处开始梦幻般上涨的股票包括雅虎（Yahoo！）、eBay、Google、星巴克、锐步、微软和英特尔，当然还有亚马逊（Amazon.com）等。

第一根基用价格和交易历史指出了未来股价的走向，但究其根本，仍源于公司的基本面和整个股市的行为的共同作用。公司最大一部分成长通常发生在其公开上市后的第一个 5～10 年中。这正是产品不断创新、打入新市场的结果。这也正是管理层摩拳擦掌准备大展宏图的关键时期。随着销售的扩张和规模效应的体现，利润率不断升高，净利润实现加速增长。

记住，公司最近上市并不代表公司最近才成立。有些公司已经以私有的形式成功运转了多年，另外则可能是行业新贵。在 20 世纪 90 年代的技术革命中，80% 的股市赢家在上市时成立时间都不到 8 年。亚马逊（Amazon）在 1997 年 5 月公开上市，接着就形成了第一次根基，并在 1997 年 9 月开始进入上升通道。16 个月后，亚马逊公司的股价已经上涨了 2500%。

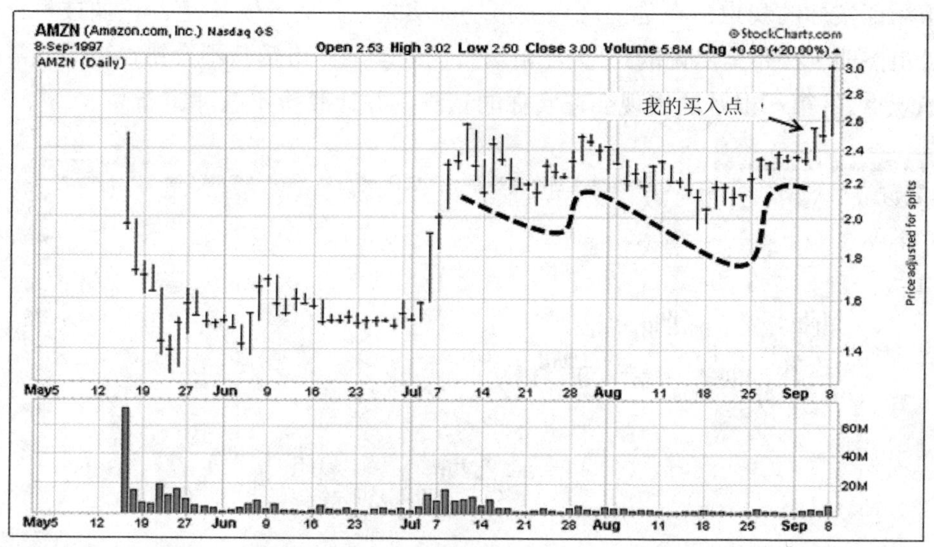

图 11.1　亚马逊公司（AMZN），1997 年

1997 年 9 月，亚马逊公司从第一根基处开始成长，股价在随后的 16 个月中上涨 2500%。

等到第一根基发生

一旦股票公开上市，它可能很快扶摇直上，上涨 25%、50%、100%甚至更多，有些在上市第一天内就发生了。或者新股可能在亮相第一天就开始快速下跌，这就是 Facebook 在 2012 年上市时发生的。在其首次公开交易的第一天，Facebook 的股价曾达到 45 美元一股，但当天收盘时价格已经下跌到 38.23 美元；12 天后，价格下跌到 25.52 美元，较高点跌去了 43%。Facebook 在此之后仍未能恢复过来。

在我买入新股之前，我必须确定新股已有的历史交易数据，至少暗示股票达到了第一根基。有些股票上市后可能需要一年的时间才能达到这项要求。大多数情况下，你应该坚持至少 3～5 周内股价回撤幅度不超过 25%到 35%。持续时间更长的纠正（通常在 1 年左右）有时会让股价最多跌去 50%，但其之后的增长仍然可观。短于 3 周的巩固期，纠正幅度不应该超过 25%。假设你看到一只很有前途的新股。公司有着让人兴奋的产品。销售和利润都在加速增长。现在你必须等待市场证实你的观点。在你的观点被市场证实之前，它一文不值。正如技术分析的鼻祖杰西·利弗莫尔说的："关注市场自己的动向。市场从不会错，错的通常是你的观点。"第一根基的出现会证实你的猜测，并让股价不断冲击新高。

图 11.2 Facebook（FB），2012 年

上市之后，Facebook 公司没能成功站稳脚跟，出现巨大回撤，让它变得越来越不诱人。

几乎没有人会考虑第一根基

1997 年，我没能让别人买入雅虎这只股票，他们连考虑一下都不肯。但是，当股价在 1999 年翻了三番后，同样的人也完全不肯卖掉雅虎，尽管他们进场已经晚了。突然，每个人都好像必须要持有雅虎、美国在线（America Online），诺基亚或者其他耳熟能详的公司。在最佳的买入时点，这些公司还不为人知，人们不会为一个不熟悉的名字支付过高市盈率买入它的股票。那时，当很多这样的公司崛起时，市场的关注点还停留在刚刚结束的熊市暴跌和亚洲金融危机上。1997 年

7 月，我买入了雅虎。股票在经历第一根基后火箭般地在 29 个月中上涨了 7800%。雅虎的出现促成了一个新行业的诞生——网络供应商。

图 11.3　雅虎公司，1997 年

雅虎在一个不为人知的、叫作互联网供应商的行业中崛起并成为市场领头羊。其股价在 29 个月中升高了 7800%。

Rambus 提供了几次买入机会

驻扎在加利福尼亚州的 Rambus 公司的新发明让电脑记忆芯片能帮助处理器加快指令传输速度。这项科技受到了芯片巨人 Intel 的追捧。Rambus 在 1997 年 5 月 14 日上市（A 点）。股票在上市首日就快速上涨。之后，价格则开始震荡，大概持续了 5 周。在 1997 年 6 月 16 日（B 点），Rambus 公司打破了第一根基，价格达到新高。在随后的四天，股价快速升高。在 6 月 19 日（C 点），价格到了最高点，之后便开始了长达 6 周的震荡期。6 月 29 日（D 点），Rambus 从第二个稳固期中突围而出，开始了又一轮的剧烈上涨。Rambus 是一个经典的例子，它在第一根基处给了我们绝佳的投资机会，并在之后依旧提供了几次宝贵的投资时机。

图 11.4　Rambus 公司，1997 年

Rambus 股价在 9 周内上涨 150%，在 37 个月内上涨 1450%。

Body Central 公司

2010 年 12 月，我在一家商场内采购圣诞节物品时，看到了一个叫作 Body Central 的专卖店。店内时尚的衣物吸引了我的注意。在进一步调查后，我了解到该公司也有一个很不错的网店。最重要的是，公司在最近一个季度公布了巨幅的利润增长。更有趣的是该公司股票在几个月前才刚刚上市。我似乎嗅到了一丝机会。当我看到该公司股价图之后，马上兴奋起来：股票刚刚处在第一根基。我观察了它几个星期。2011 年 1 月 5 日，股票开始上行，交易量开始放大。公司利润强劲，规模效应仍会持续，管理层看上去做得也不错，股价表现也十分完美，此时我开始买入。股票在随后的 15 个月中上涨了超过 100%。同期，纳斯达克综合指数仅仅上涨了不到 10%。

图 11.5　Body Central 公司（BODY），2011 年

2011 年 1 月，Body Central 公司形成了第一根基，并在 15 个月内股价上涨 105%。

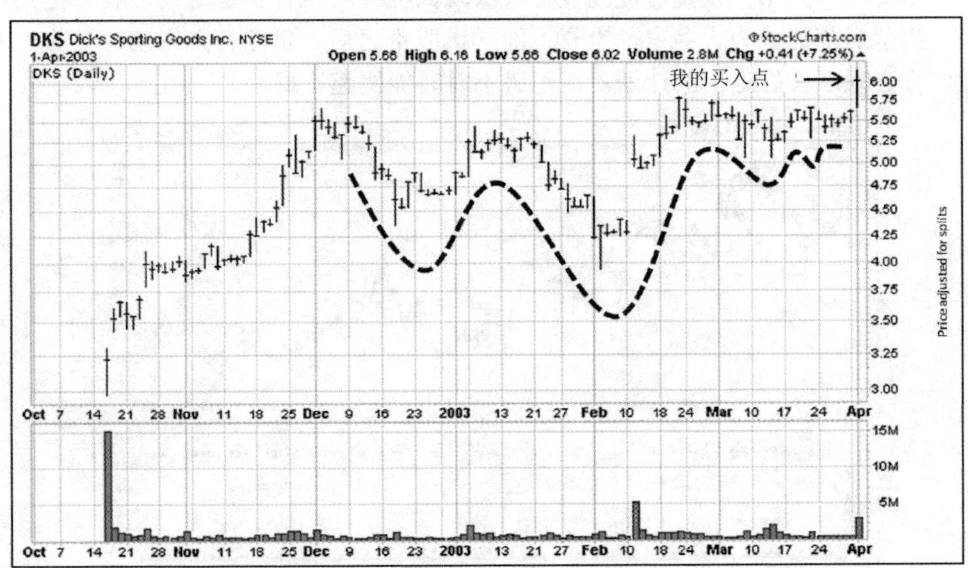

图 11.6　Dick's 体育用品（DKS），2003 年

2003 年 4 月，Dick's 体育用品突破了第一根基，在 15 个月中价格上升了 200%。

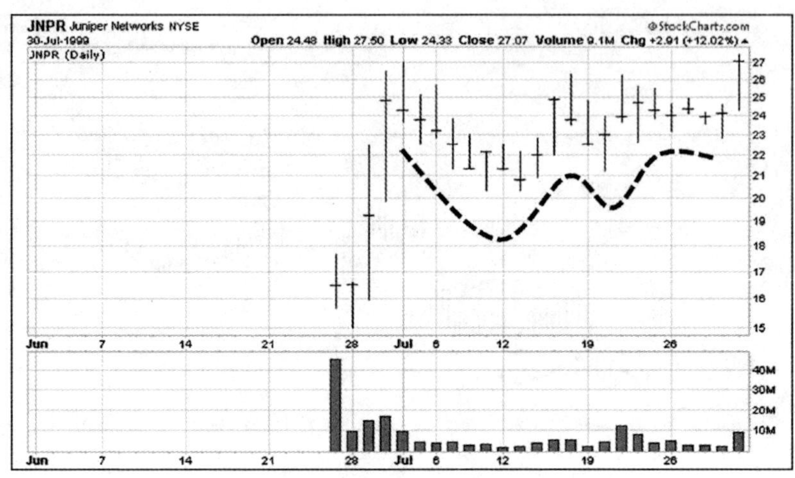

图 11.7 Juniper 网络（JNPR），1999 年

1999 年 7 月，Juniper 网络形成了第一根基，价格随后在 8 个月中上涨 500%。

不是每只青蛙都能变成王子

尽管适当的第一根基能提高投资者成功的概率，但并不是每一只股票在突破第一根基后都能成为大赢家，没有人能承诺股价之后一定能有大规模的上涨。因此，你必须准备好退出的计划，在趋势不对时能快速止损。

图 11.8 iRobot 公司（IRBT），2005—2007 年

iRobot 并没成功形成第一根基，股价从最高点跌去了 65%。

2006 年 1 月，我买入了 iRobot 公司的股票，当时该股正刚刚从第一根基中成长起来。在我买入后不久，股票开始下跌，并且跌幅不断放大。我在损失不大的时候卖掉了它。幸亏这么做了，之后股价如同坐滑梯一样从 37 美元跌到了 7 美元。尽管遭受了损失，但我的交易规则让我成功地避免了更大的损失。

从创新者到落后者

> 就如女性衣物的潮流永远在变化一样，老的市场领导者会退去，新的领导者会出现。只要股市存在，这种事情就会一直发生。要提前做好心理准备，今天的领导者可能两年后就被他人取代。
>
> ——杰西·利弗莫尔

一家名为 Circuit City 的大型连锁商场在 2008 年申请破产。Circuit City 在同类公司中曾是先行者，其股票在 20 世纪 80 及 90 年代曾风靡一时，股价在 10 年中上涨了超过 6000%。事实上，从 1981 年到 2000 年，Circuit City 公司的股票上涨了超过 63000%。尽管 Circuit City 在 20 世纪 80 年代曾是这个国家最大的零售商场之一，但它在随后的日子里犯下了一系列关键错误。公司最好的成长期发生在公司还相对较小时，它的问题随着公司规模的增长而不断增加。2008 年，Circuit City 仍然是美国第二大电子设备销售商，仅次于 Best Buy 公司，并且有超过 700 家店铺。但是，公司计划关闭其中的 155 家家电部，对已有租赁合同重新谈判，并裁掉一部分员工。这与公司扩张时期的行为形成了鲜明对比。那些持有 Circuit City 公司股票的投资者眼看着自己手中的股票价格在 2008 年跌到零点。

警惕那些知名的、每个人都将其认为是“成长股”的股票。那些如同 Circuit City 一样的公司已经过了成长的黄金期。在某个时刻，其会因为一个关键错误带来巨额的股票供给。相反，买入新的市场领头羊吧。不要害怕这些你不熟悉的公司。做些研究工作并熟悉那些正在形成第一根基的股票。这才是让你成为大赢家的正确道路。

第 12 章

风险管理：风险的本质

不论你投资的方法或观点如何，唯一保护你的投资组合、让其远离巨额亏损的方法就是在损失的雪球滚大之前就卖掉它。在我 30 年的投资生涯中，我还没有发现更好的方法。

——本书作者

几乎每种激烈的竞争都会产生一个冠军。在美国的体育运动中，超级碗、NBA 总决赛，都会诞生自己的冠军。在娱乐界，有艾美奖、托尼奖。交易也一样。这些年来，那些人中龙凤与各路竞争者聚集在一起，争夺全美投资冠军头衔（U.S. Investing Championship，USIC）。

USIC 大赛始于 1983 年，由 Norman Zadeh 发起，为股票、期权和期货交易者提供了一个相互切磋的平台。Zadeh 的生涯充斥着数学、投机和赌博；他在 1974 年撰写了《扑克赢家系统》，并在斯坦福大学和加州大学洛杉矶分校教授数学。Zadeh 深知尽管自己有着理论数学的天赋，但学院中的理论对于实际操作帮助甚少。他想要通过自己的实际经历证明有效市场假说是错误的。因此，Zadeh 举办了 USIC 大赛，证明有些人的业绩确实可以超越市场。

全美投资大赛很快就变成了一个著名的比赛，很多获胜者都自此开始了新的投资生涯。在早年间，USIC 被分为 4 个赛区：股票、期权、股票和期权、期货。通过大赛，Zadeh 能够发现新的交易天才，并与之签约，让其为自己的客户打理资产。

我还能回忆起 20 世纪 80 年代时在华尔街日报上看到的赢家名字。一位叫作大卫·莱恩的年轻人连续三年在大赛中摘得桂冠。另外一个著名的冠军是标普指数期货的交易员，马丁·施瓦茨。对我来说，赢得 USIC 并且跻身于冠军名单就意味着加入了一个精英圈子。

1996 年，在 31 岁时，我决定加入这项大赛。那时我相信自己的技术已经可以让我赢得冠军。比赛规则很简单：不论是谁，只要在一年中赚取最高回报，他就是冠军。每个参赛者的初始资本都是 25 000 美元。我拿到这些钱，并开始用我往常的风格开始交易：激进，但使用超级严格的风险控制。每天，我都要彻底检查我的观察名单，找到最佳的执行交易的时机。我的目标同往常一样，是尽可能赚取更多回报，但必须要在最优的时机执行买卖，从而不被自己的冲动左右。

第一季度末，我的投资回报率为 49.72%，账户中资金从 25 000 美元上升到 37 430 美元。当时，季度结果并不会被公开，所以我并不知道我的相对表现如何。第二季度末，我确实表现不错。我的账户又有 93.75%的增长，让我前 6 个月的总投资收益率达到了+190.08%。此时我的账户余额已经达到 72521 美元，此时我觉得自己已经在众多竞争者中脱颖而出了。

不久之后的一天，我接到了一个意外的电话，是大赛协调员打来的。他告诉我比赛需要终止，因为证券交易委员会对我们之前发布的收益结果提出了质疑。我简直无法相信，我好不容易决定加入 USIC，结果这个比赛居然被关闭了！“那你至少能告诉我，我的排名是多少吧？”我问道。如果能知道我在比赛中排名多少，至少还不算是一无所获。

“马克，你领先第二名一百多个百分点。”他这样告诉我。

我在感谢他之后非常失望地挂掉了电话。就是这样，我已经遥遥领先，后面的人很难追上我了，但这时比赛停止了，可能永远不会再有了。但就如碰到了糟糕的交易一样，尽管失望，但你还是要解决它并继续前进。

那年晚些时候，我接到了大赛组织方的来电，他解释委员会的问题已经解决了，大赛重新开始。比赛将在 1997 年 1 月 1 日恢复。但是，1996 年的结果都将不算数。这是新的比赛。如果我想要加入，就需要从头再来。我那 190%的回报率也同样作废。它已经不是官方的数据，即使我认为这是个很好的业绩，不会有人看到它，也不会有人关注它。

1997 年的比赛使用了新的规则：比赛只分为两个赛区，一个对接个人交易账户，资金额从 200 000 美元到 999 000 美元不等；另一个则对接资金量高于 1 000 000 美元的账户。两个部分对投资物都不做要求，参赛者可以任意投资于股票、期权、期货。尽管这看起来很不公平——期权和期货交易员可以使用杠杆放大收益，但我决定加入到第一个赛区中，并投入了 250 000 美元。

在第一季度，我的投资仅仅收获了 8%的回报，尽管表现不尽如人意，但我知道比赛结束时的最终回报率才是最关键的。这次比赛，每季度结果都会在 *Investor's Business Daily* 和 *Barron's* 上发布，世界上任何角落的人都能追踪到这些顶尖选手的投资业绩。在第二季度过后，我的排名已经进入前 20，但有些对手当时的回报率远高于我。我知道决不能让暂时落后的事实影响我在交易中的判断，也就是说我依然要严格遵守自己的交易标准，对每次买卖都使用最严苛的分析评估标准。我手上的是真实的金钱，做愚蠢的事情、为了赢得比赛而冒风险不是我的选择。我决心严格遵守事前指定的规则，我知道它很完善、合理。

在第三季度结束前，事情开始发生了变化。我渐渐逼近并超过了我的竞争对手。在第三季度末，我处在第一位，回报率为 110.10%，而排在第二位的选手回报率为 110.00%。我仅仅领先他 0.1%。

在第四季度，市场开始自我纠正；那真是非常残酷的交易环境。道琼斯指数在 10 月到达顶峰，并很快下跌了 10%。但是，这正是我希望的情景。我知道在这种时期，我严苛的交易规则不光不会让我遭受损失，反而还能让我继续赚钱。我相信没有几个人能做到这一点。最终在那年我的投资总回报率是 155%，几乎是第二名的两倍。我很庆幸，在 1997 年获得了当年的全美投资大赛冠军。

故事的关键点很简单。那些使用高杠杆期权、期货的交易员可能会让我承受过多压力而选择更有风险的交易方法。我也可能会因落后领先者太多而尝试做出调整，打破自己定下的交易规则。但是，我并没有这么做。反之，我继续专注于自己的交易方法，并让两个关键的元素发挥作用，帮助我最终获得冠军。这两个重要元素分别是“坚持”和“风险管理”。

冠军们的相同点是什么

人们买股票都是希望依靠它来赚钱。他们的梦想就是自己买入的股票能为他们带来高额回报。但是，在你将自己的血汗钱投入股市之前，最好想好你怎样能避免损失掉它们。如果将这些年所看所想总结成一点，我想那应该是风险控制是让你在股市中一直成功的最重要的基石。注意我说的是“一直成功”。

每个人都可能会因为恰好在正确的时间出现在正确的地点而获得短期的成功。但是，是否可持续才是真正区分专家和业余选手的关键。我曾在保龄球场上打到过 259 的高分，但其实我的平均水平也就在 129 左右，那是我唯一一次超过 200 分。在我的职业生涯中，我目睹了很多人在市场好的时候赚取数以百万的钞票，但随后又全部将这些金钱退回给了市场。下面我将告诉你怎样避免这样的悲剧发生。

只要你学会保护它，钱将永远属于你

> 不论你面对的是上百万美元还是区区几千美元，你都应该使用同样的准则。这是你的钱，只要你保护它，它将永远属于你。错误的投机几乎是失去它们的最好方法。
>
> ——杰西·利弗莫尔

要想实现持续的盈利，你必须保护住你的本金和收益。事实上，我并不太能区分两者。人们常犯的错误就是认为投资的回报并不属于自己，并不像珍惜原始资本一样对待投资回报。如果你也犯了这个错误，那么你需要马上改变自己的观点，这样才有资格成为明星投资经理。

假设我在周一的时候赚取了 5000 美元收益。我并不会把这些钱当作是免费得来的，对它们随意支配。对我来说，这仅仅意味着我的账户有了新的起点，我会用与之前一样的标准支配它们。一旦我赚取了收益，这些钱就已经属于我。昨天的利润成为今天的本金。

不要用那些业余投资者的理由搪塞自己。通过持续并保守的下注，一个玩家可能在转盘上赢取 1500 美元。但之后，他开始不顾危险地下更大的赌注。在他眼里，现在下注使用的并不是自己的钱。这种事情也会发生在股市中。业余的投资者会把赚取的回报当作是市场的钱，而不是自己的钱。早晚，市场会把这些资金拿回去。假设有一个人在 20 美元时买入了一只股票。之后，股价攀升到 27 美元。现在，投资者认为股价有了更多的下跌空间，因为他有了 7 美元的安全垫。错！一旦股票在我买入后价格上涨了不少，我通常会减少对其下跌的容忍度。此时，我的关注点变成了将收益变现。我才不会让收益变成亏损。

在每个交易期过后，当你检查自己的投资组合时，记得问自己：我看好今天的仓位吗？如果答案是否定的，为什么我要持有它们呢？你一开始买入它的理由还是有效的吗？每天交易结束后，记得要坦诚地评估一下自己的仓位。

我并不是建议你对价格回撤抱有零容忍的态度。你应该允许股票在某个范围内波动，但这部分回旋的空间不应该与你的收益有关。通过对比你持有的股票的预期收益与其带来的风险来评估你的股票。每天，你持有的都应该是自己认为能在未来给你带来更大收益的股票。

合理的法则让你的视线更透彻

> 那些巨额的损失总发生在我经历一段好时光、认为自己知道了什么之后。
>
> ——Pual Tudor Jones

在某些特定的时候，在股市中赚钱并不是什么难事。通常这会导致后来的粗心大意，因此而带来巨大的灾难。成功并不是来源于你某天、某月或某个季度的获胜；它来源于一年又一年的持续胜利。坚持合理的风险控制原则不光能让你保住已获得的利润，还能让你更加脚踏实地，不被胜利冲昏头脑。

你一定听过这句话“及时止损，让盈利奔跑起来”。当我做访谈的时候，我花了很大一部分时间讲述了止损如何成为我成功的关键。在访谈中间，记者曾经关掉录像机并跟我说：“马克，这些内容很好，但有些老生常谈，每个成功的交易者都说过这些。”

“他们当然都会说这些，”我告诉他，“这就是他们成功的原因，也是我成功的原因。”

当你进入交易行业时间较长之后，你会很容易因为新的技术发展而失去自己的洞察力。如果你真的这么不小心的话，基本面可能仍会在你的心中，或者更微妙地，在你的潜意识里做出补救。在各种股票买卖培训之后，你必须制定自己的风险控制标准并记住它、遵守它，同时还要不断完善它。可能这些听起来并不那么激动人心，但正如传奇人物 Roger Staubach 说的那样“激动人心的结果背后都有着很多枯燥乏味的训练”。

从 Jack 大师那里学来的一课

我对完善基本功的痴迷部分来源于我小时候参加的空手道学校。我对那些体操类的练习颇有天赋，不久之后我就能做出各种复杂的空手道动作。他们甚至叫我“电影人”，因为我有能力做出很多你在电影上才能看到的打斗动作。但是尽管如此，我仍然是个新手。我的老师，Jack Moscato 大师知道我需要谦虚一些。

有一天，Jack 大师要我在他面前扎一个马步，这是最基础的动作。他在我做的同时安静地围着我走动着。突然，他踢了我的腿一下。我马上倒地不起。当我躺在地上惊讶地看着他时，Jack 大师盯着我的眼睛并告诉我“或许你要先学会站，再去学跳”。那次的事从此深印在我的脑海中。掌握最基本的东西。每天提醒你自己，通向成功的关键就是在基础的事上面比其他人做得更好，并且能重复做下去。伟大建立在坚实的基本法则之上。

失败是成功之母

当你在一次交易中遭受损失后，你需要用后期更高的收益来弥补这次的过失。如果你的股票跌去了 50%，那它需要上涨 100%才能让你盈亏平衡。但是，如果你的损失很小呢？10%的损失需要 11%的收入就能让你打平，5%的损失只需要后期 5.26%的收益就让你盈亏平衡了。这就是你不能让自己的损失太大的原因。同时，如果你的账户中损失过大，你的购买力也会被相应大幅削弱，从而导致你股票覆盖面的减小。将你的损失保持在较低的位置，你能保住自己辛苦得来的回报，以备未来投资使用。

此处的要点在于永远不要让投资损失威胁到你的账户。损失越大，恢复的难度也就越大。一定要设定好一个最大亏损线，比如 10%。你的平均损失应该比这个值小很多，比如 6%或 7%。如果你无法将自己的损失控制在 10%以内，就证明大麻烦来了。也许是你的选股策略出了问题，也有可能是市场环境已经不适宜投资，你应该离开股市。

损失	挽回损失需要的收益率
5%	5.26%
10%	11%
20%	25%
30%	43%
40%	67%
50%	100%
60%	150%
70%	233%
80%	400%
90%	900%

图 12.1　挽回损失对应的收益率

两次上涨一次下跌

如果我保证你三年的投资每年的复合收益率分别为 50%、50%和−50%，看起来这种收益还不错，但如果你仔细想想的话：你的三年总回报只有 12.5%，也就是大约每年 4%的增长率。如果只是希望这种级别的收益，你完全可以将资金投资在其他风险更小的地方。事实上，这种“两次上涨一次下跌”的收益完全不能吸引人。如图 12.2 所示，这种规律下，你最好的收益仅仅是年化 5.75%，依旧不能让人满意。要想有更好的投资结果，你必须更加仔细地控制自己的风险。

第一年	第二年	第三年	3 年总回报	年均回报
10%	10%	-10%	8.9%	2.9%
20%	20%	-20%	15.2%	4.9%
30%	30%	-30%	18.3%	5.8%
40%	40%	-40%	17.6%	5.6%
50%	50%	-50%	12.5%	4.0%
60%	60%	-60%	2.4%	0.8%
70%	70%	-70%	-13.3%	-4.7%
80%	80%	-80%	-35.2%	-13.5%
90%	90%	-90%	-63.9%	-28.8%

图 12.2　不同幅度的“两涨一跌”带来的年化收益率

说服自己：损失调整训练

伟大的投资者是指那些从一开始就懂得下跌的人。

——Sam Zell

在我的职业生涯早期，我并没有理解损失巨大的影响和止损的重要性。就如同大多数交易员那样，我经常在经历一段比较成功的时期后，因为没有注意到某些失败的股票而遭受相对剧烈的损失。我知道止损听起来很合理，并尝试着将它应用于我的投资中，但每次我都会打破这条法则，希望局势会扭转过来。直到有一天，我决定要在自己所有的股票中测试止损的影响。

我决定在我过去所有的损失中使用 10%的止损线，也就是将股价最大的下跌幅度限制在 10%，超过该线则卖出，看看这种策略能给我带来什么样的结果。正如我说的那样，偶尔我会持有那些慢慢下跌的股票。当我使用止损机制，将下跌限制在 10%之后，我的投资结果出现了大大改善。尽管这种策略有时会让我被迫卖掉一些后期能恢复上涨的股票，但总的投资结果仍然是有显著提高的。这种机制带来的整个投资组合业绩增长太过明显，令人难以置信。但在我重新检查了几遍之后，发现一切都是对的。在采用该机制后，我的投资业绩从之前的两位数的亏损变成了超过 70%的盈利。

这样一个小的改变就能对投资业绩有如此大的影响？当然是的！这一发现最终成为我交易的转折点。我明白了，风险管理是通向成功道路的关键。从那次开始，我开始非常厌恶风险，同时我的投资结果也显著改善了。我严格遵守着止损机制，结果是我的投资业绩上了一个新的台阶。我管这叫作“损失调整训练”。试试看，你会有新的视野。

回到 20 世纪 80 年代，我的交易账户中收益和损失的分布大概是这样：

- 收益：（6%，8%，10%，12%，15%，17%，18%，20%，28%，50%）平均收益 18.4%
- 损失：（7%，8%，10%，12%，13%，15%，19%，20%，25%，30%）平均损失 15.90%
- 实际复核回报率：–12.05%
- 将损失调整至–10%（仅包括绝对值低于 10%的损失）
- 调整后的复合回报率：+79.89%

	原始收益				调整后收益		
Trade		% G/L	Cum. Bal.	Tot. Ret %		% G/L	Cum. Bal	Tot. Ret. %
			$ 100.00				$ 100.00	
1	Gains	6%	$ 106.00	6.00%	Gains	6%	$ 106.00	6.00%
2		8%	$ 114.48	14.48%		8%	$ 114.48	14.48%
3		10%	$ 125.93	25.93%		10%	$ 125.93	25.93%
4		12%	$ 141.04	41.04%		12%	$ 141.04	41.04%
5		15%	$ 162.20	62.20%		15%	$ 162.20	62.20%
6		17%	$ 189.77	89.77%		17%	$ 189.77	89.77%
7		18%	$ 223.93	123.93%		18%	$ 223.93	123.93%
8		20%	$ 268.71	168.71%		20%	$ 268.71	168.71%
9		28%	$ 343.95	243.95%		28%	$ 343.95	243.95%
10		50%	$ 515.93	415.93%		50%	$ 515.93	415.93%
11	Losses	-7%	$ 479.81	379.81%	Losses	-10%	$ 464.34	364.34%
12		-8%	$ 441.43	341.43%		-10%	$ 417.90	317.90%
13		-10%	$ 397.28	297.28%		-10%	$ 376.11	276.11%
14		-12%	$ 349.61	249.61%		-10%	$ 338.50	238.50%
15		-13%	$ 304.16	204.16%		-10%	$ 304.65	204.65%
16		-15%	$ 258.54	158.54%		-10%	$ 274.19	174.19%
17		-19%	$ 290.41	190.41%		-10%	$ 246.77	146.77%
18		-20%	$ 167.53	67.53%		-10%	$ 222.21	122.21%
19		-25%	$ 125.64	25.64%		-10%	$ 199.88	99.88%
20		-30%	$ 87.95	**-12.05%**		-10%	$ 179.89	**79.89%**
Bat. Avg. 50%	**Average Gain: 18.40% Average Loss: -15.90%**				**Average Gain: 18.40% Average Loss: -10.00%**			

图 12.3　加入止损机制后的收益测算表

接受市场的判断

只要你不握紧，没有事情能将你拽倒。

——Tony Robbins

股市给了我们所有人无穷尽的潜在奖励。作为一个纪律严明的投资者，你有理由对你成功的概率持乐观态度。但是股市也有可能毫无征兆地给你一记重击，把你的美梦变成财务梦魇，就如那些在 2000 年 3 月开始的大熊市和 2007—2008 年的风暴中损失了数以百万美元的投资者一样。不论你是投资了蓝筹股还是原油期货，每一个有经验的投资专家都会告诉你这里没有自负的空间。市场有能力并且也会打败所有忽视风险和危机的人。每次熊市，都会有一大批新的投资者学到这一点。

要想成为一个成功的投资者，你需要学会的第一条纪律理解起来很简单，但遵守起来很难：接受市场的判断。

知道何时自己是错的

好的交易建立在一种奇怪的平衡之上，你既要坚信自己的观点，也要保持灵活随时能认识到自己的错误。

——Michael Steinhardt

曾有人问我“你怎么知道什么时候自己是错的？”，我的回答永远是“当股价下跌的时候”。就是这么简单。事实上，如果买入后一段时间内股票没有上涨，我通常会卖掉它。即使股价并没下跌，如果股票不像我预期的那样变动，我都会重新对其作出评估。当你持有的股票价格跌到你的买入价以下时，就证明你已经犯了错误。不管你是短期投资者还是长期投资者，都不能犯错误，时机是一切。在错误时间买入好公司股票与直接买入差公司股票带来的损失是一样的。不论你投资的方法或观点如何，唯一保护你的投资组合、让其远离巨额亏损的方法就是在损失的雪球滚大之前就卖掉它。在我 30 年的投资生涯中，我还没有发现更好的方法。

令人惊奇的是，不论那些鼓吹自己投资理论的所谓的成功投资者数量有多少，真正能采用上述建议的人少之又少，甚至很多专家都无法做到。结果就是，只有很少的人能在股市中做出出色的业绩。毋庸置疑，对投资者来说最难采用的法则就是对投资的股票砍仓止损，因为这就意味着投资者不得不承认之前的购买是个错误，而没人愿意这样做。

避免巨大错误发生

> 知道自己都有哪些漏洞，怎样能将它们控制在最小，怎样弥补它们，我们获胜的机会就更大一些。
>
> ——Bobby Knight

最近，我有幸与 Itzhak Ben-Divaid，《投资者真的很不希望将浮亏实现么？交易对以往回报和处置效应的回应》一文的著作者之一，进行了一次谈话。投资者们过早卖出浮盈的股票并长期持有浮亏的股票的现象被经济学家们称为“处置效应”。

Ben-David 先生和 David Hirshleifer 研究了从 1990 年开始到 1996 年的超过 77 000 个股票账户的交易记录，并进行了一番广泛而深入的分析。他们分析了投资者何时买入一只股票，在什么时候卖掉它，同时记录了在此过程中投资者的收益或者损失。他们还分析了投资者什么时候更容易卖掉之前买入的股票。两人的分析结果发表在 2012 年 8 月份的期刊 *Review of Financial Studies* 中。

研究得出了几个很有意思的结论：

- 投资者更可能让手中的股票巨额贬值，反而不会允许股票升值太多；他们更愿意长期持有失败股，并过早卖出成功股。
- 额外再买入价格下跌股票的概率高于额外再买入价格已经升高的股票；投资者可能遭受二次损失。
- 投资者通常会将小的浮盈变现，而继续持有小幅浮亏的股票。

大多数投资者对于砍仓止损都反应过慢。结果就是，他们除非已经忍无可忍，否则会一直持有价格下跌的股票，忍心看着它不断蚕食自己的资本和宝贵的时间。为了成功，你必须时刻记得，唯一能让你持续在股市中操作的方法就是保护你的账户，使它不遭受灾难性的损失。作为投机者，避免巨额损失是帮助你成功最重要的因素。你不能控制股票能上涨多少，但大多数时候，你可以选择承担多少风险。这里我能保证：如果你无法学会接受小额损失，早晚你会遇到更大的问题。这是无法避免的。

掌握投机的技巧，你必须直面你的破坏力；一旦你了解这方面的能力，你才能控制你的目标并持续向目标前进。你应该着重花费时间和精力学习如何弃卒保车。你必须学习怎么样避免更大的错误发生。

不要成为无意识的投资者

因为投资者们拒绝承认错误，他们会将自己的错误合理化。当交易朝着不利于自己的方向移动，并出现亏损时，他们会突然决定长期持有这些股票。这时，他们就变成了利弗莫尔常说的“无意识的投资者”，一个只要有一点收益就收割，却把损失扔在那里任其放大的投资者。

每个重要的自我纠正都从很小的下跌开始。你并不知道今天10%的下跌是否是未来 50%下跌的开始，一旦你没及时撤出，一切就都晚了。没人能确切知道股票是否能仅在下跌一点之后开始上涨。如果你知道自己的股票会下跌 15%或 20%，你还会在开始时购买吗？当然不会。股价跌破你的买入价格意味着你在错误的时间购买了该股，而这种错误经常会发生。最好的交易员在健康的市场中也仅能在 60%或 70%左右的时间做出正确的选择。

事实上，你完全可以在选股正确率仅有 50%的情况下赚得巨额利润，但要想做到这一点，你必须控制自己的亏损。你可以在 3 次选择中只有 1 到 2 次选对股票，但一定要在损失扩大前卖掉另外的那个下跌的股票。每剩下一美元，就等于自己赚了一美元，而你的账户里面的每一美元都会滚动起来，未来可能会给你带来丰厚的回报。总之，不要成为无意识的投资者。

它还能跌多少

> 列出上百个在我的时代被认为是金边投资、今天却一文不值的股票十分容易。也就是说，伟大的投资也会被推翻，同时将财富在那些所谓的保守投资者之间进行再分配。
>
> ——杰西·利弗莫尔

有些投资者觉得他们的交易中并不需要止损，因为他们只买质量好的股票。但事实上，并没有这样安全的股票。很多“保守投资者”会长期持有那些所谓的“蓝筹股”，耐心等待其升值。如果这是你的策略，恐怕你最后会处于不利的境地。这仅仅是一个懒人的策略，或者根本就没有策略。

我听过无数次这样的话“他们的业务不会出问题”，因为他们是可口可乐或苹果或其他知名的公司。也许他们的业务不会出问题，但也有可能会，或者他们的股票也有可能下跌 70%，然后用数十年的时间恢复。比如可口可乐公司，股价在 1973 年时达到了顶峰，随后便下跌了 70%。11 年之后，股价才恢复到原来的高位。当然，投资者们每年会收到一些分红，但这些钱甚至不能打败通货膨胀率，所以投资者们还是在亏损。1998 年，可口可乐公司股价再次达到顶峰，之后股价下跌了 5 年，跌幅已近 50%。

大量的“优质”公司都会有股价暴跌的经历。在 1973 年股价走过高点后，柯达公司（Eastman Kodak）用了 14 年才重新回到高点，但在 1987 年，股价再次下跌。股价又用了 8 年才恢复到 1973 年的位置。

施乐公司（Xerox）也在 1973 年价格达到最高点，当股价再次回到该位置时，时间已经经过了 24 年。在这期间，标普 500 指数已经上涨了超过 500%。20 世纪 60 年代时，雅芳（Avon）公司的股票非常受欢迎，其价格从 1958 年的 3 美元涨到了 1972 年时的 140 美元。但之后，其股价快速下跌至 19 美元，在 1 年内跌幅高达 86%。14 年后，该公司股价仍然徘徊在 19 美元左右。

1999 年 12 月至 2002 年 2 月的 32 个月间，麦当劳（McDonald's）股价下跌了 72%。2000 年 8 月开始，AT&T 股价在不到 4 年的时间内跌去了 80%。从 2000 年 4 月开始，思科公司（Cisco Systems）股价也在 30 个月内下跌 90%。2000 年，机构的最爱 Lucent Technologies 公司在股价经过顶点后在 35 个月中跌去了 99%。

没有一只股票能永远坚挺。几乎没有股票能在若干月内价格一直上涨。如果时机错误，好公司的股票也会给你带来糟糕的结果。很多所谓的“投资级”公司未来仍然会面对新的挑战，比如变糟的商业环境或者法规的改变，都会显著影响公司未来的潜在利润。通常，在问题变得明显前，公司的股价会提前预期到该问题并以快速下跌作为反应。但此时管理层会说一切都很正常，对吧？当公司出现基本面问题时，管理层可能是你最糟糕的信息源。他们会用一切合法的，有时甚至是不合法的方法稳住投资者，从而维护股价的稳定。2008 年，通用汽车（General

Motors）股价跌到零点。AIG 和雷曼兄弟（Lehman Brothers）或者安然公司（Enron）呢？他们在出事之前都是世界闻名的公司。

它能跌到什么程度？跌到零点！

赌场之行

> 持续的赢家会在他们位置稳固的时候加大赌注，而在情况相反的时候离开赌桌。输家则会不断加大赌注，期待奇迹的出现。在赌场和华尔街的研究中，我发现奇迹发生的频率恰好会让那些输家一直输下去。
>
> ——彼得·林奇

我第一次看到德州扑克是在一个赌场中。我在桌边看了仅仅几分钟就发现它和股票交易有异曲同工之妙。Ante（看到三张牌需要下的初始赌注）仅仅是 0.5 美元。但是，pot（赢家最终在本轮中能拿到的钱）则可高达 50 美元。因此，只要花半美元，玩家就有可能最后拿走 100 倍的收益。

在桌旁玩了一晚上后，我大约赢了 1400 美元。我的秘密是什么？我用炒股的方法玩这个游戏：只要结果与预期不同，我就会将赌本翻番。如果我手中的牌并不好，我就会放弃该轮，接受 0.5 美元的损失。我知道当我手中有一把好牌时，我很快就能将之前的损失弥补回来。我可能会连续 30 次弃牌，这会让我的损失从 0.5 美元放大到 15 美元。但是，平均下来 Pot 的时候我的收益可以达到 50 美元。所以，如果我失败了 50 次，但只要赢一次我就可以把之前损失的全部赚回来。

为什么其他玩家在发现手中牌不尽如人意时并不会选择弃牌呢？自负！自负打败了法则。没有法则的玩家总会在赌桌边上出现。股市也一样，只不过股市中的投资者可能更加不自律。赌徒和投机者的阿喀琉斯之踵都是每次都有要参与的渴望，而这也使每个人在过于相信自己判断时候容易犯下的不耐心的错误。

在拿到平庸牌后的放弃就如同在股价低于买入价时，为了保护账户而做出的卖出选择。亏损不可避免。但是，限制了你的亏损后，你自己已经领先于其他投资者了，因为大多数投资者都不敢做到这一点。最好的交易员是那些能认识错误并勇于止损，保护自己的资产，等待下一次机会的人。

百万分之一

作为一个交易员，下面哪一项更吸引你：给你 1000 美元还是让你有 1%的机会获得 1 000 000 美元？注意，这里的关键是“作为交易员”。现在想这样一件事：如果你是个律师，你会只进一次法庭吗？如果你是一个医生，你会只做一次手术么？如果你是个交易员，你的决定仅仅依据一个一次性事件吗？当然不是。作为一个股票交易者，你可能在一生中交易数以千计的股票。

上述问题的答案是，如果这只是一次性事件，选择 1 000 000。如果这里包含着很多交易，比如 100 甚至更多，那么 1%的成功率一定会让你破产；所以此时，选择 1000 美元。

如果你将要成为一个股票交易者，你会在交易行当中闯荡很多年，甚至可能几十年。如果你每次交易当做你上百万次交易中的一次，那么接受止损，承担小额损失并开始下一个交易就变得容易得多。如果你能保持自律，坚持使用好的判断，并与高概率事件打交道，成功就会向你倾斜，你会更容易获得收益。

在扑克游戏和股票市场中，你都在与概率交手。也就是说，你不可能每次都对。如果长时间看，你获得的回报高于失败的支出，你就离成功不远了。我将每次交易都看成我多年连续交易的一个小部分：小到只有百万分之一。

区别在何处

你在价格为 30 美元时买入一只股票，因为你认为它看起来很好：基本面很不错，未来明朗，股价也表现得很好。突然，公司公布下期每股净利润因为工厂未能按时建成而低于预期。第二天，股价应声跌去了 10%。现在，你面对的问题是卖掉它并承担损失，或是继续持有。

我的问题是，你继续持有价格已经下跌了 10%的股票，等待它渡过难关重新上涨，与重新买一只看起来不错的股票有什么不同？答案是：除了你的自负会受伤外，没什么不同。成功的投资者能马上切换过来并接受这种变化。他们并不会爱上这支股票并忽略它走向更糟的可能性，反而会选择下一只股票，继续前进。只要赚钱，买 A 和买 B 有什么区别？如果你的股票价格是 30 美元，现在跌到了 27，它需要上涨 11%才能让你盈亏平衡。这与你在 50 美元时买入一只股票并等待其升值至 56 美元一样。

多好的事情

当你玩扑克牌时，你需要为自己看牌的行为支付一定的费用。你必须付出 ante 或者下注才能继续留在游戏中。现在想象你能免费看到每个人手中的牌。在这种情况下，你怎么可能会输呢？股市中最好的事情之一就是每个人的竞争环境都一样，不管你是否拥有十足技巧或是否是专家。这也是股市并非是纯随机市场的原因之一。在股市中，你可以不花钱地站在一边，观察并等待最宝贵的时机出现。你能在下注前观察到市场的“牌路”，而且这是免费的。这个了不起的优势，几乎没有几个人能充分利用。

你不需要参与到每一次的市场波动中。事实上，你也不该这么去做。做一个严格的机会主义者。要非常挑剔地选择每一个进入点。在概率变得对你有利之前，耐心等待。有了耐心和自律，你才能从那些缺少自律的对手面前拿走赢得的利润。在你什么都不做的时候，那些缺少技巧的竞争者们正在为你的成功铺平道路。多好的事情！

当错误成真时

> 成功的投资者和不成功的投资者的区别在于他们如何应对失败的股票。犯错误不是问题。问题是不肯接受错误。问题是一直犯错误。
>
> ——Dan Sullivan

不论你有多聪明，我保证你未来仍会犯很多错误。我们都会。绝对不能让任何失败的经历粉碎你的自尊心。很多失败的交易可能并非是错误，他们只是随着情况的变化变得难以预测。真正的错误是你拒绝为这些变化做出反应。没人能优秀到从不经历任何损失。错误难以避免，但是否做出改动则是你的选择。继续保留错误是致命的，可能在生理和心理上对你造成巨大的创伤。当你拒绝接受现实，你就不再是交易者了：你为了假象牺牲了原则。压力会让你的心脏不堪重负。为了你的健康和信心，还有你的金钱，你必须学着放弃并且继续前进。

如果你没感觉愚蠢，你就没在掌控风险

有时在你卖掉股票并接受损失后，股票会扭转头来重新上涨。这在我身上也发生了上千次了。我会觉得愚蠢或因此而愤怒么？不。投资和交易股票都是与概率共舞，你只需要平均收益高于平均损失即可。要想每次都正确是不现实的。市场通过让你觉得自己很愚蠢的方式来强迫你做出很愚蠢的事情。不要屈服。继续保持自律并在需要时止损。不管理风险的人不会做出好的业绩。

上面的概念应该很明显，但它通常会被忽略。尽管人们都知道这一点，但很少有人能与自己的本性对抗，这需要很强的自制力。我没法强迫你在需要时止损；这是你自己的事情。我能做的就是让你知道我从自己成功中领悟的东西，并告诉你股市并不是那些容易被自己错误打败人的领土。错误就是教训。换句话说，它是你进步的阶梯。这些经历是最好的学习材料。尽管止损无法保证你在股市中大获全胜，但它会帮助你在那里存活下来。

为什么大多数投资者没能成功止损

投资者们通常对自己持有的股票有着特殊的感情。他们将时间花费在对股票的研究上，日日夜夜阅读公司报表，甚至尝试公司的每一件产品。之后，当他们的宝贝儿价格暴跌时，自己的苦楚可想而知。他们会找到各种借口解释股票的下跌；他们打电话给经纪商或在网络上寻找利于自己的观点，从而让自己对股票重拾信心。他们只关注对自己有利的言论。

随着股票持续下跌，他们的损失不断放大。通常，往往是在股价已经跌到自己无法承受时，他们才会将该股扔进马桶，并有深深的挫败感。不要让自己陷入这致命的圈套。要想在股市中有可持续的成功，你必须觉悟到赚钱比证明自己正确更重要。你的自负必须放在一边。

听起来这个觉悟很简单，但再想一下，很多人都没想通这一点就开始在股市中投机。他们的自负凌驾于其交易成功或失败之上。结果就是他们会为明显失败的股票寻找各种借口。最终，止损成功与否取决于你走出自己情绪的能力的大小（希望，害怕，自豪，激动），即使你不能马上走出来，也至少不要让它们影响到你的判断力。

很多投资者都会陷入心理的陷阱中。希望和贪婪迷惑了他们的决断力，从而让他们继续持有亏损的股票。他们发现卖掉很困难，所以他们会用各种方法将自己的亏损合理化。他们让自己相信只要没有卖出，亏损就不会真的发生。失败是交易和投资的一部分；如果你没准备好应付它们，它们早晚会让你付出惨重的代价。

正如你能看到的，我用了两章专门描述风险管理。这是因为交易中，如何控制亏损是区分平庸或伟大的决定因素。个股不像基金，它们并没有基金经理，它们自己也不管理自己；你才是管理者。当投资股票时，不需要所有事情都“OK”。对于投机者，小的亏损只是他们工作的一部分，就如同商场中的打折货一样。好的经销商不会死守着商品，等待着库房中积压的存货重新焕发青春。如果他很聪明，在市场不好时，会用最快的速度清空货架，然后用省下来的空间重新摆上最新最受欢迎的货物。

第 13 章

风险管理：如何处理并掌控风险

我有两条在交易生涯和日常生活中获胜的基本法则：（1）如果不下注，你永远无法获胜；（2）如果输掉了所有筹码，你将无法继续下注。

——Larry Hite

三十年来，在经历了 8 次牛市和 8 次熊市后，我积攒了大量个人财富，而这些几乎全部是通过股票投机得来的。在从这些血泪史中不断学习之后，我幸运地开始了持续的成功，不光保住了自己的初始资本，还额外收获了大量投资回报。你如何做到这一点？换句话说，如何经受住时间的考验，不光在牛市中，在熊市中同样能攫取收入？答案并非什么秘密。答案就是风险管理。

风险是可能损失的概率。当你持有一只股票时，其价格下跌的可能性总是有的；只要你在股市中投资，就要承担风险。股票交易的目标是通过让潜在回报高于潜在风险来实现持续盈利。但是，大多投资者面临的问题是他们过于专注于回报而忽视了风险。几乎没有人会采纳我将要教给你的建议。

在股市中，每个人的目标都是赚钱。为了能在这样的环境中获胜，你必须做到那些大多数投资者意识到但不愿做或彻底没意识到的事情。如果你成功了，当你回顾你的职业生涯时，你会看到让你与众不同的工具之一就是自律。多年来，我发现投资者们出现投资亏损或没能达到超常业绩，原因并非源于熊市那有害的市场环境，而是源于他们内心深处。

下面的情景是不是很眼熟？你在 35 美元时买入股票，并且在股价跌到 32 美元时对是否卖出犹豫不决；之后，股价进一步跌到 26 美元，这时如果其能回升至 35 美元，你会很高兴地卖掉它。但是，当股价进一步跌到 16 时，你会问自己，为什么我不在 26 美元甚至是 32 美元时卖掉它呢？投资者陷入这种窘境的原因是他们没有很好的应对风险的计划，并且因自己过多的自负影响了自己的判断。好的计划需要实施，也就是需要你的自律。这部分我无法替你做到，我的目的是教给你如何去做。

养成习惯

平庸与伟大的区别在于是否能自律。管理风险需要自律。坚持自己的策略需要自律。即使你有一个很好的计划，如果缺乏自律，情绪还是会影响到你，从而让你功亏一篑。自律会发展成习惯。如同大多数人一样，每天早上你起床后都会刷牙，对吧？你并不会对自己说，我每天都要刷牙，这个月我决定给自己的牙刷放个小假。相反，刷牙已经成为你的习惯，在你多年的重复和对其必要性的认识已经将它深深植入到你的脑海中。这种心理现象也发生在人们的锻炼和健康的饮食中，那些认为锻炼与饮食非常重要的人已经把两者发展成为生活习惯。

如果你用自己的情绪控制自己的投资组合并且不能自律的话，做好处理剧烈波动的准备，可能最后你的付出并不能换回什么值得炫耀的回报。好的交易是枯燥的；坏的交易才令人兴奋并且让你脖子后面的汗毛都会立起来。你可以成为一个枯燥但富有的投资者，你可以成为一个疯狂的赌徒，这都是你的选择。不断重复那些好的工作，你会潜移默化地养成良好的交易习惯。养成能带来好结果的习惯是值得的，但需要以自律作为前提。

应急计划

没有最终的成功。

——Winston Churchill

在股市和生活中，风险是不可避免的。人们最多只能通过精细的规划控制风险。控制风险唯一的办法就是决定买卖股票的数量、时间和应对任何可能发生的事件。作为一个股市投资者，你必须学会为了自我保护而抛售，因为你没有控制股价的能力。你的目标不是避免风险，而是控制风险：通过掌控减小风险发生的概率和其破坏性。

我不想在我的交易中有任何碰运气的成分。如果我走进赌场，我知道赢的几率有多少，但这种感觉就像在碰运气一样。我不会在股市中赌博。要想在股市中成功，最好的方法就是对各种可能发生的事情做好准备，并不断根据新遇到的事情更新你的计划。你的目标应该是消除交易中的麻烦和惊喜。为了做到这一点，你需要建立一个能帮你处理几乎所有问题的方法。提前做好准备是管理风险的最好最有效的方法。

只有提前做好应急方案，你才能成为专家。要想对危机做出反应，你必须提前准备好。在我投资前，我已经提前想好了对于几乎每种可能发生事情的应对方案。每种可能我都有所准备。如果新的状况发生了，我就会把它加入到我的准备清单中，不断完善我的应急手册。

提前准备好，你就能在市场行为有所变化时迅速做出行动。你也应该为预期或预期外的获利做好准备，在各交易日开盘前，心中预演好当天应该如何处理各类事件。之后，当市场开始交易时，就不会有意外发生，因为你已经知道该如何应对。

你应该像飞行员操作一架 747 飞机一样操作你的投资组合。为了保证乘客的安全，飞行员需要事先准备好应对各类问题的方案：发动机熄火，气候变化，液压故障以及成百上千个机械或电子问题。飞行员需要考虑到从电子设备到乘客可能出现的一切问题。这样当意外发生时，就不会措手不及。这需要事先准备与训练。如果我们没有准备好，我们就把自己暴露在风险中了。

我对自己的交易准备了 4 个基本的应急计划。

初期止损

在买入股票前，我会提前设定止损线：让我彻底退出该股的价格水平。当股价触及止损线时，我会毫不犹豫地卖掉手中所持的所有该只股票。一旦我将它们全部卖掉，我就可以清醒地分析当前的状况。初期的止损线是在你建立仓位早期最重要的工具。一旦股价上涨，止损线也应该随之调高，以保护自己的收益。

重新进入

有些股票从稳固期走出来，并吸引了大量买家。但是，它的一次快速回撤可能将你剔除出去。这种事情经常在市场依旧走弱或者波动很大的时候发生。但是，基本面强劲的股票在纠正或回撤发生后仍然能恢复回去，形成新的根基。这就是一个好的信号。通常第二次上涨会更加剧烈：股价重新站稳脚跟并驱赶了很多弱势的持有者。如果在第二次根基中交易量放大，股价真的可能起飞升空。

在股价波动与你的想法相逆时，不应该假设它能恢复。这时你永远应该先保护自己，砍仓止损。但是，如果股票把你踢出去，你一定不能自动把它从购买候选名单中剔除。如果股票依旧显示了赢家的特征，你就应该开始寻找重新入场的时机。你之前的入场点可能有误。有时你需要尝试两到三次才能抓住最好的时机。业余的投资者会被一次两次的强迫斩仓吓到，但职业投资者则更加客观与冷静。他们会用风险与收益评估每次交易；他们会将每次交易都看成新的机会。有些人相信卖出股票并在后期重新进入是新手才做的事情。使用止损管理风险，特别是在市场不利时期，可能会让交易员觉得自己在追赶别人的尾巴。提醒自己不要让自负凌驾于风险管理之上。长期的投资结果才能算数。我有些成功的股票在上涨之前把我剔除出去很多次。

获利并卖出

一旦股票为你赚取了巨额的回报，你就不该让这些回报损失掉。例如，假设你的止损线是 7%。如果你的股票已经上涨了 20%，你就不该让你的收益消失并亏损。为了防止这种事发生，你可以提高你的止损线至盈亏平衡点或继续将其提高，帮助你锁定收益。如果之前还在获利，但卖出后仅仅是盈亏平衡，你会觉得自己很愚蠢；如果最终你把一个还不错的收益弄成了亏损，感觉就更糟了。

有时你不得不关闭一个交易。在你卖出股票时，你会处在如下两种情况中：

- 走强时卖出，也就是股价还在上升时卖出。
- 走弱时卖出，也就是股价下跌时候卖掉。

在价格走强时卖出是职业交易员们的共识。我们需要认识到，在股价快速上涨时，由于买家众多，你可以快速将自己的仓位削减下来。或者，你要抢在股价刚刚显示出走弱的势头时就要第一个卖掉。但是，你需要为两种情况提前做好准备。

灾难计划

第四个应急计划你可能并不会经常用到。但是，这是帮助你保住投资组合和你心血的重要工具。看到多年交易的成果因为一个没有预计到的黑天鹅事件付诸东流是一件很耻辱的事情。灾难计划可能是你所有应急计划中最重要的。事实上，它可能就是你的安全带。灾难计划用于处理诸如网络故障或停电这样的问题。你有备用的系统么？如果你昨天买入的股票因为公司高管涉嫌行贿被立案调查而大跌该怎么办？

应急计划的重要在于它让你在火烧眉毛的时候仍能冷静地做出正确选择。为了在股市中存活，我会假设每天都会有很糟的事情发生。我总是做好应对最糟糕事件的准备。

应急计划让你能拥有强大的内心，让你在面对问题时能快速正确地做出应对。应急计划也需要不断完善。随着你不断接触新的问题，发现新的解决方法，你的计划也应该不断做出修整。你不可能有所有问题的答案，但你需要找到大部分问题的解决方法，目的就是让你的潜在回报超出你的风险。

损失预期收益的代价

投机仅仅是对未来价格变动的预测。要想正确，你必须让你的预测具有事实基础。

——杰西·利弗莫尔

人寿保险公司根据“死亡率表”，一个通过统计学得出的人们在不同年龄发生死亡的概率，进行日常投资等运营活动。用这些表格，保险公司就可以比较精准地预测在未来某个年龄段中投保人未发生死亡的人数。尽管他们无法告诉某一个特定的投保人还能生存多久（正如我们不知道下次投资是否成功），但平均数是可以比较准确地估计出来的。这样，只要正确地设定保费，保险公司就能确定他们有足够资金赔付给受益人后，仍然能赚取不菲的收入。

正如保险公司使用死亡率表，你也可以在交易中使用类似的方法，就像我这些年来一样。你无法控制有多少只股票上涨，但你可以控制你在每个交易中的损失。你应该根据自己的平均收益得出最大的损失量。这就如同寿险公司必须控制保费额度，而保费直接受死亡率表影响一样。与之相似，你的损失也应该受到你收入的“死亡率”影响。

要持续赚钱，你需要一个正的预期回报。也就是说，你的回报除以风险的比值必须大于 1。要想达到这一点，你的平均损失必须于小于平均收益。

我在 30 年中买卖了上万只股票，其中正确的概率大概是 50%，也算就是说，我犯错误的次数与正确的次数几乎一样。但是，尽管损失的次数很多，每次成功给我带来的收益要远高于每次失败的损失。我在正确率只有 50%的情况下仍能获取高额回报的原因就是保证风险处在平均收益下方。

何时应该斩仓止损

正如我们讨论过的，投资者砍仓止损线的设置并非是随机的。止损线应该与预期收益相关。更加准确的收益预测，包括大小及发生频率，会让你更容易得出最佳的止损线。你的最大止损线依赖于你每笔交易的平均收益，以及你买到价格上涨股票的概率。

让我们假设一个投资者投资正确的概率是 50%。因此，他必须让自己单笔投资的平均收益至少与平均损失相同才能做到盈亏平衡。尽管这些数值的估计需要建立在一定的假设之上，但你真实交易的历史数据不会骗人。在你计算过这些数字后，你就会对自己的止损线有更清晰的认识。设定止损线的第一法则就是让你的总平均损失小于平均收入。

避开交易者的原罪

允许损失超过平均收益的行为我们称之为“交易者原罪”。你必须让你的平均收益超过损失，还记得这一点吧？但现实情况中，很多投资者甚至不知道自己的平均收益是多少。当设置止损线时，我的第一法则是让损失不能超过该投资者历史成功投资中平均收益的一半。例如，如果你成功的投资中平均收益为 15%，你应该把股票的下跌范围限制在 7.5%以内。如果你的购买价格是 30 美元，那么当股价跌到 27.75 美元时，就应该卖掉它。

同样建议大多数投资者，不论平均收益是多少，不要让股票跌幅超过 10%。如果你购入股票的价格波动总是超过 10%，证明你的时间点选择或选股标准出了问题。假设你的成功股平均收益为 30%。我不会建议你将止损线设置在 15%。根据我的经验，10%的跌幅已经暗示出的交易出了问题。

随着交易水平的提高，你的平均收益也会不断上升。你应该有规律地监测你的平均收益，并据此调整你的止损线。但是，时刻记得并没有一个绝对的止损线存在，也就是说，并不存在“叔叔点”。当你还是个孩子时，如果有人扭你的胳膊，你可以喊出“叔叔”，意思就是“好了，我受够了；我投降”。下次，当你允许让损失高于平均收益时，记得问问自己，这种情况你怎么能够赚到钱。

你能做的最好的事情就是让你的损失小于收益。随着经验的增加，你会变成一个更有效的投资者，你会实现更多的平均收益并可以将这些收益再投资。交易技巧的提高会让你的交易账户余额更快增长，但全部以上这些的前提都是你能将亏损保持在较小额度上，并能成功避开投资者原罪。永远不要让损失增长得大于你的平均收益。

准备应对最坏的情况

我的人生一直遵守着这个哲学：期待最好的事情，并准备应对最差的事情。

那些高度依赖于个股高投资回报的系统从来不会吸引我太多，因为他们期待最好的事情，却没有准备应对最差的事情。我总还是觉得他们的方法风险过高。如果有什么发生了错误，他们会彻底丧失利润与本金。在平常的日子里两种方法的结果可能很相似，但如果投资者必须维持 70%到 80%的正确率，在熊市时他该怎么处理正确率下降的问题？**依靠少数股票获利的系统很难对市场环境变化做出调整：你没法控制输赢股票的数量。你能控制的只有止损线；在困难时期，你的应对方式仅仅是收紧止损线。**

我更喜欢保持我的风险/回报比维持在健康状态，这样才能在命中率较低时仍然远离麻烦。我的目标是在保持 2:1 的正确/错误比（正确时股票的回报/错误时股票的损失），并将止损线设置在 10%。我会争取 3:1，但我也可以接受 1:1。也就是说，如果我赢了，我赚钱的速度比我失败时损失的速度要高三倍。在 2:1 时，我只要达到 1/3 的命中率就能让我不致陷入麻烦。在 3:1 时，即使我的命中率只有 40%，我仍然可以获得丰厚的财富。

事先决定好你的风险

只有在你建立仓位之前才能最清醒地思考退出时机。在你买入股票前，止损砍仓线应该已经事先决定好。当股票跌破了你的卖出线，已经没有时间让你犹豫或者思考。这时已经无须你做决定：你只需要执行之前的决定。因此，在你买入每只股票前，都要写下卖出价格，并把它写下来贴在电脑屏幕边上。如果你没有将它写下来，你很可能会忘掉这个数值或为你继续持有该股找借口。**事先不决定好风险或不执行风险管理比其他任何错误的代价都高。**

向你的止损线致敬

让失败的股票脱离你的控制是最常见也最致命的错误。不使用止损线交易就像开着一辆没有刹车的汽车，出事故是早晚的事。据我所知，如果你不愿意砍仓止损，你就不应该管理自己的投资资金。大多数投资者无法忍受承担损失。但不幸的是，最终他们遭受了更长期的更剧烈的损失。这很讽刺。他们不肯接受小的损失，因为他们的自负不让他们承认错误，但这样的结果就是更大的亏损。

自从我决定使用止损线，发誓不让损失超出我的控制后，我的投资结果马上

从平庸走向了出色。我建议你也采用这个方法。

你应该像医生抢救病人一样对待你的股票。如果一个事故中的受害者被送入急诊病房，并且已经流了很多血，医生做的第一件事情就是快速将血止住，因为病人流血越多，其恢复的可能性就越低。在股市中，股价下跌越多，其涨回的困难也就越大。

你设定的止损点应该被看成是一个绝对的最大亏损值。一旦股票下降到触及你的止损点，你就要毫不犹豫且无一例外地将该股卖掉。不幸的是，大多数投资者根本没有止损线，能将止损线写下来的更是少数；大多数人都在股价下跌触发止损后仍然持有该股。通常，这些投资者会对自己说："下次上涨我就能全身而退了"。之后，当股票再次上涨时投资者依旧拒绝卖出，认为股票表现已经变好，可以继续持有；或者股价继续下跌，卖出会越来越困难。

如果你想在股市中达到超常业绩，祈祷并希望股票从损失中重新恢复不应该是你的投资哲学。市场并不关心你的希望是什么。不可避免地，持有这种错误想法的投资者会不断保留着亏损的股票并告诉自己"这是最后一次"，并且最终在市场中不断损失投资资金。事实上，很多这样的交易员都走向了破产。专注于你的计划并遵守你的法则，回报最终会来到你身边。

处理止损滑坡

在你买入股票的时候，止损线就应该已经确定好并写在纸上，只要价格触及止损线，就应该立即将股票卖出。在这个关键时刻，你应该用最快速度卖掉股票。但是，早晚会有一只股票在你还没来得及反应时就跌穿了止损线，这种情况就叫做"滑坡"。这时，我的建议就是马上撤出。不论卖出价是多少，都要赶快抽身离开。这类暴跌行为背后一定有其原因。

我认识的一个资金经理就在处理这种事情的时候犯了巨大错误。一只股票快速下跌，很快就跌穿了她之前设定的卖出价。她打电话给我，向我询问意见。当然，我的意见就是卖掉，并且应该在打电话给我之前就卖掉。但是，她却指示自己的基金经理按兵不动，等待股票回升到止损线后再卖出。但是，她期待的事情再也没有发生。事实上，该股票进一步下跌，最终跌去了 60%。这个故事是不是很耳熟？

当然，也有很多时候在你卖出股票后，股价就重新上涨并恢复回去。但是，那又怎么样？止损保护是帮助你远离更进一步的下跌的。它与后面的走势没有关系。股市中的成功与希望和运气无关。胜利的股票交易者有自己的法则和深思熟虑的计划。反之，输家则没有这样的法则，或者并不遵守它们。正如古老的谚语说的那样：你的第一个损失是最好的损失。

怎样处理失败的前兆

失败前兆的出现意味着是时候重新作出评估了。如果你发现自己一次又一次被迫退出，可能有两件事情发生了错误。

1．你的选股标准有瑕疵。

2．整个市场环境不好。

在良好投资记录后出现的大幅亏损可能意味着牛市纠正期甚至是熊市的到来。领头羊股票通常也会领先市场走衰。如果你的选股标准健全合理，选出的股票应该站在你的一方，但如果整个市场出了问题，再好的标准也很难帮你做出好的业绩。购买的时机并没有到，此时应该是卖出甚至是做空。让自己与投资组合保持一致的步调，一旦你发现了什么不正常的行为，一定要注意。杰西·利弗莫尔说："我从不害怕正常的行为，我怕的是不正常的变动。"

如果你在一个走强的市场中仍然有很多股票在亏损，可能你的时机选择方法过时了。

可能是你的选股标准忽略了某个重要因素。如果你经历了这种事情，首先要缩减你的风险敞口（减仓）。不要继续投入期望能在短期内挽回损失。如果你仍然没有摆脱问题，继续削减敞口。直到当你的新计划完成并证明有效后，再慢慢重新增加敞口。

使用这个策略可以让你更好地应对市场变化。当你经受巨额损失并屡次失败后，你很可能会变得愤怒并尝试用更大的交易量挽回损失。这也是很多交易员常犯的错误。不要这么干，你要缩小敞口。如果你不做出改变，早晚会被上千次的斩仓拖累破产。直到你的仓位让你开始赚钱后再慢慢增加仓位。

一定会带来灾难的习惯

坐在那里看着你的财富一点点消失却因为没有设置止损线而无能为力的感觉十分糟糕，但如果你仍继续向那个窟窿里面扔钱，就更糟了。用赚来的钱来填补亏损的投资是让你走向贫穷的最快方法。这叫做摊低成本。经纪商通常会劝其客户在股价下跌后继续买入加仓，以掩盖之前错误的投资建议。他们会告诉客户这样可以降低其平均成本。如果它在 50 美元时你就很喜欢它，那么现在价格到 40 了，你应该更喜欢了不是吗？在 40 美元的位置将你的仓位翻一倍，这样你的平均成本就只有 45 美元了，看看，这多值得！你的损失没有变化；你的收益也没有变化，只是如果股价继续下跌的话，你的损失会被放大到原来的两倍。然后，在 30 美元时买入，在 20 美元时买入，10 美元买入？多么荒谬！**在股票交易中遭受损失没什么可羞耻的，但继续持有亏损的股票，放任损失放大，甚至还在不断加仓才是业余的、自我毁灭的行为。**

高速成长的股票在你买入后价格下跌并不能让它显得更吸引人。事实上，它会显得没那么好了。股票并不积极的反应可能暗示市场正在忽略它；市场对它的看法与你产生了分歧。可能整个股市即将进入纠正期甚至是更糟的大熊市。

对很多投资者来说，在价格回撤时买入股票是十分冒险的，尽管你会觉得与之前相比，现在的价格更有诱惑力。但是，摊低成本行为会让你失败、平庸。如果你在此时得到经纪商如上文所述的建议，我个人建议你换一个新的经纪商或者投资顾问。这肯定是你能获得的最差的投资建议。**记住，只有输家才会让自己输得平庸。**

学着让自己平和

当我手中的资产 100%都是现金时，通常都是在熊市或中度纠正期后，我很少双脚立即跳上船。我把每个交易年度的开始都当做比赛的开场。后面还有很长的时间让我得分。早期，我会慢慢行动，在寻找市场主题的同时避免犯下巨大的错误。这就像运动员赛前热身并评估比赛环境一样。这段时间，我通常会建立自己的投资节奏并设定好我的步伐。就像高尔夫球手找到自己的挥杆节奏一样，一旦我找到了主题和自己的节奏，之后我才会进一步加大我的仓位。在正确的时机到来之前，我会耐心等待，这就是我守护账户的方法。耐心是关键要素。我的目标是不费心地交易股票。如果你的交易给你带来困难或压力，可能你的标准或时机或仓位规模出了问题。要想无压力地交易，你必须学会耐心等待，直到趋势站在你这一边。就如同航海一样，你必须要等到水流和风向合适时候才能出航。

建立在成功之上

> 我把交易目标分为三个层次。首先也是最重要的是资本保全。当我第一次看到一笔交易时，我并不会问“我能得到的潜在收益是多少？”。我更关注“我可能遭受的潜在损失是多少？”。第二，我努力通过平衡我的风险与累计盈亏，实现可持续的盈利。可持续性远比赚一大笔钱重要。第三，在我已经实现了前两个目标后，我尝试达到更优秀的投资回报。我会在经过一段盈利期时通过增加我的买卖量达到这个目标。换句话说，如果我在最近已经处在一个盈利期中，我可能会尝试加大我的筹码。总之，积累财富的关键就是资本保全和耐心等待正确的时机。
>
> ——Victor Sperandeo

要想在股市中赚取高额回报，你并不需要做出“满仓”或“零仓位”的决定。股票交易并不是只有“开”和“关”两种状态，将现金变成股票应该循序渐进。随着你观察名单上股票数目的增加，市场已经开始尝试摆脱之前的低点。谨慎是今天的主题。你应该首先用很小的仓位做试探性购买；如果它们表现不错，再逐渐增加自己的仓位。这种方法能帮助你远离麻烦并建立起自己的成功。如果你在25%或 50%的仓位上尚且无法盈利，为什么要将仓位升到 75%甚至 100%呢？等待市场确认之前，不要过于激进地行动。

相反，如果你的交易并不如预期那样好，砍仓。这时没有任何理由增加仓位。通过这种投石问路的方式，你的仓位会在你表现最好的时候达到最大，并在你表现最差时缩到最小。这就是你赚取高额回报并远离灾难的方法。在快速增加我的风险敞口前，我会观察自己的投资组合。如果市场确实很健康，我应该已经经历了一小段成功时期。除此之外，你也应该在候选名单上看到更多股票的名字。使用循序渐进的方法做决定。让你的投资组合指引你。

逐步建仓与摊低成本

专业和业余最关键的区别之一就是专家们在逐步建立仓位的时候，业余投资者正在摊低成本。什么意思？假设一个专家和一个业余选手都决定将5%的资本用于风险投资。专家可能会首先买2%，然后再买2%，最后再将剩下的1%投资出去。之后，他可能会将止损线设置在平均买入价以下10%的位置，总风险控制在其总资本的0.5%。

业余投资者则会在同一个价格一次性建仓完毕。如果市场走势与预期不同，他可能会将仓位翻番，一次摊低平均成本。通常，他们会做出几次这样的行为。如果他重复了三次，则该投资者的风险资产已经由一开始的5%扩大到20%。如果股价继续下跌，则后期卖掉的希望会越来越小。在交易时，我只会在给我带来利润的股票上面增加仓位；如果我买的股票出现了回撤，我也会等到价格扭头向上后再继续购入。这里的教训是：永远不要相信初始价格，除非你的仓位已经让你盈利。

何时提高你的止损线

我的交易法则之一：不让任何价格已经远高于止损线的股票跌到让我亏损。当股价已经升高到我可容忍的风险的3倍位置时，我会把我的止损线提高到至少盈亏平衡。假设一只股票的买入价是50美元，我能容忍的风险是5%（止损线为50*95%，47.50美元）。如果股价上升到57.50美元（3*5%*50美元），我会把止损线至少提高到50美元位置。如果股票继续上涨，我会开始寻找机会把它卖掉，将收益变现。如果我在盈亏点被迫卖出，至少我还保留着自己的初始资本，没有收获但也没有损失。你可能认为之前赚钱的股票最终只让我盈亏平衡这件事情很傻，但如果你继续增加仓位，开始亏损，就更笨了。在股票上涨到一定程度后提高你的止损线，这会让你免受损失，保护你的利润和你的信心。

不是所有比率都生而平等

你可能已经听说诸如“在设置好止损线后，你应该允许股价在更大范围内波动”或“你应该根据股票的波动性设置止损线”之类的言论。我对这种言论强烈反对。通常，只有在市场环境恶劣时股价波动才会很剧烈。在困难时期，你的收入应该比往常要小，每股带来的利润也会下降明显，因此此时你更应该减小损失，提高止损线。此时，你的命中率很可能低于 50%。一旦命中率在 50%以下，通过承担更大风险以企图获得更高潜在回报的行为最终会让你的预期收益变成负数。

正如图图 13.1 所示，在命中率是 40%时，你的最优收入/损失配比为 20%/ 10%。在这种情况下，你 10 次投资的回报率为 10.2%。值得注意的是，其他收入、损失的配比带来的投资回报均低于此值。因此，在此之后的收入、损失绝对数值的增加会降低你的投资回报。知道这一点，你就明白在特定的命中率之下，只有一个配比能给你带来最大的预期回报。这就很好地解释了找到最佳比率的重要性。比最佳比率低，你赚的钱就要减少；但是，如果比该值更高，你同样会赚得少一些。

如果你将收入与损失配比从 20%/10%放大到 42%/21%（也就是止损线设置在-21%，止盈线 42%），平均下来你不光无法获得 10.2%的收益，反而会亏损。你的止盈/止损线比例仍然为 2:1，为什么结果会有如此大的区别呢？这就是损失那危险的天性。

% Gain	% Loss	G/L Ratio	@ 30% Bat. Avg.	@ 40% Bat. Avg.	@ 50% Bat. Avg.
4.00%	2.00%	2:1	-2.35%	3.63%	10.00%
6.00%	3.00%	2:1	-3.77%	5.16%	14.92%
8.00%	4.00%	2:1	-5.34%	6.49%	19.80%
12.00%	6.00%	2:1	-8.89%	8.55%	29.34%
14.00%	7.00%	2:1	-10.86%	9.27%	33.95%
16.00%	8.00%	2:1	-12.93%	9.79%	38.43%
20.00%	10.00%	2:1	-17.35%	10.20%	46.93%
24.00%	12.00%	2:1	-22.08%	9.80%	54.71%
30.00%	15.00%	2:1	-29.57%	7.71%	64.75%
36.00%	18.00%	2:1	-37.23%	4.00%	72.49%
42.00%	21.00%	2:1	-45.01%	-1.16%	77.66%
48.00%	24.00%	2:1	-52.52%	-7.55%	80.04%
54.00%	27.00%	2:1	-59.65%	-14.88%	79.56%
60.00%	30.00%	2:1	-66.27%	-22.90%	76.23%
70.00%	35.00%	2:1	-75.92%	-37.01%	64.75%
80.00%	40.00%	2:1	-83.67%	-51.02%	46.93%
90.00%	45.00%	2:1	-89.56%	-63.93%	24.62%
100.00%	50.00%	2:1	-93.75%	-75.00%	0.00%

图 13.1　10 次交易的投资回报

它们会用几何级数对抗你。在 50%命中率下，如果你获胜时收益率是 100%，失败时收益率为-50%，你最终的结果将是盈亏平衡；如果你获胜的收益率是 4%，失败的收益率为-2%，你赚的钱将是正数。随着平均命中率下降，这会变得更糟：

在命中率为 30%时，如果获胜的收益率是 100%，失败的收益率为-50%，你会在 10 次买卖中损失 93%的本金。

如果在命中率为 50%时最优的收入/损失配比为 48%/24%，但若此时你的命中率下降到 40%，会发生什么？此时最优的配比会缩减到 20%/10%。

如果你的交易变差并且命中率降低到 50%以下，你最不应该做的事情就是扩大股票的波动范围。这不是我的观点，而是计算后的结果。很多投资者对他们亏损的股票放任不管，这只会导致更深一步的下跌。他们的投资回报失去了控制，最终被迫砍仓。当他们看到卖出的股票扭头重新上涨后，他们会对自己说什么？"可能我应该给这个股票更多的波动空间，如果这样我应该还持有它呢。"但这种想法恰恰不该是你应该有的。

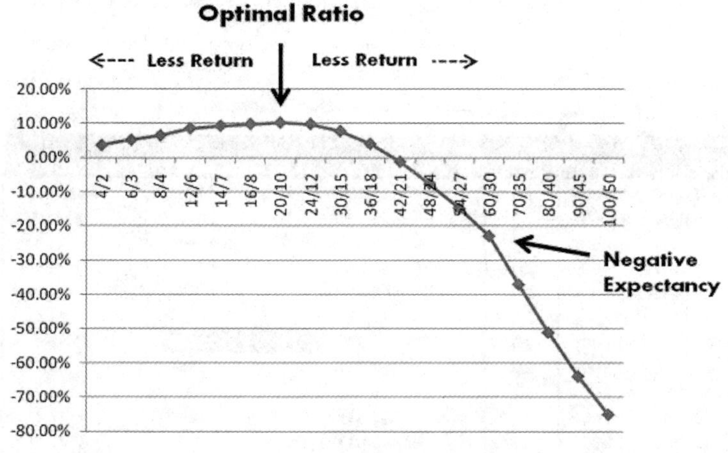

图 13.2　命中率为 40%时 10 次交易的总回报率

在严酷的市场环境中，利润通常远小于之前的情况，亏损也往往会很大；向下的断层出现得越来越频繁。聪明的应对方法应该如下：

- 缩紧你的止损线。如果平常允许的最大亏损为 7%或 8%，此时应该削减到 5%或 6%。
- 小的利润也应落袋为安。如果平时你的止盈线为 15%或 20%，现在应下调至 10%到 12%。
- 如果你使用了杠杆，马上削减你的杠杆。

- 减小你的风险敞口，包括你的仓位和总投资量。
- 一旦你的命中率有所升高，就可以慢慢将投资量恢复到正常水平。

分散投资并不能保护你

> 我总觉得如果我对某个行业或公司看好，我会集中对他们投资。这会让评论者认为我的投资风格风险很大。但我从不认为这是风险，我把它们当做机会。
>
> ——Kenneth Heebner

分散投资是常用的资产配置的方法。人们将资本分配到不同的公司中，用以减少因某只股票或某个行业下跌对整个投资组合的不利影响。这个策略成立的前提是证券的平均回报高于你的预期值。分散化也会因为某只股票的下跌可能被另一只证券价格的上涨补偿，从而让整个组合的价格波动减小，起到平滑价格的作用。但是，*如果你是用分散投资的方法，永远无法达到超常业绩*。在熊市中，几乎所有股票都在走衰。把你的资金分布在各个地方，只会得到如下结果：

1. 无法深入分析每个公司，发现需要的信息。
2. 无法在需要时快速减小投资组合的风险敞口。
3. 投资回报平滑稳定，但业绩平平。

依据投资组合大小和风险容忍程度不同，你通常应该持有 4 到 6 只股票，有时候在组合很大的时候你可能持有 10 只甚至 12 只股票。这给了你足够但不会太多的分散投资。你手中持有的股票不应该超过 20 只，因为这种情况下每只股票的占比只有 5%左右。在我的投资生涯中，我一遍又一遍地听到“你不得不分散投资”。如果 CGM 基金的 Ken Heebner 能只用 20 只股票掌管几十亿美元，你也能用 10 到 20 只股票管理自己的资金。如果你真的是一个 2:1 的交易员，数学上讲你最优的仓位分配应该是 25%（4 只股票平均分配）。这样，真正好的股票能为你的组合真正贡献力量。不断追踪 4、5 或 6 个公司，深入了解每个公司花费的精力要比追踪 20 个公司小很多。如果你买入了太多不同公司的股票，在市场风险转变时快速反应的能力会大大降低。与其用分散投资的方法减小风险，不如将你的资产集中在几只最好的股票上面。应该仔细研究你的股票并且随时准备应对市场风向的变化。

在我的生涯中，我有过很多时期仅仅持有 4 家公司的股票。这些时期当然也是我投资回报最高的时期。是的，这有风险，但你完全可以用一个健全的投资方法减小这种风险。用巴菲特的话说，“当你知道自己在做什么时，就不会有风险”。如果你严格遵守自己的选股标准并追求投资组合的最优表现，事实上你很难找到太多的符合你那些“精英标准”的股票。总之，分散投资并不能让你远离损失。

我的光着脚在雪中的故事

有时在生活中，你会听到长辈们讲述这样一个故事：他们小的时候每天要光着脚走数公里山路，踩着几厘米厚的雪，身上背着自己的弟弟去上学。这里，我要跟你分享我的苦日子。

当我在 20 世纪 80 年代开始交易时，我自己没有信条，没有图表，也没有任何投资工具。那时候互联网也并不发达，网上交易并不普遍。我能拥有的信息只是每天早上在报纸上印着的前一交易日股票的收盘价和一些手绘的图表。

更糟的是，那时候买卖股票的手续费极高：每手交易付出的手续费是现在的 10 到 20 倍。即使赶上手续费打折，付出的费用大概也是现在的 6 倍左右。那时候对像我一样的小投资者来说，看到短期市场的热点几乎是不可能的事情。

当手续费终于下降到合理位置时，我在一个经纪商那里开设了股票交易账户。那个经纪商在办公室里放置了一个非常有用的工具：一个可以报价的机器。当然，那个机器和现在看到的那种可以实时显示价格的机器还是不太一样。

那个终端放在一个周围没有椅子的桌子上。它释放的信息很清晰：查看完赶紧走。但是，这并没有让我气馁。我每天，不论刮风下雨，都站在那个办公室外面，阅读着当天的报纸。之后，我每 10 分钟走进去一次看看当时的报价。有时，我会穿过大街到对面买上一个热狗或可乐。否则，我不会离开我的阵地。这样，还有谁能比我更了解市场？

终于，我买了一台电脑，找到了获得市场数据的渠道，但那时还没有互联网，下单仍然不像今天一样方便。那时，下单只能通过电话。

当人们告诉我现在交易很难，市场过于复杂，数据太难获得的时候，我都会抿嘴一笑。今天市场中的业余投资者与专家们几乎都站在同一起跑线上。网络上的交易数据和免费的图表给每个人的信息几乎相同，这在我那个时代是无法想象的。

不要说市场环境对你不利，小散户无法获胜或者只有投资专家才能赚钱。这些都是借口。我 15 岁的时候辍学，没有知识也没有资金。如果我这样的人都能在股市中赚取钱财，你一定也可以。

我总认为聪明的人从错误中汲取教训，但真正聪明的人可以从别人的错误中获得经验。我在这种哲学的引领下开始研究伟大的投资者和创新思考者。我把自己的错误和之前从他人那里获得的经验以及我的策略都总结在这本书上了。现在，你要做的就是执行并遵守自己的交易法则。做了之后，你才会发现其价值所在。

祝你好运！

致　谢

特别感谢如下人员：

Patricia Crisafulli，感谢你的指导和毫无条件的耐心。Loren Fleckenstein，谢谢你的编写建议，你的友善还有你对我的能力多年毫不动摇的信任。Bob Weissman，谢谢你的奉献、忠诚和友善。Mary Glennand 在 McGraw-Hill 的团队拥有极高的专业性和正直性。谢谢你们让我能按照我的意愿编写本书。 Jeffery Krames，我的文稿代理人，尽管我们有时会对着对方喊叫。Jeffery 是一个伟大的代理人。David Ryan，谢谢百忙之中能为本书作序，以及多年以来对我的职业生涯的支持与鼓励。Linda Ludy，谢谢你的编写建议、友谊和支持。Patricia Wallenburg，感谢你对本书布局做的工作。Dennis Maggi 在我投资生涯早期送给我很多经典书籍，包括 *Think and Grow Rich, The Power of Positive Thinking*，还有很多帮助我在工作和生活中成长的工具。最后，谢谢所有多年来支持我的家人和朋友。谢谢你们。

关于作者

从一开始的数千美元，Minervini 的交易账户中的数字增长到上百万美元。为了展示他的 SEPA 方法的有效性，作者参加了 1997 年的全美投资大赛并为此投入了 250,000 美元。最后，他的投资回报率为 155%，为第二名的两倍。

他使用 SEPA 策略，在 5 年中年均回报率达到了 220%，仅有一个季度亏损。换句话说，100,000 美元的投资，5 年后将达到 30,000,000 美元。

他浸淫华尔街 30 年。在 Jack Schwager 的 *Stock Market Wizards: Conversations with America's Top Stock Traders* 一书中写道："Minervini 的表现让所有人感到震惊。大多数交易员和投资经理哪怕仅仅达到他最差的一年的回报率——128%，都会感觉沾沾自喜。"

当前，Minervini 通过一个叫做 Minervini Private Access 的机构将 SEPA 方法传授给其他投资者。该机构是一个沟通平台，它允许使用者实时与 Minervini 进行一对一的交流。同时他也在运作一个叫做 Master Trader 的项目，他在每期项目中用两天时间现场传授他的 SEPA 策略和其他技术。